理解与实践

□ 简单的事情做深刻

■ 主编 李庆元

WUHAN UNIVERSITY PRESS

武汉大学出版社

图书在版编目(CIP)数据

理解与实践:简单的事情做深刻/李庆元主编.—武汉:武汉大学出版社,2019.6

ISBN 978-7-307-20889-6

Ⅰ.理…　Ⅱ.李…　Ⅲ.小学教育—案例—西城区　Ⅳ.G622.0

中国版本图书馆 CIP 数据核字(2019)第 080976 号

责任编辑:路亚妮　　　责任校对:刘小娟　　　装帧设计:范　英

出版发行:**武汉大学出版社**　　(430072　武昌　珞珈山)

　　　　　(电子邮箱:whu_publish@163.com　网址:www.stmpress.cn)

印刷:武汉图物印刷有限公司

开本:787×1092　1/16　印张:18　字数:304 千字

版次:2019 年 6 月第 1 版　　2019 年 6 月第 1 次印刷

ISBN 978-7-307-20889-6　　定价:55.00 元

序

XU

自 2016 年以来，陆续从李校长手里拿到《理解管理——心灵对接心灵》《理解课堂——知识对接心灵》《理解习惯——习惯成就未来》《文化育人与学校发展》几本书。我诧异于在短短的几年中，一所小学怎么能够连续出版书籍？李校长微笑着说："这还有你的功劳呢！在你担任西城教委副主任期间，从 2010 年开始西城教委牵头让我校和北京师范大学教师教育研究所开展了 UDS（university, district, school）项目，借助这次难得的高校与小学的合作，我校在'十二五'期间进行了学校文化建设。这几本书中的文章基本上是'十二五'期间进行学校文化建设中积累的材料，只是在近两年进行修改、编辑出版的。读了这几本书，你会发现通过与高校合作，教师们对教育有了全新的认识。教育不仅仅是教书育人，更应该在教育中体现心灵与心灵的对接、知识与心灵的对接。可以说西师附小的教师更好地理解了生命的意义，体会到了教育是让生命更美好的教育真谛。"

听了李校长的话，我感慨不已。记得某个名人说过："你真正的生命是你的思想。"教育需要思想，需要有思想的教育管理者和这样的教师。西师附小能够借助与高校合作，在现今教育改革的浪潮中，有学校特色的教育理念和明确的教育主张，踏踏实实地育人。可以说西师附小的学生是幸福的，他们在这里会度过温暖、充实而有意义的学习生活，他们的心灵也会越来越干净、温润。

　　教育是国之根本，教育决定了国家的未来，是民族的希望，希望西师附小在研究回顾与驻足后能够砥砺前行，为教育的发展贡献自己的力量。

北京市西城区教委主任　　
2019 年 3 月

本书是北京市西城区师范学校附属小学（简称西师附小）近年来在推进"使每一天都有意义"为核心办学理念，以教育教学工作为中心，不断深化学校文化建设，促进学校可持续发展中教师学习、思考与实践的结晶。

所谓理解与实践，就是为完成"立德树人"这一根本任务，在学习基础上的实践，在实践基础上的再学习；是不断深入掌握教育教学规律，实现引导学生在学习实践中养成良好品德，思维得到训练与开发，综合素养得到全面提升的过程。

课堂是生命相遇、心灵相约的场域，也是质疑发问、对话求真的场所。西师附小的课堂文化理念是"知识对接心灵"，其内涵是课堂教学要符合学生的身心发展规律，能依据教材特点和学生年龄特点创设情境，引导学生在已有的生活经验、知识基础上学习新的知识，经历从简单到复杂、从具体到抽象的过程，最终促进学生全面、健康成长。课堂教学就是要在知识与学生心灵之间搭建一座桥梁，引导学生将知识的学习与对客观世界的认识统一起来，培养和润育学生的社会价值、个人价值、民族和世界价值，让学习成为学生的生命自觉。"知识对接心灵"强调在知识的习得过程中养成自我管理的习惯、社会参与的意识和文化修习的素养，学会在日常生活中正确处理自己与自己、自己与他人、自己与社会、自己与自然的关系，为学生的全面发展和幸福人生奠定基础。

在研究的过程中，我们开展"同课异构""微格教学""异课同构""阶梯式主题研究"等多种形式的教学研究活动，全体教师共同参与，不断促进课堂教学由知识传授型向学生发展型的转变，学生负担不断减轻；面对新情况，引导教师通过对话的形式，用自己的教育观去解决问题，有效地促进了教师由经验型向研究型转变。希望本书能对小学教育教学一线的教师们，小学教育教学管理者有所启发。

感谢北京师范大学教师教育研究所李琼等教授的指导，感谢朱旭东教授给予西师附小的真诚帮助、热心指导！

感谢武汉大学出版社的精心策划和细致编审！

感谢为编辑出版本书付出辛勤劳动的侯立红、胡颖及其他相关老师！

编　者

2019 年 3 月

目录 MULU

1

第二部分　教学篇

第三部分　实践篇

第一部分

教育篇

爱心浇灌，让每朵花都能欣然绽放

张 艳

二级教师,现任北京市西城区师范学校附属小学语文教师。苏州大学文学硕士,2017 年获得"西城区优秀辅导员"称号。

人们常说幸福的家庭都是相似的,不幸的家庭各有各的不幸。在我从事教育工作的 5 年中,遇到诸多在学习上有特殊需求的孩子,其家庭背景和生长环境有着惊人的相似之处。本文将通过两个教育案例,记录和反思自己作为教师,针对处于特殊家庭环境中的孩子实施的教育措施以及取得的成效。

一、案例描述

案例一:2013 年 9 月,我刚刚参加工作,对工作有一腔热情,但是缺乏教育管理经验,有一件事现在想起来还觉得很遗憾。当时我们班有个叫许某某的同学,他专注力不好,上课不喜欢听讲,把橡皮、铅笔当成玩具,摊在桌子上,简直像是开了文具店。放学时我也会告诉家长要规范孩子的行为,可是指向性不明确,家长也稀里糊涂,所以一直到四年级结束,孩子进步都不是很明显。

虽然我与家长和孩子有过多次的沟通、交流,但是教育成效并不是很大。我不再教这个孩子以后,偶然一次与孩子的爸爸在微信沟通过程中了解到,他们第一个孩子是脑瘫,现在由奶奶在农村带着,很久才有这个孩子,妈妈非常宠爱他,也很焦虑,不知道该如何教育孩子,让孩子怎么高兴就怎么来。妈妈是画家,每次会画很久,孩子就在画室里自己玩,满地爬。上小学前,孩子什么都没学,也没有规矩,等到想让孩子学习时,孩子什么都不愿意做了。妈妈性格要强,加上心情焦虑,也没有很好的教育策略,所以自己时常处于崩溃的边缘,也会伤害自己,甚至出现自杀的念头。现在想想,妈妈在心理上也是需要及时干预的。

作为老师我心里很不是滋味,如果早点了解这一情况,我想我会有更多的耐心和宽容给他们,也会绞尽脑汁地想出更多的策略,帮助这个无助的妈妈和可怜的孩子。可是,我也常常问自己,如果这样,那孩子是否会有改变呢?

案例二:2015 年 9 月,我新接手了一年级,有一个叫郑某某的孩子,这个孩子也比较特殊。书包、学具、餐具都乱七八糟地在地上扔着,就像一个垃圾场,抽屉里也乱七八糟,即使一再提醒他,他依然专注地玩他手里的铅笔、橡皮、尺子,撕纸等,有时候认真地看他的书,一看就是一天,其他事情似乎和他没有任何关系。遇到喜欢的课也会专心听讲,不喜欢的课就画画,一画就是一天。考试的时候如果有一道题不会,就是抓狂的状态,不能继续答题。放学时无法收拾好凌乱的东西,座位四周都散乱着东西,无法和同学们同步放学,家长需要在校外单独等待,最严重的时候家长等了一个小时。到了三年级,他的拖延情况越来越严重,作息时间紊乱,有的时候因为玩了一夜游戏,来到学校就趴在桌子上睡觉。我与家长沟通了解到,妈妈看到孩子这种状况也非常焦虑,可是因为爸爸经常出差,孩子和妈妈的矛盾已经激化,妈妈无法管束孩子。有一次,小郑的爸爸妈妈来学校找我,两人开诚布公地讲述了家里之前发生的不幸。原来在郑某某之前,他们曾养育过一个孩子,但不幸夭折了。妈妈一直处于伤心之中,很久才要了这个孩子,由于家境优越,因此给孩子提供的条件都是最好的。妈妈在家里办公,几乎要求孩子一直在自己的视线范围内,由于妈妈处于焦虑状态,生怕孩子出问题,对孩子很纵容,有求必应。说到这,妈妈竟然失声痛哭,作为一个母亲,我能够感受到她的无助和伤心。虽然过去了很多年,她依然不能平静,我拥抱了她,告诉她一切都会过去,这个孩子来了,幸福就要重新开始,要珍惜现在的幸福。妈妈也哽咽地说:要尝试着和过去告别。后来她也不再排斥找心理医生。孩子爸爸告诉我,经过医生诊断,孩子母亲患有抑郁症,需要长期治疗。针对小郑我们也开展了相对系统的教育。

二、教育策略

(一)家校良好沟通,改变不利于孩子发展的环境

我和小郑爸爸沟通之后,达成共识,孩子由爸爸照顾,妈妈暂时和孩子隔离,分别住在两套房子里。爸爸抽时间多陪陪孩子,管理他的生活和学习,妈妈进行治疗。暑假期间,孩子则由奶奶照顾,奶奶是退休教师,有原则,有方法,爸爸忙的时候,叔叔协助奶奶教育孩子,随时和学校对接,我会每天告诉家长孩子在校的表现。现在孩子开始能够按时完成作业,上课也开始认真听讲,有时候还会记笔记。如果不能按照学校的规定完成作业,家里跟进,并且有一定的惩罚措施。孩子也非常在意,进步已经很明显。假期里,爸爸还给他报了少年军训班,培养他的时间观念和调整作息规律,也收到了不错的效果。开学后,明显感觉孩子各方面都有很大的进步,精神状态更好了。

(二)动之以情,融化孩子内心的坚冰

在学校里我也改变教育策略,我深知要想转化一个孩子并非一朝一夕、三言两语就能做到的,我必须给他更多的爱与宽容,让他跟我亲近起来,改变原先的状态。开始,他对我的关心保持沉默,我想,只要我多一些耐心,他会愿意亲近我的。于是我利用课上提问他最简单的问题、课间谈心、课后辅导等多种形式亲近他。每天放学后,我会留他在学校一个小时,我备课,他独立完成自己的作业。我每次都会奖励他一个小礼物,或者给他吃一个苹果,慢慢地感觉孩子很喜欢我陪他的时光,还会和我聊聊天。俗话说"精诚所至,金石为开",他感受到了我对他的爱护,从他的眼神中我感觉到他很开心,学习效率也有了明显提高。有时候我会让他帮我做些事情,比如说给班级的小花浇水,和我一起去挖土,再一起种下小花。在他表现好的时候,我悄悄给他嘴里塞颗糖。慢慢地,我发现他真的变了,于是我不断加温,不断浇水施肥,小心翼翼地保护着他这刚刚萌发的积极性,就像保护着一株刚出土的幼芽,使他能够健康茁壮地成长。

(三)凝聚集体力量,营造温暖的学习环境

之前他和这个班有点格格不入,他忽略了别的孩子的存在,别人也都不愿理他,想要改变这种局面,就必须让他融入这个集体,用集体的力量来感化他,让他觉得大家都很关心他。我安排他和中队干部同桌,这个中队干部是个性格开朗、心思细腻的小姑娘,她经常帮助他。我安排好小干部每天要做的事情,提醒他不要把学具扔得乱七八糟,检查他每节课的学具摆放,帮助他完成未完成的作业,慢慢地他能跟上大家的节奏了。在班上的一次演讲中,他讲了一个特别有趣的话题,孩子们都很感兴趣,为他鼓掌、喝彩,他也特别开心。以后班级的活动他都积极参与,孩子们也逐渐了解他,发现他读了很多书,知识非常丰富,都叫他"小学究",他很满意自己的这个称号。

(四)放大优点,增强孩子自信心

俗话说"尺有所短,寸有所长"。学困生尽管有许多不足之处,但我相信,每个孩子都会有自己某方面的特点和优势。我们需要用发现的眼光找到孩子身上的闪光点。在"中华传统教育月"时,我发现小郑同学练过书法,字写得特别漂亮。于是我请他为班里的板报书写"中华骄傲"四个字,把它贴在班级的黑板上,我能感受到他的信心也被我激发起来。经过一段时间的努力,他已经得到了全班同学和老师

的认可，感觉到自己不比别人差，心里非常满足，犯错误的现象也明显减少了，有时在课堂上还能看到他高高举起的小手。我知道，他变得自信了。现在，我可以经常看到他脸上洋溢着笑容，看到他和同学们在一起游戏的欢快场面，看到他在学习上的一次次进步，心里特别欣慰。

三、反思

两个孩子教育的结果明显不同，我也在反省其中的原因，总结出以下三点。

第一，家校间的有效沟通至关重要。在小许和小郑的两个案例中，家校沟通都发挥着至关重要的作用。遗憾的是，在针对小许的工作中，我虽然告知其父母，可是因为工作经验不足，所以给孩子的指向性是不明确的。而在小郑的案例中，我和小郑爸爸的沟通非常有效，他开始重视孩子的教育环境，通过将孩子与妈妈隔离，让孩子暂时离开原来不利于其健康成长的环境，积极创设良好的学习和生活环境，并配合学校和教师一起帮助小郑建立较好的规则意识。通过与小郑家庭的沟通，首先，我认识到仅与家长谈谈孩子表现是不够的，需要共同找出原因，更需要一起商量可行的问题解决方案。其次，在教育行动方案的实施过程中，家校双方在统一的教育原则下实施干预措施非常必要，这才能让教育策略前后一致，效果良好。最后，家校对孩子的表现要定期进行沟通和评估，并根据结果商量下一步的策略才是长远之计。

第二，细节处理，因材施教。"一个孩子一把钥匙"的道理是非常正确的，尤其是需要特殊关照的孩子。从单独辅导孩子，到利用集体的力量去改变孩子，都起到了重要的作用。每个孩子都需要被肯定，放大他的优点，用这些优点慢慢影响他，改变他，摒弃过去的缺点。

第三，爱一定是教育的基础，这也是我认为最重要的一点。"感人心者，莫先乎情"。每个孩子的问题，都源于他背后的家庭、学习环境、父母影响等。作为教育者，我们能做的是尽量去帮助他们，改变能够改变的，接受不能改变的，让孩子以最优的状态成长。

走近教育，我越来越深切地认识到教育的内核很深，做教育是一件神圣的事，要有一颗虔诚的心，用那种谦恭的、真挚的情意去对待身边的每一个孩子，他们就像一张白纸，"染于苍则苍，染于黄则黄"。每个孩子都值得被尊重，在和孩子每一天的相处中，都需要我们带着对孩子的爱心、对工作的尊敬之心，更需要我们不断学习磨炼，提升自己的专业能力，只有这样，才会让每个花朵有绽放的机会。

别刺痛他们，他们的心灵很脆弱

曹　红　　一级教师,现任北京市西城区师范学校附属小学语文教师,班主任。曾获得北京市中小学"紫禁杯"优秀班主任一等奖、北京市论文评比二等奖、北京市信息技术录像课三等奖,被评为北京市综合评价先进个人、区先进个人,获得"区师德好教师"等称号。

随着社会的发展,人们的婚姻观念在悄悄地发生着变化,离异家庭逐渐增多。近三年来,我通过对本校 8 个单亲家庭学生的观察,发现他们大多在心理上存在一定的问题:有的多疑,对别人的小声说话非常敏感;有的自卑,对自己的前途缺乏自信;有的脾气暴躁,恨不能把所有的怨气撒在同学身上;有的沉默少言,把自己心灵的窗口紧闭……这些特征说明这类孩子在成长过程中有着特殊的需求。他们不仅需要教师带着诚心和爱心去关怀,更需要教师有着专业的实践智慧,精心设计教育教学活动,带领他们走出心灵的阴霾,建立健康成才的自信。

一、案例描述

案例一:小关是一个聪明活泼的男孩,平时上课听讲特别专心,语言表达能力也比较强。有一段时间,他上课常常发呆,回答问题时也答非所问。有时让他读书,不知从哪读起。课间,又莫名其妙地跟同学闹脾气。以前他是男同学的中心人物,现在变得见谁都躲避。我几次找他谈话,他只是默默地掉眼泪,不愿透露任何隐情。后来,在与家长多次联系后,我才知道原来他的父母刚刚离异。小关在家庭中失去了父爱。

我找到小关,想跟他谈谈心。谁知刚提到他家庭的现状,就像触到了他最敏感的神经。"老师,您一定给我保密。"我答应了他。然后我与他回顾了近一段时间内他的表现,并表示理解,也对他的处境表示同情,真心地对他提出了希望。他似乎听进了我的话,但透过他的目光,还是可以看出他内心的忧虑。

有一次,他与同学发生争执,我再次找他谈话,刚刚提到当妈妈的不易,他马上用极为反感的目光注视着我,那目光好像怀疑我歧视他,我赶紧避开了敏感话题。

我反思这次谈话,认为是家庭的破裂造成了孩子心灵的创伤,孩子变得很敏感,很容易被刺痛。那么,怎样做才能使孩子很快摆脱苦恼,重新振作起来呢?经过分析、思考,我决定先亲近孩子,取得他的充分信任;再不断鼓励他,他喜欢看书,我用鼓励他阅读励志读物等办法唤醒他对生活的热爱;最后支持他在写作方面取得成绩,让孩子用足够的成就感和获得感,重新树立起克服困难、追求美好的信心和勇气。

我的想法得到了实践的验证。小关家离我家很近,每当晚上闲下来时,我就到他家陪他们娘俩聊聊天,散散步。果然,我们的感情很快升温了。看得出,他对我增加了信任感。这时,我鼓励他:虽然你失去了一份爱,但你有这么好的妈妈,这么多的好同学,你一定能够快乐。我鼓励他以书为友,充实自己的业余生活。他听后,书籍很快便成了他形影不离的朋友。一度感到失落的他,又找回了从前的自己,遨游于书的海洋中。在全国小学生作文竞赛中,他荣获二等奖。他的妈妈看到孩子的进步,精神得到极大的安慰。直到现在,他的妈妈还经常对人说:"曹老师最了解我的孩子,她才是孩子的亲妈妈。"

案例二:2015年9月25日,我们六年级的孩子有幸到天安门广场观看升旗仪式,在从中山公园赶往国家博物馆的路上,小姚一直低头玩手机,我很平和地对他说:"小姚,别玩手机了,走路时要看着脚下的路,不然摔了咋办?"他仍旧低着头边玩边说:"没事,摔不着,就是摔了也不找您。"我说:"要是外出受伤了,我无法向你妈妈交代。"没想到,他竟然说:"我妈,她巴不得我早点死呢。放心吧,她不会来找您的。"

我一听就知道他又与妈妈闹矛盾了。这孩子从小父母离异,由妈妈一人抚养,由于长期缺少父爱导致心理有些缺失。他对父母的离异充满憎恨,憎恨父母不顾自己的成长和感情,憎恨不提供抚养费的父亲。这种憎恨久而久之会对孩子的心理发展产生不良影响,进而扩展到对学校和社会生活不感兴趣,甚至对他人、社会产生不满情绪。他认为既然没有人关心他,他又何必去关心别人呢?所以对同学、集体的事缺乏热情,有时还故意违反纪律,损坏公物。

事后没多久,我主动到小姚的家里进行家访,发现一切比我想象中还要糟糕。妈妈前不久找了一个男朋友,孩子百般刁难,还与妈妈发生矛盾,认为妈妈不爱他了。妈妈没办法,只能暂时和男朋友分手,可这件事已经把家里闹得鸡犬不宁。怕孩子放学路上发生意外,同意他每天带着手机上学。至此,我终于找到了他经常在学校玩手机的缘由了。

当我了解到这一情况后,单独与小姚进行了一次深谈:"妈妈一定是爱你的,在她的心里你永远是第一位的。"他使劲地点头表示赞同。我接着说:"可是你要为妈妈着想啊,你也要爱妈妈呀!"交谈中,我点出他在家中男子汉的角色,告诉他男孩子应有的担当精神和责任意识,指出了他在家里和学习上所犯的错误,给了他要做一个优秀男孩子的殷切希望。最后,他脸红了,低头表示赞同。

出于对他上学和回家路上安全方面的考虑,我和小姚商定好,可以带手机到学校,但不能在校内玩手机,早上到校就把手机交予我保管,放学后找我取走手机。

有了以上这些约定,小姚没有了在学校玩手机的现象,也渐渐爱上了研究数学,喜欢上了课外阅读,他的学习和生活都逐步走上了正轨。

二、反思

(一)赏识教育的出现,是为了满足孩子健康成长的需求

孩子需要赏识、需要关爱。人性中最本质的需求就是渴望得到尊重和欣赏,就精神生命而言,每个孩子仿佛都是为了得到赏识而来到人世间的。作为单亲家庭的孩子,曾经历了亲人早逝的痛苦或家庭破裂、双亲离异的恐惧,更有甚者,在单亲家庭形成后仍得不到父母的疼爱和家庭的温暖,孤独无助,失落自卑,所以他们更渴望得到赏识,渴望得到更多的关爱。单亲家庭的孩子,由于特殊的成长环境和由此产生的特殊心理需求,实施赏识教育有一定的难度,但如果实施得法,其效果更明显。良好的赏识能让这些心灵受到创伤的孩子重新体验信任、理解和愉悦,从而让被创伤封盖的潜能充分发挥出来,真正地健康成长。赏识能让这些孩子在得到激励的同时重树自信心,和具有完整家庭的孩子一样地快乐学习,保持永恒的动力。我们完全可以说:"没有赏识就没有教育,这完全是孩子们的成长需求。"

(二)赏识教育的实施,教师是编导

孩子的教育主要在学校,教师要做好赏识教育的编导工作。听起来这是顺理成章的事情,但是如何当好这个编导呢?我总结多年的实践经验认为,教师要走进孩子的心灵,单亲家庭的孩子往往比较孤独、冷僻、沉默少言,心灵隐藏着许多不愿披露的症结,教师必须与孩子积极沟通,沟通是走进孩子心灵的唯一途径。每个孩子的实际情况不同,赏识教育的实施方案也就有所不同,有以下几点需要注意。

1.尊重孩子的人格

不少单亲家庭的孩子虽然普遍表现出自卑,但往往又倔强好胜,唯恐被人瞧不起,他们通常以一种叛逆的心理试图捍卫自己的人格尊严。单亲家庭的特殊环境,恰恰是单亲家庭孩子最忌讳触及的"雷区",因为这正是孩子心灵的伤疤隐痛,在他

们已经受到伤害的心灵上,不能允许再次的刺激,他们需要的不是同情和怜悯,而是亲和、尊重、平等和共勉。我找准了自己的位置,选准了自己的形象,以朋友的身份面对他们的平常生活,随时克服作为教师习惯性居高临下的说教,保持平等的交谈、接触,十分注意尊重他们的人格,维护和鼓励他们的自尊、自信和自强,赢得了他们的信任。于是,当这些孩子面对我的时候,也就没有了那片"雷区",孩子自己也拥有了完整健康的心灵,而这一点恰恰是我想要的。

2. 接纳孩子的缺点

当你通过沟通真正走进了孩子的心灵,与之交上了朋友,进一步了解他们的全部的时候,这时你或许会发现有些单亲家庭的孩子,性格是那样的古怪冷僻,心理状态是那样的令人费解,各种缺点、弱点又是那么集中地体现在他们身上,而且缺点、弱点改正的过程又是那样的艰难。我曾经几乎丧失信心,甚至想放弃,任其"破罐子破摔"。失望之余,我想方设法使自己平静下来,仍然在自身找到了原因,主要是自己"恨铁不成钢""急功近利,求效心切",对问题了解得还不够透彻,对困难估计得不够充分。情绪心理的研究告诉我们:当被教育者的缺点、弱点呈现在眼前的时候,教育者应该冷静地面对,勇敢地接纳。接纳孩子的缺点、弱点,对教育者来说应该是个情绪调节过程,要努力将自己的情绪调离焦急、愤怒、绝望,让心情平静下来。接纳即包容,更是深入的了解,有了接纳的前提,才有解决问题的可能。教育者不但要具备接纳受教育者缺点、弱点的勇气,还要有将自己的接纳表示出来的技巧,让受教者明白教育者"够朋友"。但接纳不等同于纵容,在接纳之余,应该帮助受教者正视并逐步改正缺点,克服弱点,不断进步,这种接纳是实施赏识教育必要的前奏。

3. 和孩子的进步共赏、共勉

接纳了孩子的缺点,就要帮助孩子慢慢改正,更要善于发现孩子身上的潜能。正所谓"数子十过,不如奖子一功",这就要求我们有意识地捕捉孩子取得的一点一滴的进步,及时给予肯定和鼓励。激励孩子的方式是多种多样的,这里有技巧、有学问,老师一个期待的眼神、一个会心的微笑,以及拍拍孩子的肩、摸摸孩子的头,说声"你一定行",都会给孩子莫大的激励和无限的幸福,从而让孩子重新认识自己,在关爱和信任的氛围里逐步树立起自信、自尊、自强,取得长足的进步。

　　单亲家庭的孩子比完整家庭的孩子通常缺少一份爱护和幸福感，这些孩子的心灵是极其脆弱、极易受到伤害的。在我们的工作中，不允许用任何语言、任何行为刺伤他们。否则，就会加剧他们的心理不平衡，就会使他们产生心理疾病，会给教育工作带来更大的困难。教育家陶行知先生说："真教育是心心相印的活动。唯独从心里发出来的，才能打到心的深处。"对于单亲家庭的孩子来说，更需要教师注入无私的爱来抚慰他们心灵中最敏感的创伤。教师要善于创设一种真诚的氛围，使孩子重新享受失而复得的温暖与快乐。

曹可聪

一级教师,北京市西城区德育骨干教师,德育先进工作者,教育系统优秀教师。撰写的教育教学论文获全国一、二等奖,北京市优秀论文一、二等奖;设计的活动方案获北京市中小学生社会大课堂学习成果评选三等奖。

一、案例背景

在我们的教育对象中,有一个特殊的群体——单亲家庭子女。随着社会的发展,特别是人们思想观念的变化,离婚率有不断上升的趋势。应该说,解除已经没有爱情的婚姻关系,是对夫妻双方的一种解脱。但这种婚变对孩子来说,却往往成为一种严重的恶性心理刺激。有些儿童会发生性格上的改变,甚至会出现心理上的障碍或疾病。美国的一些婚姻心理学家对父母离婚给子女造成的心理影响做了较为长久的研究,他们发现,在被调查的离婚家庭子女中,有 37% 的儿童在父母离婚 5 年后,心理创伤仍未消除,他们最强烈的愿望往往是希望父母复婚。父母离异后,孩子生活在缺损家庭或者是再婚家庭中,通常不能得到正常的父爱和母爱,生活的各个方面也都受到了不同程度的影响,对孩子的心理影响往往更大。在生活中我们发现,有相当一部分儿童由于父母的离异而变得性情古怪、孤僻,情绪消沉低落、忧郁寡欢、自卑胆怯,也有的儿童变得冷漠、烦躁、粗暴、敌视。父爱或母爱的缺乏实质上是对青少年情感需要的剥夺。美国心理学家马林洛曾指出:"父或母空缺是导致低成就和个人失调的重要因素。"因为失去父或母而导致的家庭破损会给青少年尚未健全的心理带来沉重的打击,而因为失去配偶的父或母的心理创伤,必然加重了这种打击,使他们一时无法适应,从而造成心理失调,影响心理健康。那么,如何通过教育帮助单亲家庭的孩子正确面对因家庭变故带来的伤害,调整他们的心态,促进他们的身心健康发展,是所有教育工作者都应思考的课题。

在我的工作中也遇到一位受父母离异影响的学生。本文记录了作为教育工作者的我,根据学生的具体情况,分析原因,实施相应的教育措施帮助其成长的过程和思考。

二、案例分析

2011 年 7 月,我送走了一届毕业生,新接手了四年级的一个班。与前任班主任交接时她提到了一位王同学,说他有心理问题,需要我特别注意一下。暑假里我按照学生联系表上的电话与孩子家长联系,准备预约时间进行家访,可是反复打第一联系人的电话,明明接通了,就是无人接听。我只好发短信说明我的身份及沟通内容,但也不见回复。第二联系人的信息模糊不清,只好作罢。开学前夕的返校日我见到了这个眉清目秀的小男孩,果然是一脸孤傲,对什么都是一副与我无关的样子,几乎听不到他课上发言或课下与同学交流,没事就爱画画。有一天下午放学,他妈妈出现在校门口,说新换了班主任,想与老师交流一下。通过和他妈妈的长谈,我才了解到原来孩子的父母已经离异一年了。孩子怪妈妈赶走了爸爸,变得越来越不愿意与妈妈交流。妈妈脾气比较急,对孩子要求严格,与爸爸在孩子的教育问题上分歧很大。离异后即使孩子每周回到奶奶家过周末,爸爸也从不和孩子说话,不带孩子玩,与家人几乎不交流。妈妈一直说孩子渴望别人的关注,很在意别人的评价,希望在新老师面前有表现的机会。

在随后的集体学习和生活中,王同学脆弱、敏感、经常为一些小事而哭、对人对事比较冷漠、不愿意袒露自己内心等表现陆续显现出来了。这与我在书中看到的类似情况下儿童的具体表现是相符合的。这些孩子由于被父母疏远而抑郁,不愿与人接触,对周围的人常有戒备、厌烦的心理。他们总怀疑别人会在背后议论自己家庭的缺损和父母的离异,认为别人都瞧不起自己,不愿向他人敞开自己的心扉,不愿外出活动,不愿与人打交道,表现出孤独、内向的性格特征。面对同伴和社会的关怀,他们会很敏感,过于在意,甚至发生误解,久而久之,他们将从人群之中脱离出来,进入自我封闭和孤独的空间,从而导致性格交流的极大障碍,长此以往,他们就会产生心理疾病。

三、教育措施

针对王同学缺乏安全感、不自信的问题,我努力为他营造一个良好的环境,注重与他进行情感交流,慢慢地改变了他。

(一)对症下药,唤醒自尊和自信

自尊、信心和勇气是学生努力改正缺点,积极向上的动力,是人的心灵中最敏感的角落。我从了解情况入手,通过几次家访和与家长约谈,坦诚地交流关于家庭教育的各种问题,分析孩子出现的心理障碍,进行疏导,使王同学正确面对现实,让他明白,父母离异是因为他们生活在一起不再感到幸福,需要重新选择自己的生活,这是父母的权利,做子女的不能过多地干涉。况且,父母离异已经客观存在,如果长期因此而苦恼、自卑,只能加重自己的负担。只有正确对待,努力消除不利处境的影响,才能更好地发展自我。我从不刨根问底,而是自然而然地在学习、生活的点滴小事中去关心、帮助他,一起谈心、一起打球、一起下棋、一起学习……拉近与他的距离,使他经常能感受到老师的关心和爱护,体会到生活中原本缺少的亲情。亲情教育对这些孩子有巨大的魅力。我经常对他说的话是:"你是老师优秀的学生,老师喜欢你。一路上有老师为你喝彩,为你加油,你一定会成功的!"

(二)创设环境,融入班集体

单亲家庭学生是班级中的一分子,为他们的健康成长营造一个民主、平等、尊重、和谐的交往环境,这是我们的首要任务。这一交往环境,包括良好的心理环境。学生在民主、平等的氛围中生活,精神没有压力,同学之间互相尊重,他们才会有安全感。在群体活动中,给他创造一个宽松、和谐的活动环境,让他自然地融入集体。学校每次献巾任务都由我们班承担,我除了选派班干部,还把王同学选上了(他的颜值很高);最帅交警孟昆玉来我们学校和同学互动,我也把签名留念的机会给了他。在班里我有意识地给他提供更多的表现机会,让他积极参与,帮助他克服自卑和冷漠心理。他喜欢绘画,我就让他加入板报组,负责每期板报。我发现他的字迹特别工整漂亮,就在全班展览他的作业。对他取得的每个进步都及时加以表扬,使他体会成功的喜悦,进而增强自信心。慢慢地,王同学变得热爱集体了,经常主动为集体做事,他设计的班徽得到了同学和家长的好评,他自我推荐担任计算机课代表,每节课前不用老师提醒,早早地到计算机教室门口等待,负责同学的纪律。经过一个半学期的努力,王同学明显开朗了许多,脸上的笑容也更加灿烂了。

四、反思

(一)爱心无价——受伤心灵的良药

"爱是一切成功教育的源泉",单亲家庭的孩子心中自认为很可怜,自认为没有人会去关心和爱护他们,往往比较孤僻、沉默少言,心里隐藏着许多不愿倾诉的秘密,可他们拥有一颗渴望得到家庭温暖的心,一颗渴望大家关爱的心。老师作为教育者,首先要与孩子真诚交流,用真挚的爱心去感化,让孩子喜欢你、相信你,愿意与你交流,进而了解孩子心里想什么、需要什么,学会读懂孩子,想孩子所想,急孩子所急,只有这样才能真正成为孩子的良师益友。

(二)和谐班级——单亲孩子的土壤

同学、教师和班集体是对单亲家庭孩子实施教育不可忽视的力量,教师应该充分发挥同伴的作用。单亲家庭孩子的心理本来就受到了一定程度的刺激,如果处在排斥、歧视的集体环境中,只能让他们永远自卑,低下头做人,更加孤独,甚至产生敌对情绪。反之,平等和谐、民主互助、充满友爱的班级,则能让这些单亲家庭的孩子很自然地融入集体,感受集体的温暖和快乐。针对他们的孤独、忧郁等,可以通过组织各种集体活动,有意识地让他们在这些活动中承担一定的任务,加强人际交往,进行合理的情绪疏导。

(三)赏识鼓励——孩子成长的催化剂

"良言一句三冬暖,恶语伤人六月寒。"多数单亲家庭孩子的自卑感总是难以消除,总觉得自己没有别人幸运,没有别人幸福,常常对什么事都不感兴趣,不相信自己。首先,教师要及时发现这些孩子的闪光点和个性特长,因人而异地加以引导和培养,多给予鼓励和赞扬,要赏识孩子,用童心童趣去看待这些"特殊"的孩子。这样,即便孩子在学习上表现不佳,也不至于因此而灰心丧气,自暴自弃。其次,教师要有善于发现闪光点的策略和方法。再次,需要根据具体情况实施赏识教育。最后,要定期评估赏识和鼓励在孩子身上的作用,以及后续相应的调整措施。

儿童时期正是人的性格形成和发展的时期,有着极大的可塑性。作为一名小学班主任,我力求投入自己的爱心,真诚地去帮助单亲家庭的孩子,关心他们,教育他们,让这些孩子走出心灵的阴影。看到他们变得开朗、自信、坚强,我感到无比欣慰。我深信,我付出特别的爱,收获的将是优秀的"特别的你"。

陈东风

一级教师,国家二级心理咨询师。现任北京市西城区师范学校附属小学教师。西城区心理学科带头人,曾获北京市"成均杯"课堂教学比赛一等奖、"西城杯"课堂教学比赛一等奖、北京市论文评比一等奖。

随着我国经济的飞速发展,物质丰富,人民生活水平逐步提高,按道理人民的幸福指数也应该很高,但是在联合国"可持续发展解决方案网(SDSN)"与哥伦比亚大学地球研究所共同发布的《2016 全球幸福指数报告》中,中国人的幸福指数仅仅排在世界第 83 位,处于世界中下游水平。我国人民的幸福指数确实不高。成人如此,学生呢? 他们的幸福感又如何呢?

一、案例描述

这学期刚开学没多久,几位六年级的班主任老师不约而同地和我聊到班里有些孩子写作业特别拖拉,这些孩子看上去心情特别烦躁,动不动就和同学发生口角。班主任老师和这些孩子的家长沟通,家长也反映自己的孩子不爱学习,不爱写作业,浑身没劲,感觉特别着急。针对这种情况,在我的一次心理课上,我做了一个活动来初步测试学生的心理状况。

用四种不同状态的花来呈现自己目前的状态:A. 含苞欲放;B. 盛开;C. 花有一些没有精神;D. 花快要枯萎。请全班同学根据最近一段时间的心理状态画花,结果大多数同学画的都是不精神的花。在访谈中,有的学生说,每周六、周日的课妈妈都给排得非常满,这些课外班的作业又特别多,做完这项还有下一项,感觉有些累,做什么都没有兴趣。还有的学生说,每一天的生活都非常无聊,每一天就是学学学、写写写。有的孩子问我:为什么家长上一天班,回家就可以玩手机,我却还要写那么多作业? 觉得自己一点都不快乐、不幸福。

学生们的幸福指数到底是多少? 他们又对幸福有什么认识呢? 我对六年级全体学生(353 人)做了一个幸福指数调查。调查问卷以 5 分为满分,4 分、3 分、2 分、1 分、0 分依次递减(图 1)。请学生选择现在自身感受到的幸福,并写出选择相应分数的原因。

调查数据显示,大多数学生的幸福指数不高。根据被调查学生回答的原因来看,他们也不太明白到底什么是幸福,大多数学生认为幸福就是自己的愿望得到满足的感觉;或是家长给了足够的零用钱;或是随时买到自己想要的玩具和小食品;

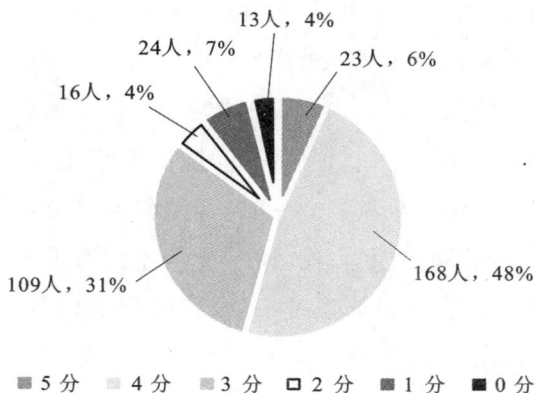

24人，7%　　13人，4%
16人，4%　　　　　　23人，6%

109人，31%　　　　　　168人，48%

■ 5分　■ 4分　■ 3分　□ 2分　■ 1分　■ 0分

图1

或是不用读书写字……多数学生认为自己不幸福的原因是：对学习不感兴趣；考试成绩不理想，总是达不到家长、老师的要求；和同伴关系不好。由此可见，学生对幸福的感受是比较片面的。那么，我能做些什么呢？

二、教育措施

（一）设计一系列心理辅导活动，帮助学生感受幸福的滋味

活动一：感受幸福的滋味

对于六年级孩子来说，还有些不太明白幸福。幸福是什么滋味呢？我设计了"感受幸福的滋味"这个活动。在上课之前，在每个孩子面前放一杯无色透明的水，孩子们看到这杯水都很兴奋，非常想尝一尝这杯水。我请每个孩子喝上一口后，马上问这杯水是什么味道的，孩子们一脸兴奋地说是甜甜的。我连续追问当甜甜的水喝到嘴里的时候，有什么感觉？有的同学马上说，好甜呀！有的同学说甜甜的水让我感到很快乐、很高兴；有的同学说能在课堂上喝到老师准备好的甜水，感到很幸福。

活动使全班的每个孩子都感受到幸福的滋味，这对六年级的孩子理解幸福的滋味是非常有帮助的，激发孩子想要感受更多幸福的愿望。

活动二：盲人摸笔

活动步骤：请将水彩笔放在桌子上，用眼罩将自己的眼睛轻轻罩住，确保眼睛已经看不见任何东西，在原地转三圈，然后伸手去拿刚才放在桌子上的水彩笔。一

边做这个活动一边体会,作为一个盲人,你的内心有什么感受?

活动完成之后,我请了几位同学来谈自己的感受。有的同学说:"当眼前一片漆黑时,心里感到有些紧张、害怕。在转三圈时,我动作很慢,很害怕撞倒什么东西。当我伸手去拿自己放在桌子上的水彩笔时,摸了好几次都没摸着,心想,我刚才明明放在这里的呀,怎么找不着了? 一着急,无意当中碰到那根水彩笔,给碰到了地上,我又慢慢蹲下身子到地上去找,摸了几下才找到了水彩笔。"有的同学说:"当眼罩罩住了我的眼睛,我的眼前黑乎乎的,我感到很兴奋、茫然,我很快地转完三圈,去找那支水彩笔时,我以为会一下子抓到,没想到抓了好几次才抓到,当时还真有些着急……"这个活动,学生感受到的是害怕、着急、不舒服……

活动三:我是我自己

盲人摸笔这个活动带给孩子的感受是非常深刻的。孩子们体验到了作为一个盲人,生活、学习起来是相当不容易的。有了这样的感受,再来做回自己。要求是:这次你就是你自己,还和刚才的活动一样,请你将一根水彩笔放在桌子上,在原地转三圈,然后伸手将水彩笔拿起。活动完成后,我请孩子们说出这次活动的内心感受。

有的同学特别兴奋,站起来大声说:"当听到老师说这次活动,我就是我自己时,我深吸了一口气,一下放松了下来,感到特别高兴,我的眼睛看东西特别清楚,转完三圈,我一下子就拿到了那根笔。"有的同学说:"从桌子上拿笔,对于我来说是再简单不过的事了,可是对于盲人,并不是件容易的事。我深深感受到,拥有健康的身体是多么幸运、幸福的事呀!"还有的同学联想到自己认识的腿脚不太方便的人,他们在生活、学习中会遇到比自己大得多的困难,但是他们仍然坚持做好每一件事,甚至做得比我们这些正常人还要好。以前从没感受到,自己健全健康的身体实际上是我们最大的幸福,一定要好好珍惜。

通过这两次活动,我发现孩子们深刻感受到拥有健康的身体,是幸福的。

活动四:发现小幸福

幸福还藏在哪里呢?为了引导孩子们从日常生活点点滴滴的小事中感受幸福,我请孩子们拿出课前小调查表,大声地读出让自己感到幸福的事。再听一听其他同学的发言,说一说自己有什么发现,自己的内心感受如何。以下是课堂上学生的反馈:

到游乐场游玩,让我感到幸福。

我发现和父母或家人在一起游玩,让我感到很幸福。

和好朋友在一起玩耍,我感到特别高兴。

实现了自己的愿望,我感到很开心。

自己在学习、纪律、劳动等方面取得了很大进步,感到很高兴。

我为灾区小朋友捐书、捐衣服,感到很开心。

在我做错了事情时,老师拍拍我的肩膀对我说只要改了,就是好孩子。当时我特别感动。

看到优美的风景,让我的心情特别愉快。

得到老师、家长的表扬,我的心里甜甜的。

吃到自己想吃的美食,让我感到幸福。

妈妈每天给我梳头,让我感到很幸福。

当我考试没考好时,妈妈摸着我的头告诉我,不管我考成什么样,我依然是妈妈的好宝贝。当时,我感到特别幸福。

妈妈每天给我检查作业,让我感到幸福。

爷爷奶奶每天按时接送我上下学,让我感到幸福。

我在给小狗洗澡时,感到特别幸福。

…………

通过倾听大家所感受到的幸福,很多孩子纷纷举手发言,讲述自己的内心感受。

有的同学说:"我发现我们大家感觉到的幸福的事都差不多。"还有的同学说:"我感觉幸福就藏在身边点点滴滴的小事中。有时,有的事从来没有让我感觉到幸福,当听到同学说到时,我也感觉挺幸福的。"我总结道:"你们从生活中、学习中感受到的快乐、甜蜜、开心、高兴、幸运、希望、给予他人的关爱,以及感受到他人对自己的爱,这些都是幸福的感觉。"当学生听到我说到这里,都纷纷表示自己变得幸福多了。我请他们在课前调查表上写出最新感受到的幸福。

有的同学写道:有时幸福就藏在妈妈的唠叨中,爸爸努力工作的汗水里,老师鼓励、责备的眼神中;有时幸福藏在我们对他人的关心、关爱中。还有的同学写道:幸福就藏在平时点点滴滴的小事中,只要我们有一双善于发现的眼睛,我们就会感受到幸福无处不在。有时幸福真的藏得很深,需要我们用心去感受……

通过这一系列的团体活动,学生发现了自己拥有这么多的小幸福、小快乐、小幸运、小希望,大家深情地将发现的每一个小幸福,称为"小宝贝"。我想如果学生能将这些"小宝贝"积攒起来,他们的内心就会产生强大的力量,就像装满了油的汽车,动力十足,即使生活中、学习中遇到再大的困难,也不会将他们阻挡。

(二)创建"幸福银行",分享幸福

在课堂上,我带着学生完成了一系列的活动,学生在理解、体验中拓展了对幸福的认知。此外,我还和学生一起创建"幸福银行",分享彼此的幸福。具体做法如表1所示。

表 1

	幸福感受 1	幸福感受 2	幸福感受 3
星期一			
星期二			
星期三			
星期四			
星期五			
星期六			
星期天			

三、教育效果及反思

(一)教育效果

(1)在心理辅导课上,孩子们灿烂的笑容、愉快的歌声都显示出孩子愉快的心理感受,他们明白了什么是真正的幸福,幸福不仅仅是物质的,更多的是在精神方面。

(2)通过心理辅导活动,学生很愿意在自己的"幸福银行"中存入自己的小幸福。学生在自己的"幸福银行"中记录的都是生活、学习中小得没法再小的事,甚至是每天都会重复的事。从这些小事中,我看到了他们更懂得感恩,愿意从主动帮助他人那里获得快乐,在遇到困难时,又总是能对未来的学习、生活充满希望。

(3)在团体心理辅导活动之后,我对参加辅导活动的孩子再次进行了幸福指数小调查,10个班共347名学生全程参与。还是以5分为满分,4分、3分、2分、1分、0分依次递减。请学生选择现在自身感受到的幸福,并写出选择相应分数的原因。调查结果如图2所示。

通过前后两次对六年级学生幸福感的调查，我很高兴地发现，通过这次团体心理辅导，孩子们能从细小的生活事件中感受到小幸福。孩子们并不缺乏发现小幸福的眼睛，而是缺乏家人、老师对幸福感正确、系统的引导。

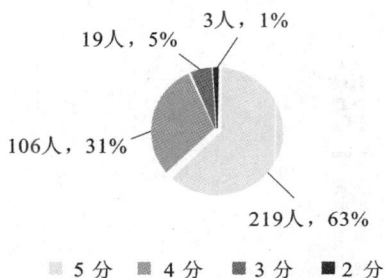

图 2

（4）在这次辅导活动后，很多家长纷纷打来电话、发来短信说自己的孩子变得开心了、懂事了。孩子回家后，还会告诉爸爸、妈妈让自己变得幸福的好方法，希望自己的家人也能变得更幸福。

（二）反思

（1）在以往的教育中，学校、教师、家长更多地关注学生的学业成功，以为学业成功自然会带来幸福与快乐。但现在从越来越多的案例中发现，很多学业成功的人不一定能感受到幸福与快乐。

（2）教育的真正目的在于促进个体获得幸福体验、提升幸福意识、发展幸福能力。苏霍姆林斯基认为，要使孩子成为有教养的人，第一就是要有快乐、幸福及对世界的乐观感受。孩子们将来的成就会有大小之分，作为老师的我们，让每个孩子在自己的基础之上获得进步，从小学会主动获取幸福、创造幸福是可能的。

（3）从这次的教学实践中，我认识到这次的心理辅导对于提升孩子幸福指数是有效的。孩子从层层深入的心理辅导活动体验中获得了滋养，看到孩子们的精神面貌由内而外地发生改变，我想到小学阶段的孩子还是非常需要这样的心灵滋养的。如果能够有目的、有方法地开设一系列的幸福课程，让学生不断学习如何使自己变得更幸福，养成积极快乐的思维方式与行为习惯，那将是多么好的事情啊！

参考文献

[1]　樊富珉.团体咨询的理论与实践[M].北京:清华大学出版社,1996.

[2]　何立婴.中小学心理卫生学[M].北京:华文出版社,1999.

[3]　郑洪利.大学生心理素质训练教程[M].上海:上海交通大学出版社,2005.

[4]　刘儒德.教师的幸福在哪里[J].人民教育,2010(19):2.

朱春郁

一级教师,现任北京市西城区师范学校附属小学语文教师,热爱教育工作,兢兢业业,一丝不苟。所带班级班风正、学风浓,得到学生和家长的认可。

现代生活节奏很快,家长和老师经常对孩子说:"快点!"但却忽略了一点:在催促下成长的孩子,他们会产生焦虑心理,当对孩子的快节奏要求超越了孩子的适应能力的时候,孩子将无暇思考问题的解决办法,甚至无暇顾忌后果,行为将跑偏,导致犯错。这时候,老师和家长又会批评孩子。久而久之,重复使孩子麻木,他们将"无所谓"作为自己的心理防线,屏蔽掉师长对他们的引导教育,给更多的家庭和班级留下无奈。台湾作家龙应台在《孩子,你慢慢来》一书中写道:"我,坐在斜阳浅照的台阶上,望着这个眼睛清亮的小孩专心地做一件事。是的,我愿意等上一辈子的时间,让他从从容容地把这个蝴蝶结扎好,用他 5 岁的手指。孩子,慢慢来,慢慢来……"是的,孩子各方面的成长需要时间,从从容容才是真! 这也是我从多年的教育教学生涯中体会到的最深的一点。本文将以我教过的一位学生的成长故事为例,通过反思与他在学校生活中的互动过程,我不仅仅看到在教育中,教育者的等待在学生成长过程中的力量,更深刻认识到等待教育策略的重要性。

一、案例描述

第一面

他是我接班时第一个吸引我的学生。第一,他的"蛇皮"脸。和一般蛇皮癣患者不同的是他的"蛇皮"呈放射状分布在脸的周围,这使他看上去总没有精神。第二,他回答问题的姿势。他两肩摇晃地站起来又马上坐下,就在这摇来晃去的时间里,他的问题便回答完了。当我叫他时,全班学生的目光都集中在我们身上,学生们一会儿看看我,似乎在告诉我不应该叫他;一会儿又看看他,忍俊不禁。他对这些倒好像习以为常,毫不畏惧地扫视了全班学生和我,像是在说:"看什么看?"目睹了这一切,我心里已经知道他是这个班的一个"难题"。

第一次广播

开学第二天饭班后广播时间,校长正通过广播向全校学生布置新学期的工作。按照常规,我在班级巡视维持纪律,学生们也习惯性地坐着听校长讲话,不少学生还做着记录,一切正常。我便伏在讲桌上记录新学期班级工作安排,大家都认真地听着。过了一会儿我听到了断断续续的像咀嚼一样的声音。我抬起头的同时,学生们一阵窃窃私语声中冒出的"某某某又吃东西了"充分证实了我刚才听到的果然是嚼东西的声音。我抬头看去,又是他!那个我心中的"难题"学生。这个坐在第二排第一座屡次违反纪律的小男生,一只胳膊放在桌上,头埋向桌斗,另一只手不时地从桌斗里拿出些什么,往嘴里塞。此时,广播刚结束,该是班主任讲话的时候了。整个教室很静,除了那个咀嚼声。我知道,同学们在等我处理这件事。当然是要先提醒他,然后呢?对他一言不发,开始班会讲话?只怕这种沉默对这个纪律观念本来就很淡薄的学生起不到什么教育作用。对他说几句批评的话吧,说不定他还会冒出个理由来解释为什么吃东西,这样的话,他那个新奇的理由万一哗众取宠,倒显得我的话是陈词滥调了。这样的纪律教育没有严肃性可言,与其这样,还不如"沉默"教育。

我走到他的座位前,他的警惕性还不错,不吃了,嘴里的东西也迅速咽了下去。只是当他抬头看我时,嘴边还挂着融化的巧克力。看见周围同学在注视他,他竟然露出了不屑的神情:"什么事?"他抬头看了看我,同学们再也忍不住,笑了起来,我觉得笑声中的他好可怜,真不忍心他这样。我下意识地掏出两张餐巾纸递到他眼前,他更大惑不解,似乎准备在更大的笑声中彻底"破罐破摔"。我可不准他成这样!"事情以后再说,我先给你收拾一下。"我这样寻思着,便抽出其中一张纸塞到他手里,做了个擦拭嘴角的动作,我拿另一张纸擦拭他桌面上的食物残渣,此时笑声打住了,他也顺着大家的视线朝向我,先一愣,接着脸涨得通红。突然,他一手按住我在桌面上擦拭着的纸和我一起擦拭起来。事毕,他团起了纸,我正想提醒他用另一张纸擦擦嘴,他却已站起身低着头走到教室前,将纸团放进了垃圾桶里。他用胳膊顺势在嘴角一擦,回转身慢慢走到我跟前,将没用过的纸塞进我的手指间,他的手却不放,捻着纸团想擦又不敢擦地窘在那儿,又说不出话。此情此景,我似乎感悟到了什么。我拿住纸塞进口袋,很轻松地说:"男子汉不拘小节,坐好吧。"他不好意思地点点头坐下了。

第一条短信

两个星期后,我收到他妈妈发来的第一条短信:"某老师,您好!我是某某某的妈妈。某某某以前在班里表现一直不是很好,我和他原来的班主任老师都怕伤害孩子的自尊心,因此对他格外照顾,谁知长期下来使他养成了自私狭隘、放任自流的不好品质,他的性格也比较孤僻,经常沉默寡言。自从您接班以后,我们明显发现他比以前开朗,也敢于表达自己的想法了,在家里还会有意地模仿您说话的语气和做事方法,只要是朱老师说的话他都很信服。看到这些变化,我们做家长的心里真的很高兴!对您表示感谢的同时也希望今后咱们能多沟通。"

读着短信,我不得其解,我对这个孩子没做什么呀,外表有缺陷的学生有本能的自我保护意识,他会沉默、逃避、木然、自卑甚至过激,我当时的一丝善念(擦嘴角)竟成了对这个学生教育一筹莫展之时扭转乾坤的要点,这怎么可能呢?为此,我查阅了很多儿童生理学和心理学的材料,其中《儿童心理学》与《儿童关于世界的概念》两本书中的相关理论帮助我理解了这类外表有缺陷的儿童的心理特征和行为原因,由此,根据"他"的具体情况,我制订了一个教育干预的计划。

二、教育措施

(一)原因分析

"学龄期儿童,颜面部的畸形,常常被幼稚的小伙伴们讥笑、嘲讽或起绰号,不良的刺激致使原有自信心、自制力的儿童,变得依赖大人,甚至出现一些攻击行为,如发怒、反抗,对周围物品随意摔扔、破坏,还可能发生兴趣与爱好的突然改变等。学生往往会因容貌上的很小缺陷忧虑不安,因疑心被人歧视而不愿意参加班级活动,有的表现有很强的自尊心,有的又兼有自卑感或者表现得特别好强上进,或者自暴自弃、性情孤僻。过去,家长和老师一味地纵容,认为孩子虽然难看,但行为应该和其他同学一样,不达到自己满意时就批评,造成了孩子的心理偏差。转化的关键在于扭转其心理偏差。具体地说,要使他看问题的角度顺转过来,最终让他以正常健康的心理去主动适应环境,让他能动地改造自己去适应环境。"《儿童心理学》一书中的这段话与本例中的他的"团起纸,放到垃圾箱……"等举动,不也是一种能动的反应吗?而这种反应正是因为偏差的心理得到暂时的扭转,激发出潜在的正常心理后的不带任何强迫性的反应。我突然理解了他的这些举动,豁然开朗,也悄悄舒了一口气,庆幸自己当时"按兵不动"的等待为他和我都带来了积极的转变。

(二)教育手段

孩子因自卑而焦虑,因焦虑而自暴自弃、性情孤僻。学校的教学理念中有一条——理解、引导、陪伴,这引起我的思考。为此,我采取了"先""陪""结""望"法。"先"即在事先向他讲明,事情是什么,应该怎样做,为什么要这样做,使孩子在做事前心里有底,不焦虑、不紧张,有充分的心理准备。"陪"就是请同学和老师陪伴他完成学习、活动等各种任务,并适时表扬他、激励他,使他有勇气完成任务。"结"就是每次活动后或每个学习任务完成后,我都及时帮他总结,主要针对他的语言、动作、别人的看法等方面进行。"望"就是展望,下次如何做得更好,做最好的自己。

三、反思

我时常在想,虽然是一丝善念下给他擦拭桌面上的食物残渣这一个无意而为之的动作,但对于受教育者他和教育者我来说,在当时却成了学生和老师心理沟通的契合点。我无计可施的一种等待性处理方法在当时成为扭转他心理偏差的转折点。而之后与他的相处,更让我明白等待之后,是需要有伴随性措施的。

其一,己所不欲,勿施于人。伟大的教育家苏霍姆林斯基说:"我们所创造的一切都是为人着想的。如果人不能给人以幸福,那么任何物质财富和精神财富也不会给人带来幸福。"要从学生角度出发,思考问题成因,提出解决办法。如某个学生在班中违纪,他的目的是不被学校检查人员发现,不给班集体扣分,他是在战战兢兢中这么做的,理解了他的动机,只要加以引导,采取好的解决办法就行了,没有必要批评他。

其二,尊重与理解。学生最大的精神需求是受到尊重,他们希望与教师平等相处、相互尊重、彼此理解。虽然教师比学生的知识更广博、能力更强、经验更丰富,但二者在人格上是平等的。新的学生观要求教师必须充分尊重学生的人格,坚信对学生的尊重、信任、理解、关心是教育好学生、塑造好学生心灵的前提。尊重有时体现在等待中。在你没有摸清学生的动机前等待,等待心灵的真相;在你与其交流中等待,等待学生的理解;在你引导后等待,等待孩子的成长、行为的变化。

从"第一面"到"第一条短信"是孩子成长的心路历程:这里有认识的提升,对老师理解的加深,对自我行为的修正。在这个过程中,我们要陪伴他、理解他、尊重他、引导他。这一过程告诉我:等待是理解的方法之一,从学生角度出发,理解问题是"治心"的良药,理解是解决问题的前提,也是目的。只要我们将爱用耐心的方式给予学生,学生就会像小树一样,在阳光雨露中健康地成长。

武永新 毕业于北京师范大学教育学部。二级教师,现任北京市西城区师范学校附属小学语文教师,班主任。国家二级心理咨询师,曾获西城区教育学会教育征文一等奖,在心理学核心期刊上发表过多篇研究论文。

孩子从出生开始就受着遗传和环境两方面的双重影响。在孩子踏入校园的那一刻起,学校环境在孩子的发展过程中就起着不可忽视的重要作用。国内外有很多研究都已经证实了学校环境中同伴关系和师生关系对孩子性格、行为等方面的影响是深远并且持久的。然而,在同伴关系的诸多维度中,同伴评价对个体心理和行为具有极其重要的影响。消极的同伴评价会降低孩子的自尊心和自信心,反之,积极的同伴评价能够促进良好同伴关系的形成和良好自我意识的发展。本文记录了我班学生叶成(化名)在同学们一句句积极的同伴评价中开启重塑自我的历程,反思我在其中采取的教育措施和教育成效,并深入思考本案例对塑造学生积极的自我意识、形成健康人格的启示。

一、案例描述及教育措施

在接手新班之前,前任班主任就已经跟我沟通了叶成同学在班里的种种"事迹":打人、骂人、随便动别人东西……开学第一周,在一节综合实践课上,叶成的表现却没有像往常那样活泼。

这节课需要用水彩笔画一画秋天之美,交代完内容后学生们都兴高采烈地画起来。在巡视的过程中,我观察到叶成同学闷闷不乐地坐在那里抠手指。我走到他跟前问道:"你怎么不画呢? 这不是你平时最爱干的事情吗?"这时他微微地抬起头,眼光黯淡下来,小声说道:"老师,我忘记带水彩笔了,今天没办法画画了。"我弯下身子悄悄地说:"可以向周围的同学借呀。"他声音更加低沉,头低得快碰到桌面,小嘴嘟着喃喃道:"没有人借给我。"这时候,他前面的同学转过身来幸灾乐祸地说:"老师,他是坏孩子,他总是抢我的东西。"右边的同学也抱怨道:"老师,您刚来不知道,他老找碴,还总是无缘无故地用脚踢我,我们谁都不愿意借给他东西。"这时他左边的万宁同学激动地站起来委屈地说:"老师,叶成同学下课总是欺负我,不是拿我东西就是揪我的辫子。""对,老师他经常欺负万宁""是,万宁是受他欺负最多的",其他孩子也随声应和着。此时此刻,班里有一些同学开始议论起来,你一言,我一语,"老师他总是打我,老师他还老骂人,老师他之前弄坏过我的东西……老师我们都不喜欢他,我们讨厌这家伙……"

其他学生七嘴八舌地说着,抱怨着叶成的种种不是。此时此刻,在这么多同学共同的声讨中叶成的头更低了,一句话也不说,我突然发现他已经在悄悄地擦眼角的泪水。我首先安抚住情绪有些失控的孩子,然后从被欺负的万宁同学入手解决这件事情,因为万宁同学是班干部,在班里人缘特别好,如果她能够改变对叶成的态度,其他同学也会慢慢地转变。于是,我将目光转向万宁并意味深长地说:"万宁同学,你说叶成下课经常缠着你,有时揪你辫子,有时拿你的东西,老师知道了这些事情以后很为你感到委屈。但是反过来想,这恰恰让老师感觉你一定是一个特别有吸引力的孩子,你身上一定有很多长处,使得叶成同学特别想接近你,大家觉得呢?"其他孩子随声应和着:"是的,老师,万宁是我们班大队长,她学习特别好,还会很多乐器呢……""那其他之前被叶成欺负过的同学身上一定也有不少吸引人的闪光点吧?"这时,刚才抱怨的同学脸上都露出了一副美滋滋的神情。

我在叶成的身边坐下来,语重心长地说:"大家安静,请先把手中的笔放下,由于我刚刚接咱们这个班,对很多同学还不是特别了解,今天我可以先从叶成开始一个个了解大家吗?"孩子们好像抓住了救命稻草,终于找到了一个申冤的机会,便兴高采烈地答应了,一个个举起小手争抢着回答:"老师,我先来,我先来。""同学们,刚才老师通过叶成同学已经知道了咱们班很多同学身上都有闪光点,那么大家现在介意我先了解一下叶成的优点吗?"这时教室里一片寂静,大家好像丢掉了到手的棉花糖一样,兴致大减,还有部分孩子在默默地摇头。"同学们,我发现咱们班每个人都有一双美丽的眼睛,那么今天老师就看看谁的眼睛不仅美丽而且特别敏锐,能发现别人很难发现的东西。"话音刚落,孩子们陆陆续续举起了小手,我点名小琪来发言。"老师,叶成同学在校车上总是主动帮我拿东西,他力气可大了,他很乐于助人。""不错,小琪同学真是有一双慧眼,不愧是咱们班的中队委。"我补充道。这时,其他同学仿佛也打开了记忆的大门,纷纷举起了小手:"老师,叶成擦黑板擦得特别干净""老师,他拖地拖得特别好""老师,我发现他每天都能做到光盘"……渐渐地,叶成眼角的泪水已经被微微上扬的嘴角取代。这时候经常被叶成欺负的万宁也站起来说:"老师,叶成非常聪明,我们住在一个小区,他还给我讲过奥数题,而且他的字也写得很漂亮。"

随后,班里很多同学都说出了叶成的优点,很多学生主动拿出自己的水彩笔借给他,并和他一起完成了一幅美丽的秋景收获图。

下课了,我走出教室,叶成同学追上来悄声对我说:"老师,我以后再也不欺负同学了,也不打架了,我要努力做一个好孩子。"我微笑着对他说:"老师相信你一定能做好的,其实你真的很不错,班里其他孩子蛮喜欢你的,老师知道你也很喜欢他们,对吗? 只是你表达喜欢的方式与其他同学不一样,你这种方式对于其他孩子来说很难接受,所以老师希望你能换一种方式来表达你对他们的喜欢,好吗?"他用力地点了点头,蹦蹦跳跳地跑开了。看着他快乐的身影,我顿时觉得,教育所能带给孩子最好的东西也许不仅仅是知识这么简单,对于叶成同学来讲,这必定是一个收获的秋天。

但是,他最初表现出来的良好行为需要及时强化,这样才能帮助他把这种好的行为转化为习惯。最初,如果让叶成同学一下子转变是非常困难的,于是在第一周我给了他三次犯错误的机会,这对于之前每天都会调皮捣蛋的他来说是不小的进步,我俩达成一致,如果这一周犯错误超过三次,会让同学们一起商量对他的处罚措施;如果本周三次机会没有用完,一次机会可以兑换一天的值日班长机会,这对于从来没有当过班级小干部的他来说是个不小的诱惑。然后,在接下来的几周容许他犯错误的次数逐步减少。另外,我也联系了长期远在外地出差的叶成的妈妈,想通过家校合作,共同促进孩子好习惯的养成,我跟孩子妈妈达成共识,如果孩子连续两周有明显进步,犯错的次数在容许的范围内甚至一次错误都没有犯,妈妈就会把他接到外地一起过周末。

在班级里,我还让学生自荐了"小小监督员"来辅助他形成良好的行为习惯,如果今天有进步,没有欺负任何一个同学,而且还帮助同学了,那么他就会得到一个小印章,集到 10 个小印章可以换一张有我签名的表扬信,这张表扬信可以带回家去找爸爸或者妈妈实现一个自己的愿望。就这样经过大半个学期的努力,叶成同学已经成为班里同学公认的"进步之星",还被评选为小队委。那个曾经同学们眼中的坏孩子已然变成了大家公认的好孩子。

二、反思

(一)正向肯定

人人都愿意被肯定,叶成也不例外。一般来说,孩子从两三岁开始自我概念开始萌芽,也就开始有了自尊心。长期处于同伴负面评价中的叶成也渴望同伴对他的积极肯定。当他听到同学们争先恐后地说他的优点时,他已经开始重塑良好的自我形象,这种做好孩子的意识一旦在心里扎根就会慢慢影响他的行为。

（二）积极再定义

积极再定义是积极心理学中的一个重要名词。在此次教育过程中我两次用到了积极再定义。在处理叶成和万宁问题的过程中,我将叶成总去打扰万宁再定义为"万宁你一定是一个特别有吸引力的孩子,你身上一定有很多长处,使得叶同学特别想接近你"。这样一来,叶成对他们的"小骚扰"在他们心里会转化为自己是优秀的、吸引人的,会使他们在一定程度上改善对叶成的态度。另外,我把叶成"欺负其他同学的行为"归因为"是出于对其他同学的喜欢,只是方式不太恰当",这也在很大程度上减轻了叶成的心理负担,让他更容易改变自己对其他孩子的不良行为。

（三）抓住关键期,及时强化

根据皮亚杰的儿童发展理论,10岁左右的孩子由于去中心化的结果,具体运算阶段末期他们的自尊心更强,开始更加看重同伴或者关键他人对自己的评价,并且观点采择能力逐步发展起来,他们能设身处地理解他人的愿望、情感等,即能够站在他人的角度,从他人的立场看待问题。因此,叶成在心理上已经开始慢慢学会站在别人的角度看待问题;另外,刚换一个新的班主任,每个孩子都想给老师留下一个好的印象,展现出最好的自己。进入中年级的叶成也不例外,尽管他想要去变得更好,但周围的人对他已经形成了一个固定思维——他是坏孩子,尽管他偶尔表现出一些好的行为,也不会有人注意,所以对于他来说,在这个心理发展阶段以及新换班主任的关键期,有一个好的开始至关重要。

三、结语

虽然在这一过程中叶成同学有了可观的进步,但是个别教育策略的实施过程还可以进一步完善。例如,除了联合同学与其家长一起帮助叶成外,还可以争取班里的其他任课老师的协助,共同帮助他形成良好的行为习惯,这是我在此次教育过程中所忽略的。在今后的教育和教学中,要注重联合任课老师、家长以及学生多方力量共同促进学生的成长。

每一个孩子都是待长成的参天大树,作为教师的我们除了给予他们知识的滋养,还需要无条件地积极关注,关注他们行为背后的外在原因及心理原因,归因施教,助其成长……

总育一句入心田

刁 佳

一级教师,毕业于北京师范大学心理学院。西城区骨干教师,立足于"育人为先,智育与情育有机结合的教育才是完美的教育"。论文分别在国家、市、区获奖,所教班级多次被评为西城区优秀中队和先进班集体。

一、案例背景

小学阶段是学生成长的初始阶段,这个时期学生的发展情况极大地影响后续发展。但是多年的教学经验让我发现,老师们虽然非常注重学生的发展,但还是把成绩好坏作为评价一个学生是否优秀的标准。那些在老师眼中成绩优秀的学生后续发展就一定很好吗?事实说明不尽然,所以我认为作为教师应该要关注一个学生的长远发展,要关注学生是否具有可持续发展的能力。我们既要关注学生的学习成绩,又要关注学生的学习习惯和学习品质,尤其面对一些"优秀"学生,要想把教育做深刻,就一定不要忽略情商培养,要培养这些学生坚持不懈、灵活、全面地思考和解决问题等优秀的思维情绪。

二、案例描述

我教四年级的时候,一个周四下午,我外出去教研。中队长媛媛怕完不成黑板报,就私自把班干部都留下来了。我一回到学校,代班老师就生气地跟我说了这件事。"不让他们留下,答应得很好,一转眼竟然还是留下了,还把其他几个同学也留下了,这胆子也真够大的。"在代班老师和我汇报情况时,我也开始思考起来,通过长时间的观察和培养,我知道媛媛是怎么想的,作为中队长的她希望我们班被表扬,所以会和我达成一个不成文的共识:学校工作提前几天就完成。所以看到班里的板报还没出,她心里着急,所以才有上述的行为,这件事绝不能简单地批评了事,一瓢冷水会将这个倔强的孩子的热情浇灭。

我庆幸自己教研后又返回学校,媛媛还在班里。于是我把她叫到办公室"聊天",我先递给她一块巧克力,她迟迟不敢吃,我索性给她剥了一块放她嘴里,我知道她可是个"小吃货"。"知道我要说什么吗?""知道,我把同学们留下出板报。""你提前有和代班老师说吗?""有,但是老师不同意。""那为什么还硬要做呢?""我怕出不完。"媛媛一直很冷静地回答我的问题,似乎想好了再次接受批评似的。"那你有没有提前跟同学和家长说呢?"媛媛的脸严肃起来。聪明的她仿佛知道我要说正题了。"其实,我心里很是替你高兴,这块巧克力是奖励你的。"看着她再次疑惑的脸,"因为你把自己当作班级的主人,你的责任心让你去主动想办法完成任务,这是中队长应该具有的素质。你没有墨守成规,难道不该奖励吗?"看着我没有开玩笑的样子,媛媛开始接受巧克力了。我继续说:"你的理想不是当老师吗?今天的你很像小时候的我。"媛媛睁大了眼睛,眼里没了沮丧,湿润中带着期待。"我上小学时也是中队长,曾经为了班级活动想了很多点子。有一次我想到爸爸妈妈带我去紫竹院公园捞虾很有趣,就把我们小队带到了紫竹院公园开展钓虾活动,结果没找到钓虾的地方就改成下河捞螺蛳。回来后老师大骂我一通。当时我还不明白,但当老师以后我终于明白老师的想法了,你能明白吗?"媛媛的眼泪流出来了,"怕我们出安全事故。""是呀,你还没成年,你能为自己的行为负责吗?"媛媛摇摇头,"你能为同学们的安全负责吗?"媛媛又摇摇头。"以后你成年了,这样做是可以的,现在为你们安全负责的是谁?""老师和家长。""如果我在的话,我还要提前和家长商量呢,何况代班老师连你们是谁都认不全呢,他要对你们负责呀。你能理解代班老师吗?"媛媛的眼睛再次清澈:"老师,是我思考不周全,应该和您沟通好,或者和代班老师沟通好,分清楚轻重,再做决定。相信我以后一定会成为和您一样的老师。"我摸摸她的头:"你瞧,经过这件事你会越来越会处理问题,离理想又近了一步。"

之后媛媛和同学们说,她的自信、认真、灵活的班级工作作风,是和四年级的工作失误后老师的教育紧密相关的。尤其是老师的一句话使她有了面对问题的勇气。你能猜到是哪句话吗?那就是"今天的你很像小时候的我"。

三、教育措施及效果

(一)教育措施

1.观察生活中的点滴,从细节入手

低年级时的媛媛就很爱班集体,做事情有计划性,这让有些人觉得她很呆,即使有的同学笑话她,她也置之不理,仍然对自己要求很严格。进入中年级,曾为了不让一个男同学给班里扣分,她径直跑到男厕所把那个男同学拉了出来,致使有些男同学嘲笑她,但是她也不以为然。还有一次她带大家读书,自己想吐,却一直忍着,结果一下子忍不住,当着全班面喷了出来,大部分同学很佩服她。媛媛的规范意识很强,也很执着。有一股"不撞南墙不回头"的劲头,的确,我也觉得媛媛具有

难得的优秀思维基础,但是我们教育者的任务是让她更加成熟、优秀。要辩证地看到成长中的她可能出现的问题。我觉得此时的我,要引导她换位思考,能灵活、全面地解决问题。

2. 了解初心,看清本质

通过长时间的观察,我已经了解了媛媛的性格。当选班干部后,她一直有一颗热爱集体的心,会有计划地去处理问题,大部分时候都能做得很好,但是像这种情况怎么处理便是她作为中队长的新的难题。我知道媛媛做这件事初心是为了集体,这是从之前小心谨慎做事到想办法解决问题的第一步,如果我用一贯的教育作风——严格要求班级干部,那么就不适合媛媛的发展,只能让她解决问题的能力回到原地。

3. 用巧克力融化执着,用共情理解人生

媛媛很喜欢吃巧克力,她也接受过我朋友般的礼物,但是都是她自认为做得好的时候,应该接受表扬的时候,她没有想到我会在她犯错误的情况下奖励她,因此媛媛会对老师产生怀疑。但是聪明的媛媛听了我的故事,便开始真正地入心去思考,思想上开始转变。

4. 审视教育者本身,用移情沟通孩子内心

教育者应是心理专家,他应该可以关上窗,去审视自己、分析自己,然后打开窗,把精神力输出,指导正在困惑中走同样道路的学生。因此,我用了我小时候的经验,让媛媛走入我的人生与她的人生相关联,更易于理解我,也更能够换位思考代班老师的处境,尤其她的理想就是当一名老师,因此,她会更快地站在老师的角度思考问题。

(二)教育效果

我惊喜地发现低年级时被同学认为"一根筋"的媛媛到了高年级可以在我不在的早上主动组织同学读书,在组织当中可以很认真地指出别人的问题,并提出恰当的建议予以弥补,得到了同学们的认可。而且她给同学们布置完任务,真的会检查,这让我觉得她的工作毫不机械与死板。她平时是一个认真的孩子,站在做操的队伍里,绝对是挺胸抬头、手绷直,站得最标准,坐姿也是,像个军人。到了六年级还能如此,真是极不容易的。她还会主动上台去挑战跳韵律操,比其他同学更自信,更有勇气。听过她和同学的聊天,幽默而有自己的见解,班级在她的带领下活跃而不失规范,阳光、健康、向上。

四、反思

我们一直致力于研究特需（后进）生的案例，但从教多年来，这个"需"字我觉得要重新定义，目标有多高，"需"就要有多高。后进生需要老师拉一把到不落后，中等生可以拉一把到优秀，那么优秀生呢？在我看来他们是顶着自己给自己的压力和外界的压力在前行，有时甚至是最容易发生大变化的群体，媛媛是个认真执着的孩子，但是在解决问题上就会有固执、不懂变通的缺点，这是成长的烦恼，需要呵护与帮助。当孩子犯错误时，老师一定要看孩子错误的出发点，也就是思维之源，再进行关于方式、利益上的教育，利用共情等方式对一个优秀的孩子来说是有效的。一些孩子对于任务的目的性是非常明确的，所以会努力去做到完美。这是他们逐渐形成的优秀的思维习惯，在此基础上全面、灵活思考的思维习惯是要不断培养的。渐渐地，这些孩子也会自主培养自己智慧的思维习惯，运用在自己解决问题的行为习惯中，情商得到真正的提高。

让成长中的孩子一直抱着勇气去尝试，去阳光地面对好的、不好的，用智慧的大脑去思考、创新这个世界，让这个世界最灿烂才是我们对于优秀特需生所期待的。因此，作为班主任，引导学生思考和处理问题，才是给他们通向未来的钥匙。每朵花蕾都不同，而我们的每句话都是雨露，总有一滴入心田，促使他们努力绽开、怒放。

李昕芳

一级教师,从教 28 年,一直担任中高年级语文教学和班主任。多次承担研究课,多篇论文、教育教学案例在全国、市、区获奖,有的发表在教育书刊上。获得区级学生心目中好老师、区级语文骨干教师等荣誉称号。

西师附小的核心办学理念是"使每一天都有意义",教学的理念是"知识对接心灵"。学校引领教师"尊重教育规律、尊重学生个体的发展规律",倡导运用"理解、引导、陪伴"的教育策略,促进学生健康成长。面对教育中出现的问题,不仅仅需要教师的智慧和爱心,更需要教师不断创新,综合运用教育方法引领学生健康成长。

一、案例描述

"老师,您班学生到齐了吗?"每天负责记录考勤的同学来了。我抬头扫视一周教室,三组的第五个位子空着——又是小轩迟到了。我正要报名,他拎着书包进来了,直奔座位。"我们班齐了,孩子。"我按捺心中的不满,和蔼地对检查的同学说。班里继续安静地晨读着。

早操时间,全校师生集结在操场进行锻炼。迎面走来了弦乐队的老师:"您好,昨天乐队排练,您班小轩进了排练室就踢椅子,把书包扔一边,发脾气,怎么问都不言语,两节课都是带着情绪练的,也不知道是怎么回事。""噢,好的,谢谢您,回头我问问。"我嘴上平静地回应,心想:"指不定又是谁惹着他了。"我上午课多,中午再找他吧。

下了第一节课,数学老师走进办公室,愤怒地说道:"你们班小轩又没写数学作业,天天靠补,照这样,期末能及格吗!""这小子太懒,谁说不是呢!"看似平静的我其实愤怒至极:"这刚第一节课,你小子就不消停!"心情极不好的我抱起作业本正准备离开工位,恰好年级组长走过来发给我一本学习书籍——《第56号教室的奇迹》。我随手翻开护封,第一行写着"他创新的教育方式,把孩子变成了热爱学习的天使",第二行写着"他热情的教育态度,把教室变成温暖的家"。我边看边想:其实,学生犯错误是难免的,老师恨铁不成钢也是常情,但是更重要的是想办法解决问题。我该怎么做呢?什么创新方式能让小轩爱学习?我怎样把教室变成温暖的家,让他每天早早地到校,不迟到?怎样让他按时完成作业,遇到难办的问题先别急,要冷静,想适合的办法解决?……这一连串的问题接二连三地出现在我脑海中。我拿起《第56号教室的奇迹》走进教室,伴随着课间的喧闹声,那一行行古朴秀美的楷体小字映入了我的眼帘："当一名教师倾其所有精力、美德与创造力,他能为学生做什么? 如果认识了美国的传奇教师雷夫·艾斯奎斯,或许便有了答案。""这位心灵导师,教给学生一生受用的技巧,以及人格、信念的培养。""他用简单而有效的教育方法,将理论和实践完美结合,不仅可以在课堂上立刻实践,而且在家庭教育中也同样实用。"……

上课的铃声再次响起,我合上书,心想:可以利用母亲节,对学生进行感恩教育,那这节班会课就临时改变一下——带领学生一起探讨设计"感恩母亲"的活动方案。问题提出后,有的同学建议可以讲一讲母亲节的来历;有的同学说可以把平日里母亲为自己做过的印象深刻的事情讲一讲;还有的同学说可以把对母亲的爱写成诗歌……大家议论纷纷,可平时思维天马行空的小轩却无精打采地坐在那,是不舒服? 刚才我还看到他在操场上飞奔呢。

讨论继续着。小轩呆滞的目光带给我点点思考:想引起老师注意,却总是选择不恰当的方式——别人读书他出怪声,人家扫地他用脚踩笤帚,常常以自我为中心,我行我素,用拳头解决问题,不服老师管教……今天这一连串的错,看来是因为心情不舒畅。是什么原因呢? 难道是家里? 中午,我俩在心语小屋会面了,他向我道出了班会课上不发言的原因:"妈妈没为我做过什么,都是奶奶……"原来如此。

二、教育措施

(一)适时家访,了解情况

我决定去小轩家进行家访,我拨通了他妈妈的电话,征得了他妈妈的同意。下班后,我敲开了他家的防盗门。门打开了,他的父亲先是一愣,然后犹豫地把我让进了屋。这一神情告诉我对于我的来访孩子妈妈并没有事先和家人沟通,似乎也证实了我在学校的判断是正确的。接下来的谈话很不自然,"他妈妈还没回来哪?""啊,啊,噢,没呢。""今天,小轩去他妈妈的酒楼住了。"我有些诧异。后来,他爸爸借口回小屋了,一直是小轩的奶奶和我聊她家的情况。"……老师啊,人不能有太多的钱,钱多了生事……我们轩啊,除了淘气点儿哪都好。可爱干净了,每天都帮我收拾屋子……老师,家里就是这个情况,您多费心吧。"听了老人的话,我了解到小轩不寻常的情况,也后悔我平日里的做法。孩子上学有时迟到,我总是毫不留情地批评他:"你怎么总是迟到!"我的语言没有一点引导的意味! 如果当初我换种角度对他加以引导,他也许不会变成今天这个样子。在家里得不到父母的管教和关爱,将家庭的烦恼憋在心里,得不到排解,不被人理解,在学校里还受到老师的责怪。一颗幼小的心竟然承受了这么沉重的负担,该是多么的苦不堪言!他的心里是多么渴望爱的甘泉!我感到鼻子发酸,一股泪潮涌上眼眶,自己的工作是多么的失职!我下定决心,要用爱的雨露滋润他的心田。看来,细致了解学生的情况,很重要。

(二)真情表扬,产生好感

第二天,我在班里表扬小轩在家常常照顾年迈的奶奶,并把家里收拾得干干净净,同学们热情地鼓起了掌。他目不转睛地看着我,目光掠过一丝光彩,我明白我的举动可能触碰了这位"闹将"的冰冷之心,估计他的内心深处感受到了丝丝暖意,也许他正期待着更多……

(三)本上交流,促进沟通

经过一段时间的引导、观察,我发现他有些许改变,上课不怎么闹了,抄写生字这样简单的作业能上交了。一天,我递给他一个精美的小本,我在上面亲手画了两颗心紧紧地靠在一起,他会心地笑了。一次又一次的本上交流,我们之间的沟通顺畅了很多,他的心灵之门正在开启,他开始把我当作朋友。

(四)榜样激励,促进改变

我把他的座位往后移了两个,告诉他是因为他的个子长高了,我信任他,他欣然接受。他的旁边是文静而热心的中队长,我想,小伙伴的表现也许会默默感染小轩,能为改变他的行为助一臂之力。

(五)给予机会,建立自信

小轩思维活跃,能力强,是学校弦乐队的一员,能熟练地拉小提琴六级的曲目,曾在中山音乐堂进行区级优秀节目展演。我跟他商量在班会课上拉一曲《感恩的心》,一定能感动同学们,也会赢得大家的喝彩,更会有同学愿意跟他玩,他同意了。

一个多月过去了,他渐渐有了转变。上课的怪声听不到了,下课能主动帮助前排的女生把椅子缺的脚套找回来安上,绒板上展示的书法作品掉了钉子,他会剪下胶条粘上,挥拳头的次数逐渐减少……看来,他已经开始主动关心集体,友好对待同学了。这真是跨越式的进步,但仍需巩固一段时间,因为还是出现了和体育老师顶嘴,同学回答问题错了他发出咯咯笑声的情况。

不管怎样,小轩在朝着进步的方向发展。他向我吐露不愿父母离婚的真情,我征得他的同意后决定尽一己之力。我再次来到他家,也走进了他妈妈开的酒楼,和他父母多次交换意见,终于,他们勉强同意暂不离婚,眼泪从他的小脏脸上流下来,这是甜蜜的泪水,我的心中也充满喜悦。

从此以后,他格外听我的话,师生之间的鸿沟荡然无存。

三、反思

我想小轩的进步首先是源于教师不断加强自身学习,树立正确的教育观。《第56号教室的奇迹》这本书给了我很大的启迪。雷夫·艾斯奎斯告诉我们:"没有害怕的教育"和"彼此信任的教育"是最好的;"品格培养就是最好的奖品""激发孩子自身的高要求才是成就孩子一生的根本"……当时,这本书唤起我要深入了解小轩的想法,积极主动思考解决问题的策略。所以,在工作实践中,教师要不断学习,不断广泛阅读,增长自己的教育智慧。

其次,了解学生,优化运用教育策略。教师日常积累了一定的教育方法和教育经验,遇到不同学生的不同问题还需要具体分析和有效选择。针对小轩的进步,我想源于我的引导策略——表扬机制的运用;心灵有约本的启用,给了他肯定和信任;和中队长做同桌,借助榜样的力量促进改变;为他创造展示的机会,初步建立自信;征得家长的配合和支持。整个过程中,教师善意的言行和平等的沟通打破了他原有的心理定式,逐渐地将消极的心理状态向积极的心理状态调整,从而达到稳定的情绪带来良好的行为这样一个良性循环。这些方法的运用要求教师仔细观察,细致了解学生,这样才能把握好教育契机。

最后,教师要真诚付出,尊重与爱护学生心灵。学校倡导"简单的事情做深刻"。每日的教育活动看起来简单,实际上是一项艰巨而复杂的工作。因为每个学生都是鲜活的生命,都是与众不同的。尤其是当今开放的教育、开放的课堂环境,给了学生展现个性的舞台。虽然张扬了个性,但也暴露了更多的行为问题。小轩的进步让我更深刻地认识到,教师只有付出真诚的爱、尊重与保护,才能真正打动学生的心。特级教师李镇西在多次演讲中都提到爱心教育的问题,没有爱是不行的,这是教育的基础。记得有这样一句歌词:每一片土地都有未开发的足迹,每一颗心灵都有未开启的智慧。是啊,每一个学生都有自己的世界,每一颗心灵都是复杂多变、奇妙无穷的,不是所有学生都能与老师敞开心扉、说心里话的。教师是太阳底下最光辉的职业,真的要把温暖的阳光洒满每一个角落,让自己浓浓的爱意化作缕缕的情,积蓄成强大的力量,缩小与学生间的心理距离,让爱相融,让心相通。让我们这些面临不断改革的教育者,面对一胎二胎时代变化的教育者,拨动智慧的琴弦,弹奏一曲校园的颂歌:用心灵赢得心灵!

李　鑫

一级教师，现任北京市西城区师范学校附属小学五年级语文组组长，班主任。曾获得西城区教学案例评比一等奖，班主任基本功培训与展示一等奖，西城区优秀班主任评比一等奖。西城区少先队优秀辅导员，西城区教育系统优秀教师。

时光飞逝,转眼间,我在班主任的岗位上已经历经了 16 个寒暑。作为一位男班主任,我在这 16 年的工作中,不仅得到了历练,也与我的学生共同成长。

记得 16 年前,作为刚刚工作的老师,我因为害怕自己经验不足导致班级管理出现问题,于是采取了高压政策,一旦学生出现问题,便会对他们一通训斥。一段时间下来,虽然整个班级规规矩矩,但是我感觉我和学生之间产生了隔阂。随着学生对我越来越熟悉,这种高压政策慢慢出现了失效的迹象,个别学生竟然给我写信,表达他们对我的这种高压管理方式的反感。面对这种情况,我静下心来,翻阅书籍,学习有经验的老师的管理方式,仔细思考我存在的问题,慢慢体会到要想管理好班级,一味地靠高压管理是行不通的,重要的是要走进学生的内心,让他们体会到老师对他们的爱。没想到,不久就发生了一件事,让我体会到走进学生内心的教育,对学生的影响更为深远。

一、案例描述

那是一个星期二,音乐老师要在上午最后一节课在我们班上一堂公开课,有很多外校的老师也要来听这堂课。由于我那天第四节课有别的班的课,因此我把学生送到四楼的音乐教室后就去别的班上课了。

下了第四节课,我回到班里,等了好一会儿,学生还是没有回来,我有些着急了,心想:这些学生是不是在课上出了什么乱子,影响到音乐老师这堂公开课的效果了? 难道老师正在批评他们? 想到这儿,我有些坐不住了,准备去音乐教室瞧一瞧。刚走出教室,迎面碰上一位刚听完公开课的老师。她告诉我学生表现得很好,只是因为其他原因推迟了上课时间,所以下课时间推迟了一会儿,她让我别担心,学生这就下来了。我听了,心里踏实下来,准备到四楼去接学生。这时,我们班的中队长从楼上跑下来,见到我便着急地说道:"李老师,咱们班同学被×主任拦在三楼了! 他让您上去一趟。"音乐教室在四楼,怎么学生会被拦在三楼? 看着那学生略带紧张的神情,我来不及多想,便快步跟着他来到三楼。只见×主任把我们班的学生都拦在了三楼的楼道内,正在组织他们站队。×主任见我来了,便让我先把学生带回班,他也来到了班里,然后向我介绍了当时的情况。这时我才知道,原来,这节音乐课下晚了,这是上午最后一节课,一下课学生就兴奋地冲下楼,不知是谁喊了一句:"回去晚了就没饭了。"这下更让全班学生都迫不及待地往楼下跑,根本顾不得此时别的班级已经安安静静上了饭班,也忘记了学校对学生提出的"轻声慢步"的要求,正好被在三楼检查的×主任撞见了,于是他把学生都拦在那里,重新组织学生排队下楼。×主任说完情况后,就把这件事情交由我来处理。一堂挺好的课,竟然以这样的结局收场,我心里的火顿时燃了起来,正准备大声地训斥他们一通。就在这时,音乐老师走进来,她显然不知道发生了什么,她的手里端着一个盘子,上面放着一堆洗好的草莓,微笑着对我和学生们说:"李老师,这节课他们上得特别好,我发给每人一颗草莓作为奖励。"音乐老师放下草莓走了,我却愣在了那里,因为我看到这些学生在听音乐老师说话时,眼神中带着喜悦,一张张小脸是那么的可爱,但当他们再次看向我时眼神却立刻变了,那里不但有恐惧,更充斥着对即将受到训斥的不满。刹那间,我突然冷静下来,难道真的是我的教育方式让学生和我产生了这么大的隔阂? 他们已经是高年级的学生了,具有一定的反思能力,如果我试着理解、宽容他们,会不会收到更好的效果? 于是我换位思考,再次审视这件事。这节公开课的确下得比平时晚,又到了午饭时间,学生都已经很饿了,他们紧绷的神经一下子得到放松,所以才出现了这种状况。虽然他们这么做是不对的,但如果此时我再狠狠地批评他们,他们心里一定不服气,而且严格说来,这里也有我的责任,既然他们下课晚了,我为什么没有去音乐教室接他们呢? 想到这里,心中的火气渐渐消退,我用十分温和并略带调侃的语气对他们说:"同学们,这件事待会儿再说,咱们先吃饭,人是铁,饭是钢,一顿不吃饿得慌。"话一说完,同学们都吃惊地看着我,也许他们还在等待着我对他们的批评呢。愣了几秒钟,很多同学笑了起来,紧张的气氛立刻缓和了。

二、教育措施

吃过午饭,我再次进了班,看到学生都已经自觉地在位子上坐好了,看来他们已经意识到错误的严重性了,估计他们也做好了挨批评的准备。看着这些学生,我想:他们已经以实际行动认错了,如果我再揪着他们的错误不放,批评他们,也许会产生相反的效果,我应该抓住这次教育契机,与他们进行心与心的沟通。于是,我走到讲台前，说了一番令所有学生意想不到的话："同学们，今天发生的事，问题主要在我，由于我下课没有去接大家，才造成了这样的后果。李老师的疏忽是问题的关键。"学生们听了我的话都露出了惊讶的表情，他们没有想到老师竟然在班中做起了自我检讨。我接着告诉他们："李老师今天犯了错误，很对不起大家。我给大家鞠一躬，请大家原谅老师！"说完我就站在讲台前给他们深深地鞠了一个躬。当我再抬起头时，看到很多学生眼中都含着泪花。这时，一个同学举手说道："李老师，这是我们的错，不是您的错。"说完已经泣不成声。接着又有学生跟着哭了起来，不一会儿班内便已哭声一片。说实话，这个结果是我没有想到的，这眼泪之中含着对老师刚才所说的话的一些感动，更有他们对自己错误的深深愧疚。

为了缓解学生们的情绪，我让一名学生去给大家发音乐老师给的草莓，就离开了教室。下午上课铃声响了，我再次进到教室，发现学生们都把手放在背后，安静地坐在位子上。我很欣慰，看来中午的一席话起到了作用。我刚要准备上课，突然中队长喊"一、二。"这时每个孩子都从背后拿出了自己的草莓，举着大声地对我说："李老师，我们错了，谢谢您！我们要把草莓送给您！"看到这一场面，我久久地站在那里，激动得一句话也说不出来，眼睛湿润了。

那天，一个学生在他的日记中写道："我发自内心地要把这颗草莓送给李老师，老师都能认识到自身的问题，能够主动承担责任，在全班同学面前公开道歉，太让我敬佩了。我也要向李老师学习，敢于承认自己的错误。"虽然那天我没有吃学生给我的草莓，但我的心里比吃了草莓还要甜。

三、反思

（一）教育要走进学生的内心

老师一贯的高压政策固然有效，让学生对老师有了一定的忌惮，对于老师说的话不敢不听。但是这并非真正的教育，因为高压政策是利用学生的恐惧迫使他们就范，这样其实会降低学生的"自我效能感"。长此以往，一方面，学生就会认为自己什么事情都做不好，任何事情都不敢轻易尝试，这样会打击学生的自信；另一方面，学生虽然按照老师的要求去做了，但并不一定从内心深处认可这种做法、认可老师。随着学生年龄的增长，这种高压政策往往会带来师生矛盾。老师的教育不能落实，学生也不能够理解老师，这样可能会事与愿违，出现相反的结果。教育学家陶行知说过:"先生不应该专教书,他的责任是教人做人。""教人"是需要讲究方法的,要能够根据学生的不同,采用适合他们的不同的"教"的方法,要真正走进学生的内心,达到与学生心与心的交流,才能让学生接受正确的意见,学到老师所"教"的内容。经历了这件事我深刻体会到,我们的教育就是在这样点滴的事情当中展开的。我们要把这些事情都当作教育契机,宽容地看待学生的错误,走进学生内心,采取适当的教育方法,给他们改正错误的机会,这样才会令学生有更多的收获,更容易让他们真正了解到应该如何去做。

(二)教育方法要适合学生的心理发展水平

在这次教育过程中,我先做自我检讨的做法之所以能够收到良好的效果,是因为高年级的学生在认知上已经具有了较强的反思和自省的能力,他们能够通过老师"以身作则",来反思自己的所作所为。这也让我更加意识到教育是一个复杂的过程,采用的教育方法不仅要因人而异,还要符合学生的心理发展水平。低年级学生更重视老师的话语,所以老师可以明确地多提一些要求;而对于高年级的学生,他们会更在乎自己的真实体验和感受,有着更强的自我反思的意识,在教育高年级学生时就应该在这方面多想方法。

(三)教育要以"真诚"为基础

回想这件事情,我的"认错与检讨"并不是我的突发奇想,而是发现自己的失误后我的真诚的致歉。正是这种"真诚"触动了学生,消除了我与学生之间的隔阂,使学生在接受了老师道歉的同时,能够反思自己的错误。我们常说为人师表,所以当老师为自己做错的事情认错时,更会体现我们对学生教育的"真诚"。当学生体会到老师的"真诚",反思自己的行为时,就能产生"身教重于言教"的效果。

直到现在,我还总能想起学生们给我草莓的那一幕。它激励我用宽容与大度包容学生,理解他们的心情,原谅他们的错误。看着学生们的笑脸,体会学生们对老师发自内心的爱,我更能深刻体会班主任工作的意义,我爱这份工作,我爱这份神圣的事业。

防微杜渐　责无旁贷

陆　梅　　高级教师,现任北京市西城区师范学校附属小学教师,西城区中小学首席班主任。曾获北京市第三十届中小学"紫禁杯"优秀班主任一等奖,获得西城区德育先进工作者、西城区教育系统优秀教师、西城区优秀班主任、西城区优秀辅导员、西城区"我心中的好老师"、西城区少先队辅导员标兵等荣誉称号,所撰写的教育教学论文、案例多次获得市(区)奖项。

21 世纪是信息化的时代,互联网以势不可挡的速度进入了千家万户,上网成为人们学习、工作和生活的一部分。对于正在成长中的学生来说,网络的开放性和丰富性为他们打开了认识世界、获取知识的广阔空间,网络成为学生学习的重要渠道。然而网络是把"双刃剑",它既是信息的宝库,又是信息的垃圾场,充斥着大量不良内容。未成年的小学生正处在求知欲强、好奇心重的阶段,他们认知水平有限,缺乏辨别能力和自控能力,容易沉迷于网络,受其不良影响。因此,在学生身心发育和思想成熟的关键时期,班主任要善于发现问题,与家长紧密配合,采取有效措施,防微杜渐,引导学生趋利避害,正确认识和使用互联网,在健康文明的网络环境中学习和成长。

一、案例描述

2017 年 9 月,我所带的班级进入了六年级,随着年龄的增长,学生拥有了更多的自主权,比如为了联系方便,很多家长为孩子配备了智能手机。按照学校的规章制度,我要求学生不能把手机带到学校,并教导他们要理解家长的用心,强调虽然拥有手机,但不能随意玩手机,不能被手机绑架而成为它的奴隶,让它影响自己和他人的学习、生活。

开学初的一天傍晚,一个学生的妈妈给我发来私信,向我反映令她忧虑不安的问题。内容是她发现最近孩子每晚用手机和同学聊天,在查看孩子手机并经仔细询问后,她发现了更大的问题,原来孩子们私下建了一个微信群,在里面无所顾忌地聊天,浪费了大量的时间。家长把孩子们聊天记录的截屏发给我,我看了大吃一惊,因为从截屏中可以看出,聊天内容非常低俗、无聊,跟学习和班级活动没有一点关系。内容大致分为两类:一类是没有实际意义的闲聊,比如有"哈喽""有人在吗""求关注"等没完没了的打招呼;有"大家好吗""祝你们都吃饱"等没话找话的问候;有"大家聊起来""快理我"等要求展开聊天的;有"求发红包""求靓照"的;还有"某某喜欢某某"之类的议论、取笑他人的人际关系等内容。另外一类内容是大量的图片表情包,比如有简单的符号表情包、嬉笑怒骂的动漫表情包、搞怪吓人的恶魔表情包、用各种软件自拍的表情包等,甚至有时一个晚上没有人对话,只有甩来甩去的一个个表情包。总之,学生在这个私建的群里肆无忌惮地闲聊,无所顾忌地用表情包斗图,他们看似在联络感情、活跃气氛,实际上这些内容充斥着无聊和低俗,表明他们无所事事。但显然,孩子们并没有意识到这有什么不好,还乐在其中。

看着家长的微信,我体会到家长的无奈和焦虑;看着一张张截屏,我意识到问题的复杂性和严重性。这位反映问题的家长有责任感,发现了问题,制止了自己孩子的行为,并且向我反映了情况。那么其他家长呢?是不是知道这个现象?还是放松了对孩子使用手机、网络的监管?这件事虽然发生在校外、发生在学生家庭里,但如果不及时管理和教育,这股不良风气也许会蔓延到整个班级,后果会越来越严重。作为班主任,我责无旁贷,必须积极发挥教师的引领作用,防微杜渐,正确引导学生认清互联网的作用,善于利用网络,远离低级庸俗的内容,身心健康地成长。于是我采取了下列针对性的教育措施。

二、教育措施

(一)深入了解,达成共识,亡羊补牢

首先,我马上打电话与反映问题的家长沟通,询问这个微信群的群主是谁,什么时间建立的群,群里有多少成员。家长解答后,我了解到这个群是一个月前建的,里面有 11 个孩子,建群的是个思维活跃、精力旺盛的男生。原来是他啊!接班时我曾家访过,他父亲在创业,母亲照料二孩,夫妻双方都很忙,对他疏于管理。想到这里,我立即联系男孩的家长进行了沟通,并强调了这一现象的危害性。家长闻之很是震惊,说因为孩子周末独自上课外班才给他买了手机,并不知道他建了群还经常发毫无意义的信息。我借此机会耐心引导家长,虽然有了二孩,但不能忽视未成年的老大,12 岁的孩子即将进入青春期,懵懵懂懂,对外界充满好奇,无奇不有的网络为他打开了一扇通往世界的大门,家长要担负起教育的职责,关注孩子的思想动态和行为习惯,避免网络上不健康的信息给孩子身心造成伤害。男生家长表示一定重视这件事,向孩子转达老师的担忧和关心,做好思想工作,妥善解决。

之后,我又与群里其他孩子家长一一取得联系,得知有的家长并不知情,有的则听信孩子说用手机查资料而放松了监管,有的家长虽然已经知情,但拗不过任性的孩子,管理无果正要向我反映情况。听了我的汇报和分析后,家长都表示的确不

能任由孩子遨游网络,在微信群里进行低级庸俗、毫无意义的聊天,要立刻对孩子进行教育,并退群、删群。

家长们配合教育的态度使我很欣慰。我想,班级其他三十几个学生会不会也有类似的情况?他们的家长是否也不知情或者也有同样的担心呢?为了所有学生的身心健康,我要在全班发起正确认识和使用互联网的提议。于是,我在班级群里简要通报了这件事情,提醒所有家长了解孩子使用手机、网络的情况,加强管理和引导,树立自护意识,使孩子正确认识和规范使用互联网,开展有意义的网络活动,同时不过分依赖互联网,学会多元化地获取信息和交流的方式。一石激起千层浪,家长们听了我的建议,纷纷发言,不但支持我的看法,还以理性的角度分析网络给孩子成长带来的利弊,表示一定杜绝此类现象,积极配合老师,共同教育引导孩子,营造良好的网络环境。

(二)把握契机,召开班会,因势利导

第二天晨会时间,我把握住良好的契机,及时召开"正确认识和使用互联网"的主题班会,进一步引导学生认清网络、善用网络。

我先倾听学生的观点,因为有了昨天家长的教育开导,很多学生觉得作为小学生应该珍惜课余时间,多看有意义的课外书;有的认为上网要查跟学习有关的资料,丰富自己的知识;有的认为在微信群里要分享有意义的事情;还有的表达了对毫无意义的群聊的厌恶。接着,我给学生分析了在信息时代中互联网的价值以及它的负面影响,讲解了如何正确运用网络进行学习和交流,把时间、精力和兴趣点放在利于进步和成长的方面,就像我们以往在小队群里交流沟通开展有意义的活动等。学生们认真聆听,积极发言,畅谈对网络的看法,明白了网络是把"双刃剑":运用得好会让我们通过手机和电脑认识大千世界,得到海量的知识;用不好就会浪费宝贵的时间和精力,逐渐沉迷其中,走向低俗无聊的歧途。看到学生有了正确的认识,我又因势利导,抛出了几个精心准备的青少年深受网络危害的真实事例,以惨痛的教训警醒学生,晓之以理,动之以情,告诉学生要引以为戒,深刻体会网络多元化的利与弊,提高他们的道德判断能力。

在我的引领下,学生提出了很好的建议,比如,为了多读好书、多进行体育锻炼,可以建立班级读书群、班级体育运动群,把志同道合的同学组织起来,交流学习经验、共享生活乐趣。班会的最后,我总结说:"科技的进步使我们生活在互联网的时代,借助发达的网络了解世界,学习知识,充实自我。但未成年人在使用网络时,需要师长的指引,提高辨别是非的能力,提高自控能力,让网络的优势为我所用,让微信群发挥积极的作用,交流有意义的事情,分享有价值的内容,这样才利于我们身心健康、快乐地成长!"

(三)言传身教,积极倡导,巧用微信

为了给学生做示范,在平时的工作中,我每天都在班级微信群里发布文字、照片和小视频,展示学生的进步和成长,积极传播班级正能量。例如,展现班级的美好环境、学生的快乐生活;汇报好人好事、树立班级榜样;展示学校丰富多彩的活动等。学生每每在班群里得到了展示或表扬,都特别开心,特别自豪,因为他们见证了自己的努力,见证了自己的进步与成长。

在班级读书群中,我悉心指导学生交流阅读好书的方法,例如,结合语文课学习的内容,推荐学生阅读我国古典名著《三国演义》《西游记》《水浒传》,世界名著《汤姆·索亚历险记》《鲁滨孙漂流记》,红色经典小说《红岩》《小兵张嘎》,人物传记《居里夫人》《爱因斯坦传》等。每次推荐,我都做简要的介绍作为推荐理由,或介绍主要内容或有趣的情节或神秘的人物,意在引起学生的好奇心,激发他们阅读的兴趣。我鼓励学生把自己喜欢的书籍介绍给大家,很多学生也像我一样,精心撰写推荐理由。有的学生还向大家推荐自己喜欢的作家、喜欢的名人名言和好的写作方法等。这个读书群的交流与分享,大大丰富了学生的精神世界,使整个班级充满浓厚的学习氛围。

在班级体育运动群里,学生们在家长的带领下,经常相约在周末开展登山、游泳、踢足球、打篮球等体育运动。特别是为了在年级篮球比赛中取得好成绩,班级篮球队的成员们每个周末都自发组织,刻苦训练。家长们把孩子运动的照片、视频发到群里,传递积极向上、努力拼搏的正能量。其他学生也深受感染,纷纷制作班级宣传标语和加油牌,为篮球队的同学鼓劲、助威。

在各小队的微信群里,学生们针对"品德与社会"课程的学习内容、"小视角大社会"的演讲内容进行讨论、商议,分工合作,有的上网查找补充展示的资料,有的制作精美的幻灯片,还有的在家长协助下拍摄小视频和微电影。这使得"品德与社会"课的内容和"小视角大社会"的演讲内容丰富多彩,形式多种多样,引人入胜。学生查找、筛选和整合资料的能力,动手制作的能力,团结合作的能力得到很大提升。

（四）家校配合，营造氛围，善用网络

营造健康、文明的网络环境，离不开家长的密切配合。除了上述措施外，我还经常在班级家长微信群里发送有关正确引导青少年合理使用互联网的文章，提醒家长在忙碌之外关爱孩子的身心健康。在我的启发和影响下，家长们高度重视，在关注中加强监督，在陪伴中主动引导，严格管理孩子手机、电脑的使用以及上网的时间和浏览的内容，确保孩子安全使用互联网，吸收有意义、有价值的学习内容。

在学校，我告诉学生查阅资料的方法和渠道，首推通过图书馆、书本获取知识，强调去图书馆查阅资料，虽然花费的时间要多一些，但是获取信息的准确性和真实性更高，而且不易受到繁杂的信息打扰，使学习更加专注和深入，有利于大脑的思考，久而久之有益于思维深刻性的发展。当然，我也教给学生运用网络获取信息的方法，而且每次布置查找资料的任务时，我都指定明确的范围、内容和时间，让学生把这些记在记事本上，告知家长孩子需要学习和补充哪方面的知识，大约要用多长时间来查找、梳理和整合资料等，让家长心中有数，避免孩子在网上无目的、无限制、无方法地浏览。例如，在开展"弘扬中华传统文化"的活动中，要查找的是关于春节、端午节、中秋节等传统节日的资料；在"民族团结教育月"中，要查找的是某个少数民族的分布地区、历史文化、服饰、饮食和习俗等资料。再如，放假前开展制订旅行计划的活动，在我和家长的指导下，学生根据旅行目的地和旅行时间，上网查阅相关资料，了解并确定旅行路线、订购机票、预订酒店，了解当地的天气情况、治安状况、风景名胜、民族文化、风俗习惯、特色产品等，制订出一份周密、详细的旅游攻略，为顺利出行做充分的准备。

家校的密切配合、正确引导，为孩子营造了一个健康、文明的网络环境，让他们能够利用网络获取丰富的知识，汲取积极向上的正能量，身心健康、快乐成长。

三、反思

从 2017 年 9 月发现学生用手机在网上聊天开始，虽然学校的教育教学工作十分繁忙，但是我一直坚持引导学生正确认识和使用互联网。因为这件看似不大的事情的发生，引发了我对互联网时代下教育面临新挑战的思考。

在过去，查阅资料需要去图书馆翻阅大量的书籍，虽然耗费时间较多，但是获得的信息较准确，很少受到无效信息的影响。随着互联网正式进入我国，互联网得以井喷式的迅猛发展,网民数量节节攀升,中国成为世界上的网络大国。中国互联网络信息中心(CNNIC)发布的第 35 次《中国互联网络发展状况统计报告》显示,截至 2014 年 12 月,我国网民规模达 6.49 亿,互联网普及率为 47.9%,手机网民规模达 5.57 亿,网民中使用手机上网人群占比由 2013 年的 81.0% 提升至 85.8%,这其中青少年网民规模达到 2.77 亿,占全国青少年人口总数的 79.6%。多么惊人的数字啊!而在众多的网民中,小学生是不可忽视的一个群体,他们年龄小,正处于身心发育的重要阶段,好奇心强烈、求知欲旺盛,网络的便捷性、高效性能够很大程度上满足他们对知识的渴求。然而,在高效、便捷地获得信息的同时,带来的是时间的碎片化,剥夺了他们长时间沉浸在一个事物之中的专注度和成就感,从而产生心理上的空虚和无聊。由于长期缺乏对于知识的深度探求和事物的深入思考,学生思维深刻性的发展将会受到严重的影响。另外,小学生还没有完全独立的思考能力和辨别能力,不能够判断网络中的庞杂错乱、良莠不齐的信息,极容易受到不良信息的诱惑,严重影响他们对世界的认识,长此以往,对他们形成良好的道德品质,树立正确的世界观、人生观和价值观会产生极其不好的影响。

教育无小事,事事皆教育。不要小看学生手机上一句句的闲聊和一个个的表情包,"窥一斑而知全豹",这表明学生经常上网,已经受到了低俗恶趣的影响,并且有了沉迷其中的苗头,这给我们教育者敲响了警钟。既然发现了问题,作为班主任就责无旁贷,必须防微杜渐,及时解决,引导学生走上正轨。首先,我们要在思想意识上高度重视,认识到从小培养学生的网络道德对于他们的成长尤为重要。其次,要面对教育的现实,生长在信息时代的学生不可能远离互联网,所以强制性的堵截并不是好的办法,需要循循善诱的疏导,让学生了解互联网是把"双刃剑",要正确认识和使用,使他们能够在网络的海洋里巧妙机智地避开急流和漩涡,愉快地尽情畅游,享受高科技带来的福音。再次,引导学生通过书籍获得信息,向他们推荐去图书馆查阅资料的方法,阐明这种获取信息方式的真实性、准确性和可参考性要远远大于普通的网络,促使学生以更加多元的方式学习知识,减少对互联网的依赖性。最后,也是最重要的,就是和家长共同采取有针对性的教育措施。我们都知道家校合力才能取得良好的教育效果,而想要通过家校合作解决问题,就要引起家长的高度关注和重视,与家长达成引导学生正确使用互联网的共识,净化家庭的网络环境,一起做学生上网的"守护人"。家校密切配合,共同对学生进行网络法规、网络道德方面的教育,引导学生了解互联网的多面性和复杂性,认清它的利与弊,提高明辨是非的能力，提高自我保护的意识，自觉遵守网络规则，学会正确运用互联网，在健康文明的网络环境中学习和成长。

综上所述，互联网时代使教育面临新的挑战，作为有良知、有使命感的教育工作者引导学生正确认识和使用网络义不容辞。作为小学高年级的班主任，今后在接新的班级、教新一届的学生时，我都要把引导学生正确认识和使用网络作为德育工作以及语文教学工作的一个重要部分。在此，我也强烈呼吁，希望全社会都关注网络安全问题，政府、学校和家庭共同努力，加强舆论宣传，加强网络管理，加强对学生的引导。只要我们在思想意识上足够重视，积极采取有效的措施，就能为青少年营造一个健康、文明的网络环境，为培养他们良好的道德品质，树立正确的世界观、人生观和价值观奠定坚实的基础。

陈文慧

二级教师,现任北京市西城区师范学校附属小学语文教师。

作为一名教师,我们都希望班里的学生能够齐头并进,或者每一个学生都能通过努力达到自身最好的状态。但是,每个班级中似乎总有那么一两个甚至几个跟不上"大部队"的学生,而每个班级中仅有的一名班主任既要保证整个班级每天的顺利"运营",又要保证全班的教学质量。这时候,跟不上"大部队"的学生就更加让班主任犯难。因此,如何有效地帮助这些跟不上"大部队"的学生,使得他们慢慢进步,与"大部队"步调一致是值得我们思考的问题。

一、"我"的心声

其实"我"上一、二年级的时候学习成绩还算可以,不像现在这样上课几乎跟不上。"我"知道自己是一个自主性比较差又比较懒的孩子,在学校的学习需要老师督促,在家里的学习需要家长看管,主动学习对"我"来说真的有些困难。

为什么一、二年级的"我"成绩也没有特别差,但现在却跟不上呢?其实除了课本的知识越来越难之外,还有一个特别重要的原因,那就是在"我"刚上四年级的时候妈妈去国外了。爸爸告诉"我",妈妈的手机在机场候机的时候丢了,所以"我们"都无法主动联系她,只能等她自己回来。至今"我"都没有再见过她,只是收到过她给"我"邮寄过来的衣服。就这样,以前妈妈给"我"做好吃的,保证"我"吃得饱饱的后再监督"我"、帮助"我"学习的日子结束了。爸爸工作特别忙,他没有时间管"我"的学习,每天放学后"我"都要在家里等他好久,回来后他便忙着给"我"做饭和收拾家务。

其实"我"也希望自己能够进步,"我"也希望能得到老师的表扬,"我"也希望能得到同学们的赞赏。但是"我"的自主性真的太差了,在家里没有了妈妈的督促和帮助,靠"我"自己学习真的很难。

二、班主任和"我"谈学习

(一)她对"我"进行鼓励

班主任刚一接班就好像对"我"的学习情况有所了解,第一节课上课前她就告诉"我",这学期是一个新的开始,希望"我"可以踏踏实实、一步一个脚印踩实了,从这册书的第一课就跟上同学们的步伐。她还说小学的知识没有多难,只要"我"尽快调整自己的学习状态,一定可以追上同学们的步伐。

她的话让"我"如沐春风,"我"感觉自己又高了一个年级,又接触到了新的老师,"我"好像真的可以重新开始。课上老师也会叫"我"回答问题,课下的作业"我"也尽力完成,老师还会在全班表扬鼓励"我",同学们也会给"我"掌声。面对这些,其实"我"真的特别开心,相信不管谁都可以从"我"的脸上读出"我"的喜悦。

可是好景不长,渐渐地没有获得老师更多的关注,没有家长的约束,"我"又开始对自己松懈了,上课又开始开小差了,作业能蒙混过关就蒙混过关。对此老师找"我"单独谈过,可是这仅仅能使"我"打起两天的精神,其实"我"也很无助。

(二)她和爸爸谈"我"的情况

放学的时候,好几次她都要求爸爸在放学地点等待,她要和爸爸说说"我"的学习情况。"我"看到爸爸对她说的都表示特别同意,而且表示回家后一定对"我"的学习更加上心,可是爸爸的工作太忙了,一回家便忙着做饭、收拾家务,一系列工作完成后才问"我"作业的完成情况,甚至有时候问也不问,"我们"便休息了。

可能她发现了在放学地点和爸爸短暂的交谈不能改变"我"的现状,"我"各科的学习情况依旧很不理想,于是她同数学、英语老师一起找了一个下午和爸爸郑重地谈了"我"的学习情况。

(三)她和"我"谈心里话

一个偶然的机会,"我"得知爸爸之所以不怎么管"我"的学习是因为他的"快乐教育"理念,因为妈妈不在"我"的身边,所以爸爸希望学习上不给"我"压力,他希望"我"快乐地成长。可是爸爸却不知道,在学校如果可以学习新的知识,每天都在进步,跟得上大家的步伐,得到老师和同学们的肯定也是让"我"非常快乐的。

因为"我"有一颗想要进步的心,"我"和班主任很快达成了共识,每天"我"用爸爸的手机通过微信的形式来进行"打卡",把今天的学习成果传送给她。"我"真的特别开心,因为又有人监督"我"这个自制力差的孩子了。

三、班主任亲自监督，"我"开始行动

（一）重获监督后，"我"在努力

就这样，在接下来的日子里回到家后一想到班主任还在等着"我"来"打卡"，"我"就会抓紧时间完成学校还未完成的作业，剩下的时间就会复习以前落下的知识。有时候爸爸回来早，"我"就会主动让爸爸给"我"听写词语。完成后"我"会及时拍照片发给班主任，等待着她的评价、回复。

（二）付出后，看到不一样的自己

在和班主任"微信打卡"的日子里，"我"主动完成作业，主动复习，主动让爸爸给"我"听写。在这一过程中，"我"发现其实没有妈妈的督促和帮助，依靠"我"自己的力量也可以有较高的学习质量。每当"我"按照制订的小计划一件事、一件事地去做，每天都可以按时完成"打卡"，得到老师的鼓励。看到这样的自己，"我"的心中不禁有一点小得意。

（三）班主任精力有限，"我"进步很慢

虽然每天班主任都要"我""打卡"完成任务，但她的精力毕竟有限，每天"我"也只是完成她所教的语文学科的"打卡"任务，其他学科"我"还是没有长进。而且白天在学校的时候，班主任还要对其他40名同学负责，没有太多的时间放在"我"身上。找个人帮"我"吧，也只是督促"我"完成作业，在学校的"我"还是缺少自我意识上前进的动力。

四、借助小队的力量，成就更好自我

（一）享受小队生活，激发内在力量

班主任又想出了一个办法，既然"我"每天可以跟她"打卡"，就可以跟同学"打卡"。"打卡"的方式可以变成小队内学习成果检查，即队内成员带着前一天队内共同制订的学习计划成果来学校找小队长检查"打卡"。

由于每个小队成员的能力各不相同，因此班主任让"我们"各个小队根据队员的情况制订学习计划，有余力的同学可以在队内计划的基础上额外制订计划并完成。班主任一再强调，小队是一个小集体，队内成员都有各自的优缺点，在小集体

中也要秉持班级内包容、理解、鼓励、支持的优良作风。于是班里的小队长开始发挥作用，小队长不仅仅是假期活动的牵头人，更是每天班级中的牵头人。

每天早上每个小队成员都会主动去找小队长查看自己的学习成果，"我们"小队考虑到队内成员能力以及学习发展情况，制订的学习计划大多以巩固复习为主，所以回家后"我"只要用心，基本上都可以完成。每个小队中所有的成员都完成队内共同制订的学习计划后，班主任会在"班级小黑板"中记录，记录的方式就是在小队名字后面画上一个"√"。

不仅仅是完成小队共同制订的任务后要在"小黑板"上"打卡"，坐在同一组的"我们"一天中的一日常规、学习情况……都会在"班级小黑板"上进行"√"登记。因为"我们"是一个团体，所以必须每一个成员都要做好，才能获得"√"。在集体荣誉面前，谁都不想拖小队的后腿，小队内也绝不允许其中任何一个成员"掉队"。当看到小队中有成员"掉队"的时候，小队长和其他成员都会去主动帮助他。因为"我"的功课比较差，所以每当下课后，小队成员们总会时不时地询问"我"上课的听讲情况并帮助"我"解决疑难问题，他们还会鼓励"我"背课文，主动帮"我"听写，他们还希望"我"也可以高质量地完成作业。每每这时班主任都会及时对"我们"小队予以肯定，面对小队成员的关心和无私的付出，"我"对自己更不能松懈，每当"我"没有拖后腿，每当"我"有所收获的时候，每当看到班主任在自己的小队名字后面画着一个"√"的时候，"我"更是无比幸福、快乐。

尽管爸爸依旧很忙，尽管班主任没有把更多的精力放在"我"身上，但在小队的鼓励和帮助下，在"我"不希望自己成为队内扯后腿的人的动力驱使下，"我"发现自己通过努力有能力去掌握这些知识，也为自己的逐渐转变感到开心。

（二）享受小队生活，发现不一样的自己

小队活动的开展，使得"我们"更加互帮互助。在学习上，"我们"互相鼓励，小队成员更是常常帮助"我"，让"我"一直跟着"大部队"的步伐。在小队成员的不断帮助下，在"我"自身的坚持努力下，"我"在期末的时候真的看到了收获，各科的成绩都有了显著提高，"我"获得了同学们的掌声、老师的表扬和小奖励。在生活上，"我们"互相关心，班主任也常常鼓励"我"尽自己的力量主动去帮助他们，"我"也总是这么做，在一点一滴的相处中，"我"收获了纯真的友谊。

在开展小队活动的过程中，"我"发现每当自己心中有一个小目标时，不用像以前一样需要时时督促,自己也可以自觉地完成,并在这个过程中获得成就感,从而更加相信自己。

五、反思

看到孩子因为真实地感受到了自己的进步后,脸上所洋溢出幸福的笑容,我也从心底里为他感到高兴,至少在他付出了大量的努力后他自己有所收获,这无疑对他是一个适时的正向激励。

我想他的改变和进步更多地要归根于小队成员对他的接受、支持、关心,还有他自己找到的归属感,以及他那颗想要进步的心。在小队中,他们是一个"小小的组织",他们有共同的目标、共同的规范。在班级中他们是"命运共同体","团体成绩"是对他们的评价标准,这样的他们拧成了一股绳,形成了更强大的合力。

在班级中,借助小队的力量去帮助那些需要帮助的同学不失为一个好方法。但是如何让小队活动更完善,使它能够在班内系统性地运行起来,发挥更大的作用,显然还是需要去不断琢磨的。以下为我的几点思考。

(一)发挥个人特长,享受队内生活

每个孩子都有自己的闪光点,即使他是小队中最需要帮助的人。在班内要组织相关活动以发挥他们的特长,以便于他们在小队活动中能够找到属于自己的位置,找到自信,不再仅仅是依赖小队的"受助人",而是感受到自己也是推动小队发展的关键一员,从而更加享受自己在小队中的生活。

(二)队内团结互助,队间良性竞争

小队成员们成为"命运共同体"后,他们团结互助,形成合力。但是他们更多的注意力往往都放在最需要帮助的成员身上。如果他们彼此之间都能够互相关心、互相鼓励,小队会越发优秀,因为他们共同担负着小队发展的责任。除此之外,队间的良性竞争也至关重要,班级建设只有在良性竞争中才能逐渐推进,因此组织队与队之间的互助学习活动也尤为重要。

(三)激发内在动力,主动寻求发展

小队活动所能达到的理想状态之一便是即使老师不在"小黑板"上对他们小队的行为进行标记,他们也依旧能按照他们所制订的规则去践行,他们能从心底里明白自己规范的行为是应该的。这需要鼓励小队成员们常常对自己的行为进行反思,明白这些目标制订的意义,品尝到努力践行的"果实"。

（四）教师统筹规划,发挥学生主体作用

小队活动顺利开展关键的环节之一便是教师的作用。教师要善于在班级中借力使力,充分发挥学生的主体作用,从而促进每一个学生的自身发展。在整个活动的过程中教师应该扮演支持者和指导者的角色。支持、鼓励学生大胆开展小队工作,还要统筹规划,指导学生能够更有效地落实工作,力求从中收获更多。

班级内的小队活动如果可以系统地运行,不仅仅会看到那些想进步却又管不住自己的学生的进步,更会发现其实班内的每一个学生都会在这样的氛围下有所改变、有所提高,进而推动班级的发展,使每个学生受益,最终达到良性循环。

魏　静

高级教师,现任北京市西城区师范学校附属小学中段语文主管,西城区语文学科带头人。从事教育教学工作 21 年,获得北京市西城区文明市民标兵、北京市西城区教育系统先进个人等荣誉称号,获北京市中小学"紫禁杯"优秀班主任一等奖、北京市教学比赛一等奖、"西城杯"教学比赛一等奖。多次进行片、区教育教学经验介绍与研究交流。在教学研究中,注重积累,论文多次在市(区)评比中荣获一、二等奖,并在书刊上发表。

　　爱孩子是父母的天性,他们愿意把自己的一切都奉献给自己的孩子。但是,孩子们能真正领悟这份厚重的爱吗? 他们真的能在这份无微不至的爱中健康成长吗?

　　爱的内涵很丰富,既有物质方面的,又有精神方面的。处于物质丰富的时代,父母们如何爱孩子、如何以对的方式爱孩子,让他们拥有良好道德行为习惯和适应社会的能力,是急需我们关注的问题。

一、案例描述

　　在几年的低年级教学中,有一个孩子给我留下了深刻的印象。也许是因为他的年龄偏小吧,据他自己讲,上学后他才过的六岁生日。也许是他一直生活在外地的缘故吧,对城市生活还不太适应的他就被家长放在了学校里。也许他太喜欢玩了吧,以至于所有的文具都是他手中的玩具。入学以来,我把他称为一颗还没有温度的"小石头"。在所有老师的课堂上,老师们都认识他。他表现出不爱学习、什么都无所谓、一切跟我没有关系的冷漠。迟到了,"我妈没把我叫起来";忘带东西,"跟我没关系,我妈没有装,她不给我带,你批评她,而且还要惩罚她给我送来";不遵守纪律,"我不想上学,是我家长偏送我来的,我喜欢躺在床上看《喜羊羊与灰太狼》"。他把所有的责任推到父母身上,即使爸爸大老远把学具给他送来,这个"小石头"也丝毫没有感谢,还很不情愿。一旦没交作业,同学们都知道他最爱说的一句话是"我不会"。

　　作为班主任,我发现了学生的问题,十分着急地找到他的家长。他妈妈见到我问的第一句话就是:"老师,他每天在学校都吃饭吗?"我真是第一次听到家长见老师问孩子吃饭的问题。"吃呀,他能自己吃饭。""那我就放心了,您不知道,他在家吃饭都是我喂!"作为老师,在看到众多孩子的时候,我发现了"小石头"的与众不同,希望家长也能看到他的差距,跟我一起帮助孩子。而在家长的眼里,"小石头"上学了,他比以前有了很大的进步,这些进步在别人的眼里是那么微不足道,但是在家长的眼里是莫大的欣慰。

童年是人生最重要的时期,这不仅是对未来生活的准备时期,而且是真正的、灿烂的、独特的、不可重现的时期。看着他每天到学校来无所事事、无精打采的样子,让我心疼得想帮帮他,想让这颗"小石头"有温度、有光彩。

二、教育措施

家庭是社会的基本细胞,是人生的第一所学校。父母是孩子的第一任老师,"小石头"现在的状态,不是因为上学才变成这样的。这一定与孩子学前的家庭教育有很大的关系。为了更好地帮助"小石头",我找到了孩子口中事事都为他做的妈妈,在和她的深谈中走进"小石头"的生活。

(一)谈话走进家庭

一次家长会后,我在和他妈妈的交流中,没有跟她告状,反而说起了孩子的变化:一周来迟到的现象少了,上课也能少玩些东西,有时候他能在底下小声地回答老师的问题……听了我的汇报,他妈妈原本焦虑的脸上,变得平和许多。他的妈妈也给我讲起了孩子上学前的生活:父母在孩子很小的时候来北京打拼,很少回家,孩子又是家里唯一的孙子,在老家是大家捧着的"小皇帝"。父母回到家唯一补偿孩子的方式就是一次次花钱满足孩子的愿望。孩子跟妈妈提起最多的事就是给他钱花,他妈妈觉得孩子这样下去不行,坚持在上学前把他接到北京,好不容易才来到我们学校,希望孩子上学后就能和以前不一样,孩子的确有了一些变化,所以他们已经很满足了。但是,孩子的妈妈也发现了一个很严重的问题,那就是孩子对他们没有任何的体谅之情和亲密感,做什么事总是谈条件,不能物质满足就别和他谈。

(二)换位引发思考

我能体谅"小石头"妈妈的一份苦心,但是这份为了孩子的心,孩子却不能感受到。"您跟孩子讲过为什么接他来北京上学吗?""讲了,这里条件好,会学到很多知识。""小石头"妈妈自信地说。我对这样的回答很不满意:"在您给孩子的解释里,没有孩子能感受到的幸福和渴望,他来这里是不高兴的!""我千辛万苦把他带在身边,让他接受好的教育,他还不高兴吗?"妈妈疑惑了。"是的,孩子不会懂,您没有告诉他您有多么不易,他是不知道的,在他眼里,一切都是你们安排的,他是个局外人。"我把自己的感受告诉了她,"小石头"妈妈十分诧异。"孩子很小的时候,你们不在身边,他自然和你们不亲近。来到北京,一切还不熟悉,又被你们送到学校,男孩子刚满六岁就上学,会遇到很多困难,上学对他来说有这么多的不适应,孩子自然不高兴、不喜欢了。"听了我的话,妈妈恍然大悟,眼睛已经红红的了。"老师您快给我出出主意吧! 我就是挣金山银山,孩子没有本事,跟我们没有感情,也是白搭呀!"看着家长焦急的神情,聆听着朴实的话语,我心里反倒不那么着急了,毕竟"小石头"的妈妈能和我一起来帮助他,有了一个教育的好助力。

(三)家校达成共识

在接下来的谈话里,我们彼此探讨着。我给"小石头"妈妈打了预防针:"您要比其他的妈妈辛苦,不仅要让孩子接纳您,还要让孩子能够体谅您的苦心。学校里老师的教育,需要您配合的,要大力支持,我们的目的是一样的——让'小石头'快些长大、懂事,能快乐地来上学。"

夜幕早已降临,窗外的西北风已经刮起。"小石头"妈妈不好意思地起身,难为情地说:"老师,您该下班了吧!"在一旁还没走的老师说:"老师早该下班了,自己的孩子都不管,不都是为您家孩子着急嘛!""小石头"妈妈感激地握着我的手,一个劲地说谢谢。我还不放心地说:"让孩子知道您对他的爱。孩子的进步不要总用钱和物品来奖励,您可以用爱的语言和行动让孩子感受到。一个满意的抚摸、一句由衷的夸奖、一次全家的郊游等,不要总用没有温度的金钱和物品去爱孩子。""小石头"妈妈连连点头。

(四)合力产生改变

接下来的日子里,"小石头"的学习进步了很多,看来在家里妈妈一定抽出时间陪着他复习功课了。我把他叫到身边,指着还有几个错字的本子叫他看,开始他以为我要批评他怎么还出错,连看都不愿意看我。当我笑着说:"看,你进步真大,这些字写得多漂亮,回家妈妈一定帮你复习了吧。虽然还有些小错误,不过老师相信你自己能够很快改正。"听我这么一说,"小石头"的眼睛第一次主动地看着我,既惊讶又高兴。他朝我点点头,拿起本子,很快地回到座位上改起错来。不一会儿,他走过来举着本子让我看,在他前面还有很多同学,他拿着本子左晃晃右晃晃,第一次看到这小家伙这么着急,我没有刻意地让他先判,心想:让这份急迫的心态再长久些吧,我们的"小石头"就要有温度了。

一次语文课上,我们用"心"字组词,大家举手说了一些词。这时,坐在第一排的"小石头"低着头随口说："还能组成'小心'呢。"多好的词呀，大家都没有想到，我面向他，请他站起来，大家都用责备的目光看着他，仿佛在批评他随便说话。然而，我冲大家笑了笑，伸手示意"小石头"把刚才的词再说一遍，"小石头"战战兢兢地说："小心。""多好的词呀，我们都没有想到，快给他鼓鼓掌吧！我喜欢爱学习的你！"大家的掌声真诚又热烈，"小石头"第一次脸红了。第二天，他妈妈高兴地告诉我，孩子说他在全班受到了表扬，还说妈妈和他一起预习真好，学到了很多词语。"瞧，孩子不就是在感谢您吗？这比什么都真切。"

"小石头"的妈妈是做生意的，为了照顾他经常把他带到自己工作的地方去学习，这使得"小石头"的学习习惯很不好，效果当然也不尽如人意。为了帮助"小石头"能追赶上"大部队"，我几乎每天都给他"开小灶"。起初放学后，他就飞快地收拾书包冲出教室，像是解放了一样，但是，几次下来他发现自己进步了，就慢慢地愿意和我多待会儿。一次放学后，他主动留下来和我一起摆桌椅。我问他为什么不着急回家了，他说老师帮他补习功课，还要做值日，多辛苦呀！看，我们的"小石头"是不是长大了，懂事了？

期末考试，他取得了语文、数学双优的好成绩，这可是全学年最好的一次成绩了。我为他高兴，他自己也乐得合不拢嘴。我又一次把他叫到身边，问他："你取得了很大的进步，你最想感谢谁呢？""小石头"没有多想，瞪着大大的眼睛看着我说："老师！"我太荣幸了，"还有别人吗？""爸爸妈妈。"他接着说。"对，所有关心你的人都要感谢，还有要感谢自己，你自己也付出了很多努力呀！"他笑了，我不知道他是否明白。但是，我知道他已经不再是一颗冰冷的"小石头"了，他有温度也有光彩，还有无尽的力量。

我喜欢这颗"小石头"，我把这种喜爱用我的言行去告诉他、感染他、关心他。"小石头"也会用他的感受来回报老师和家长，这不就是爱的教育吗？

三、反思

最好的教育不是给予和塑造，而是发现与培养。儿童是发展中的个体，身上萌发着各种能力的胚芽，孕育着各种兴趣的火种。尊重儿童不同年龄阶段的心理特征，通过激励、暗示、唤醒等教育机制与方法，因势利导地激发他们的兴趣，开发他们的潜力，让他们体验成功、感受赏识，从而自主地走上学习与探索之路。

"小石头"的转变，是一个成功的案例，但是也让我们看到了现在家庭教育的缺失。如何"爱"孩子，怎样才是对孩子真正的爱，值得每一个教育者和父母们好好反思。

（一）父母是孩子成长的陪伴者

父母爱子女，是人之常情。但是父母对孩子过分疼爱，不愿意让孩子多吃一点苦、多受一点累，"含在嘴里怕化了，捧在手里怕掉了"，他们更多的是关心孩子的物质需要，一心想着为孩子创造好的生活环境，这样反而不利于孩子的成长。

案例中，"小石头"之所以有了这么大的变化，主要原因在于家庭教育的转变。我和"小石头"妈妈的一次谈话，可以说是对妈妈的一次"教育"。妈妈理解了，物质满足不是万能的，转变了长期对"小石头"的教育观念，愿意用情感搭起一座走进孩子心灵的桥。

低年级的学生，从幼儿园升入小学，会遇到很多困难，自己独立地整理物品，独立地与人交往，独立地学习知识，独立地完成任务等。在这一关键期，孩子不仅仅需要物质上的满足和刺激，更多的是需要在家长的陪伴下获得精神上的指导与帮助。

常言道：知子莫若父，知女莫若母。家长与孩子朝夕相处，对他们的情况可以说是了如指掌，孩子身上稍有什么变化，即使一个眼神、一个微笑，父母都应能心领神会。但是，很多时候家长们却看不到，没有察觉，等老师发现问题和家长沟通时，孩子的一些坏习惯已经养成了。"工作忙，没时间""我和孩子说了，他就是不改"往往成为忽视孩子教育的理由，错把物质上的奖励作为教育孩子的手段，以为这样孩子就会改变。其实，这些没有情感维系的纽带，早晚有一天会脱落，让我们和孩子的内心越走越远。

孩子就是一株小花，需要阳光、雨露的陪伴才能茁壮成长。父母是孩子忠实的陪伴者，是孩子问题萌芽期的发现者。

（二）老师是孩子成长的引导者

苏霍姆林斯基曾说："教师的教育劳动的独特之处是，为未来而工作。今天在孩子身上所培养起来的，要在几年之后，甚至是几十年之后才会成为一个成熟人的公民性、道德和精神面貌的因素！"班主任不应该只是问题的处理者，也不应该只是学生的保姆，而应该是学生思想的引导者。

1. 引导孩子树立健康的心态

"心态若改变,态度跟着改变;态度改变,习惯跟着改变;习惯改变,性格跟着改变;性格改变,人生就跟着改变。"这是美国心理学家马斯洛曾说过的一句话,可见心态对人的成长是多么重要!作为一名教育者,我不敢说可以去改变一个人的心态,但是我们有义务引导学生树立一个健康的心态,让他们积极阳光地去面对学习和生活。

正如当学生出现问题沮丧时,先别急着去纠正他,也许跟他聊上两句,他就能自己找到问题的原因;当学生取得荣誉骄傲时,先别忙着去夸奖他,也许让他回味一番,他就知道取得荣誉的珍贵。

老师用自己独特的方式去爱学生,这份爱更多地来自精神层面,打动的却是学生的内心世界,用真诚唤醒学生内在动力,进而促进学生的成长。爱的不急促,却绵长;爱的无所求,却有回报。

2. 引导孩子养成良好的习惯

教育家叶圣陶先生曾说:"什么是教育?简单一句话,就是养成良好的习惯。"而这一句简单的话,却承载了重要的教育使命。

儿童时期是形成习惯的关键期。他们善于模仿,但又缺乏分辨能力,需要教育者给予他们积极正确的指引,让他们清晰地看到什么是好、是对,什么是坏、是错。是好的、对的,一定大力地表扬、赞赏,让其养成习惯。是坏的、错的,就要想尽办法帮其改正。尤其是让家校形成合力,效果才会明显且长久。

习惯不是一蹴而就的,需要教育者有耐心、有爱心地静待花开。

教育植根于爱,爱是教育的源泉。无论家长还是教师,都要给予孩子正确的爱,而这正确的爱中一定离不开理解、引导和陪伴。

做自己的英雄

段　珂

一级教师,现任北京市西城区师范学校附属小学教师,负责语文教学及班主任工作。曾参与《理解课堂——知识对接心灵》《理解习惯——习惯成就未来》等书的编写。获北京市论文评比二等奖。

我是一名有着将近十年班主任工作经验的老师,在教育学生中,我发现不少学生的自控能力比较差,我虽然也想了很多办法,但是效果都不是很理想。通过一次运动会集体创编操活动,我有了一些新的感悟。

一、案例描述及教育措施

小祥是我们班上的一名男同学。他头脑灵活、思维开阔、尊敬师长,很有责任感,集体荣誉感也比较强,但是自控力不强,爱聊天,因此常会出现交头接耳的问题。无论是上课还是自习,稍有风吹草动,他就会参与其中。他这样既耽误了自己的学习,又影响了其他同学。我曾多次对他进行思想教育,帮他明确目标,为他树立榜样。尽管我想了许多办法,但还是毫无效果。很多时候,他会对自己的过错自责,会下定决心改正错误,只是相似的结果一次次上演。

(一)"你是不可替代的"

某学期,学校要举办集团校的运动会,四、六年级有集体创编操的表演任务。虽然小祥在纪律方面存在着问题,但是由于他的责任感比较强,因此他积极成为这次运动会集体创编操中的一员。

那天是四、六年级第一次合练运动会的创编操,这对我的学生来说是头一次。他们的期待之情溢于言表,兴奋之情难以抑制,但令人欣慰的是这些备选出来的学生大多数都能遵守纪律。从站队开始到集合完毕,再到合练结束,只有个别学生忍不住悄声议论着。我穿行于队伍之间协助训练,心中盘算着如何才能引起学生足够的重视。正当我走到队伍最后,看到小祥正背对着主席台和另一个同学聊得起劲,他似乎完全不知道我已经走到了他的身边,倒是和他聊天的同学连忙打断小祥的话悄声道:"快别说了,老师来了!"小祥听后先是一惊,之后迅速转了过来。看着我严肃的表情,他欲言又止,脸上的窘态让人哭笑不得。我把手放在了小祥的肩头,轻轻地拍了拍小声说:"先认真听,明确自己的任务,有什么事结束之后再说。"

合练结束后,我找到他了解讲话的原因。他看着我支支吾吾地说不出什么,我知道肯定又是无关紧要的内容,便有些生气地对他说:"这回运动会创编操是两个年级一起合练,如果每个人都像你一样,光维持秩序就要进行很长时间,还怎么能在短时间内完成指定的任务呢?"他低着头,躲避着我的目光。看着他现在沉默不语的样子,我知道他又在自责了,于是缓和了语气慢慢说道:"在队伍中的每一个人都有着自己的位置,每个人必须做好自己的事情,只有这样咱们的合练才能成功,每个人只有做到令行禁止,才能在最短的时间内高效地完成任务。既然被选在方阵之中,就一定要做好……"我的话还没说完,便看他抬起了头。他不再躲避我的目光,从他炙热的目光中我感受到了那份责任,那坚定的目光使我相信他真的能成为队伍中不可替代的人。

对于小祥这样自控力不强的学生来说,在合练中始终保持专注是很困难的。所以当他犯错时不宜重复其错误,而是应该帮助他树立明确的目标,并将其分解为若干易于实现的小目标,这样有助于他们更好地理解任务,并提高注意力,从而降低无关行为发生的频率。所以我和小祥约定:"在接下来的训练中,你的注意力一定要放在领操台的体育老师身上,认真听、用心记,这样才能使自己成为不可替代的那个人。"小祥听后点点头,与我击掌约定。

(二)"没有人是不可替代的"

在后面的几次合练中,小祥纪律方面的进步还算明显,他回头讲话的次数明显减少,但好景不长,随着训练的进行,越来越多的重复性训练和动作调整慢慢消耗着学生们的热情,余下的便是令行禁止的机械性训练和不断地调整。小祥在这样的训练中也越来越提不起兴趣,渐渐地又回到了老样子。

那天正好发道具,学生根据拼摆的不同汉字,变换手中翻花的颜色。学生刚领到道具时都很兴奋,但很快就按照要求投入训练之中。小祥却不时地摆弄着手中的翻花,做的动作总是慢半拍。我实在看不下去,便走过去说:"还记得我们约定的内容吗?注意力再集中些,眼睛时刻关注领操台上的老师,耳朵认真听清楚要求,心里想着自己的动作。"小祥被我的这几句话拉回训练之中,虽然动作略显生涩,却也能按照要求完成。在接下来的几次训练中,小祥觉得一成不变的动作和枯燥的重复练习索然无味,常常处于神游的状态,在训练间隙还会和身边的同学聊上几句。我虽然很生气但还是耐着性子严肃地对他说:"你看看周围的同学,他们也在努力着,没有一个人像你一样。如果你还是这样的状态,为了保证集体的效率,我还是会把你换下去!"此话一出,小祥的眼神顿时黯淡了许多,却又强作镇定地继续训练着。有谁愿意在付出了努力之后被淘汰呢？小祥也是如此。在接下来的训练中，尽管他一直认真聆听着老师的要求，努力完成规定的动作，却总也跟不上节奏，一副魂不守舍的样子。我看到这一幕，快步走到他身边警告他："如果再做错就离开这个位置。"或许是我对他这样的学生要求太过严苛，不仅给他施加了心理上的压力，还淡化了他在训练中通过努力取得的成果。

合练后我找到他，他仿佛早已得知那不幸的消息，默默地走来说："老师，我知道了。"不等我张口，便又默默地离开，眼中尽是失落。看着他失落的背影，我责怪自己的语气太重，竟然通过一次合练的失误就否定了他为此付出的全部努力，真是太鲁莽了。我必须找个机会重新对他的努力做出客观、恰当的评价才行。

（三）"做自己的英雄"

小祥被替换后，又回到了原来的状态，那个曾经很努力的他仿佛完全没有存在过，他站在方阵的最后，旁若无人地聊着天。他不再关心领操台上老师讲话的内容，不再关心自己能做些什么。我不忍心看着他消沉下去，便径直向他走去，严肃、郑重地对他说："你曾经也是方阵中那不可替代的一员，现在却成了替补。难道你不想再回到方阵中吗？想想你曾经付出过的努力，再看看你现在的表现，那个曾经刻苦训练的小祥去哪儿了？这是向所有人证明你可以的机会，你要放弃吗？"我凝视着小祥继续说："从现在开始，咱们班所有在后面的同学按照表现进行排队，表现最好的同学有机会进入方阵替换那些表现不好的人。"说完，我头也不回地回到了方阵中继续巡视，可心中却不由得惦记着小祥会是怎样的表现，忍不住几次把目光投向后面的小祥。令我惊喜的是，这几次他竟然都站在原地一动不动，认真倾听着老师的讲解和要求，好像自己就在方阵中一样。就这样，直到合练结束，他都默默地在队伍最后站好。可以说他和方阵队员一同训练，这就是他证明自己可以的方式吧。

回班进行总结的时候，我和蔼地说："这两天训练，大家都很努力，每位同学都能做好自己的事，按照要求完成队列变化。希望在接下来的训练中，大家再接再厉，集中注意力，共同提高合练效率。"说到这，我话锋一转，继续道："你们知道吗，除了方阵中的同学之外，还有一位同学和你们一起训练，你们知道他是谁吗？"学生听后面面相觑，虽然大家都猜到了是站在队伍最后的学生，却没有一个人猜到是小祥。当我郑重地讲述刚刚训练中小祥的表现时，在座的学生无一不表示赞赏，有的甚至给他鼓起了掌。见此情景,我深知大家的认可对小祥来说是多么的珍贵,便补充道:"你们是场上的焦点,而他,则是幕后的英雄。"小祥这次为了重回方阵,确实付出了比以前更多的努力。从成为正选队员到落选,再到努力争取,他付出了更多的努力,同时也赢得了大家的认同。

小祥险些因为我的急躁而遭受不公正的评价,也正因此,他通过自身的努力,逐渐克服了爱交头接耳的毛病,赢得了大家的认可。

在接下来的几次合练中,小祥都以替补的身份站在队伍最后。有一次我看到其他替补队员坐在地上休息,只有他依旧站在队伍最后时,关切地说:"坐下吧,没关系的。"小祥看了看我说:"没事,不累的。""这样做值得吗?""值得,因为我想证明自己也能做到。"

就这样,小祥以这样的方式参与训练。一次,隔壁班的老师小声和我说:"你还不让他坐下,站这么长时间受得了吗?"我笑笑说:"他累了会坐下的。"或许他到最后都没有机会回到方阵之中,或许他早就知道自己也只能是替补,但他没有因为自己是替补而放弃,反而更加努力地训练。他身上强烈的荣誉感在这次活动中被完全激发出来,成为他完成所有训练的动力。或许对他而言,在训练中克服困难、兑现承诺,获得"相信自己能行"的信念更使他受益匪浅。

现在,小祥已经逐渐克服了上课爱讲话的缺点。通过参与合练一事,他提高了自控力,明确了努力的目标。在接下来的日子里,我还会和他一起,面对各种问题,通过关注过程给予他客观、公正的评价。

二、反思

(一)唤醒心灵,明确目标

苏格拉底曾经说过:"教育不是灌输,而是点燃心灵的火焰。"对于有行为偏差的学生,更要唤醒他们内心的需求,激发他们的内驱力。对于小祥这样自控力不强的学生来说,在活动中始终保持专注是很困难的。所以要唤醒他们内心的荣誉感,帮助他们树立明确的目标,并将其分解为若干易于理解和执行的小目标,来提高他们的注意力,逐步引导他们克服自控力弱的缺点。在这个案例中,无论是我一开始和他的约定,还是在他经历挫折后对他的激励和认可,都在尽力地激发他的荣誉感,帮助他在寻找、明确目标的过程中,逐步提升自控力。

（二）尊重规律，重在引导

我认为学生在成长中重复犯错是事物发展的规律，学生对新鲜事物产生好奇也是必然的行为体现。案例中的小祥只是 9 岁的孩子，这也就不难理解为什么他一直玩弄手中的翻花，为什么无法在重复的训练中保持专注。我们只有基于客观规律去理解孩子的行为，才能正确地做出评价和引导。教育从来不是一蹴而就的，我们在理解的基础上要善于发现学生的点滴进步，在陪伴中引导学生，让他们得到来自他人的认可和鼓励，来自自身价值体现的自我肯定。

（三）关注过程，多元评价

首先，对于某些行为习惯有偏差的学生而言，过程性的评价更有助于学生的发展和提高。无论在何种活动中，学生付出的努力，积累的点滴进步，都是他们进步路上不可磨灭的印记。这些印记便是他们进步的历程，通过正向的评价能够帮助他们树立克服困难的信心，明确努力的方向。

其次，评价的目标要分层次，要尊重个体的差异。小祥由于自控能力弱引发了一系列的问题，对于这样的学生不能急功近利，要把目标分解成若干的小目标，逐步实现。比如先帮助小祥制订一个个小目标，在逐步达成中提高他的注意力，然后通过提升学生的自我效能感和荣誉感，提高学生的自律性。

最后，评价学生的主体应该是多元的。除了老师外，还应该有自己和同学的参与。小祥在班级中由于自控力不强，常会影响别人，他通过自己的努力，取得进步，改变了同学们对他的印象。同学们对他看法的改变应该及时地反馈给小祥，这样他才能感受到来自集体的接纳与关怀。当小祥因为自己的刻苦陪练而得到其他同学的认可时，这种自身价值的体现有助于对他这样的行为形成正向强化。

第二部分
教学篇

激发童趣　巧学标点
——《青蛙写诗》整体思考与教学实施

初申申

二级教师,毕业于首都师范大学,现任北京市西城区师范学校附属小学教师。曾参与北京市民族教育学会"十三五"课题。曾获"西城杯"说课二等奖、区级论文评比二等奖,以及优秀共青团员称号,曾在区级研修活动做经验分享。

众所周知,标点符号是辅助文字记录语言必不可少的重要符号。对学生来说,正确并熟练地运用标点可以帮助他们准确地表达文义。一年级的学生刚刚入学,才学完拼音,认识的汉字也不多。对于他们来说,标点的概念更是模糊。虽然部分学生知道最基本的逗号和句号,但其实并不了解它们的作用和区别。为了让学生认识标点,建立对句子的概念,我借助教材中的一篇关于标点的儿童诗,帮助学生巧学标点。

一、教材视角

《青蛙写诗》是部编版一年级上册第 6 单元第 7 课的内容,这是一首轻快、活泼的儿童诗。作家用丰富而又合理的想象,把池塘里的蝌蚪、水泡泡、一串水珠拟人化,生动、形象地想象成逗号、句号和省略号,从而组合成了一首生动有趣的小诗。这首诗不仅语言优美,富于情趣、想象和创造,而且可以帮助学生认识三种标点符号的作用。生活中平凡常见的事物,在诗人的眼中竟然会变得如此生动、有趣,真是心思巧妙!这篇课文十分符合新教材的特点,即贴近儿童的经验世界、情感世界和想象世界,适合儿童学习。

从整个单元来看,本单元的一项教学重点是初步建立句子的概念,要引导学生认识逗号、句号,并通过读出逗号和句号的不同停顿,促进学生对句子的理解。

二、学生视角

我所教的班级有 37 名学生,他们都喜欢朗读儿童诗,认为儿童诗简单易懂,生动有趣。此外,他们认为《青蛙写诗》这首诗很有趣。喜欢动物、对动物有特殊的情感是儿童的天性,而这首拟人化的儿童诗,正可以满足他们的需求,所以他们会对这首诗感兴趣。

我还关注到一年级儿童的认知活动具有鲜明的情绪性、直观性,对显现的事物现象感兴趣。经过观察,我发现我班学生能积极参与课堂学习,但注意力不够集中,时而走神。他们喜欢新奇有趣的事物,喜欢想象与联想。在平时的朗读中,有些学生没有注意到标点,不会停顿;还有一些学生虽然注意了,但没有在朗读中体现出标点的位置,读出停顿的长短。

对于刚入学的一年级学生来说,由于经验不足,将具体的事物与抽象的标点建立起联系是十分困难的。因此,在教学时,我利用创设情境、活动体验等多种教学手段,激发学生的学习兴趣,从而帮助学生巧学标点,将简单的事情做深刻。

三、课堂视角

(一)我的思考与设计

《青蛙写诗》是一首生动有趣、充满童真童趣的儿童诗,学生完全可以依据诗歌的特点,打开想象空间,展现语言天分,并借助生动形象的具体事物——蝌蚪、一串水珠、水泡泡,来认识、了解标点,尝试运用标点,并帮助他们更好地朗读。

基于以上思考,我设计了如图 1 所示教学环节。

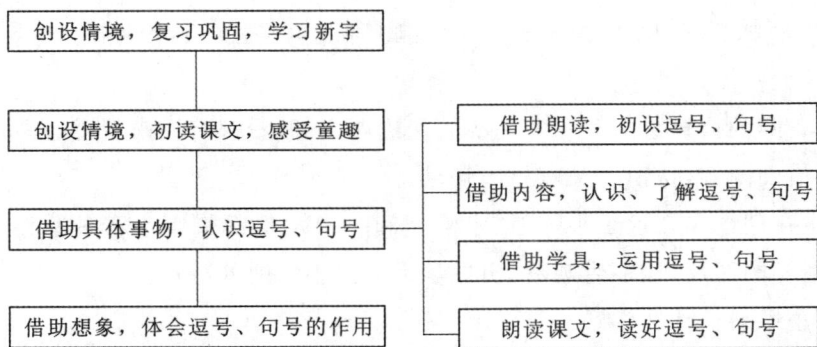

```
┌─────────────────────────────┐
│ 创设情境,复习巩固,学习新字 │
└──────────────┬──────────────┘
               │
┌──────────────┴──────────────┐      ┌─────────────────────────┐
│ 创设情境,初读课文,感受童趣 │      │ 借助朗读,初识逗号、句号 │
└──────────────┬──────────────┘      └─────────────────────────┘
               │                     ┌─────────────────────────────┐
┌──────────────┴──────────────┐─────│ 借助内容,认识、了解逗号、句号 │
│ 借助具体事物,认识逗号、句号 │─────└─────────────────────────────┘
└──────────────┬──────────────┘─────┌─────────────────────────┐
               │                ─────│ 借助学具,运用逗号、句号 │
┌──────────────┴──────────────┐─────└─────────────────────────┘
│ 借助想象,体会逗号、句号的作用 │    ┌─────────────────────────┐
└─────────────────────────────┘     │ 朗读课文,读好逗号、句号 │
                                     └─────────────────────────┘
```

图 1

(二)重点环节内容介绍

上课伊始,我先为学生创设"下雨"的情境,让学生想象下雨的景象,进而和小青蛙一起写"下雨"两个字。我采用了不同形式:"下"字借助学生喜欢、易于接受的儿歌形式(一笔长横占上格,二笔一竖在中央,三笔小点紧挨竖,起笔要在中点上,稍稍斜下到中线),让学生不仅知道怎么写,还知道占格位置;"雨"是一个象形字,我让学生先观察"雨"字的演变过程,再让学生看字形、说笔顺、注意重点笔画,再进行书写。采用这样形象化的方法,便于学生记忆。

随后,我让学生朗读全文,提醒他们注意把字音读正确。在学生读的过程中,我观察到他们的脸上露出了笑容,此时,学生感受到了这首小诗的童趣,学习的兴趣自然而然地被激发出来。

1. 借助具体事物,认识逗号、句号

(1)借助朗读,初识逗号、句号。

本单元的教学重点要求我们继续重视朗读基本功的训练,让学生初步建立对句子概念的理解。对一年级的学生来说,他们对逗号、句号的认识和了解可以通过朗读体现。于是,课堂上我先借助青蛙写的"诗",来了解学生对逗号、句号的认识程度。

师:你们瞧,青蛙用它的叫声写成了这首诗,和我们以前见过的诗有什么不一样吗?

生:这首诗只有一个"呱"字。

师:"呱"也是象声词,就像淅沥沥、沙啦啦一样。谁来读读小青蛙的诗?

生 1:呱呱呱呱呱呱呱呱呱呱呱呱呱。(没有停顿)

生 2:呱呱呱呱,呱呱呱。呱呱呱呱,呱呱呱。(是按一行停顿的,不是按照标点的位置停顿)

师:青蛙的诗该怎么读呢?让我们走进课文,看看都有谁来帮青蛙写诗了。

(2)借助内容,认识、了解逗号、句号。

学生在朗读中知道了小蝌蚪、水泡泡和一串水珠都来帮小青蛙写诗了。我先出示小蝌蚪的照片,让学生观察,引导学生说出小蝌蚪的特点。

师:小蝌蚪长什么样?

生:小蝌蚪的头圆圆的,还有一条又细又长的尾巴。

师:你们看,这就是小蝌蚪的样子。(贴小蝌蚪图片)

考虑到爱动是孩子的天性,我请一个孩子来吹水泡泡,其他孩子的目光一下子被吸引了过来。孩子们专注了,课堂也活跃了起来,他们充满兴趣地积极思考水泡泡的特点,争先恐后地说出了水泡泡很圆,它是透明的。接着,我引导学生发现水泡泡是空心的,并把水泡泡的图片贴在黑板上。之后,我让学生动手贴水珠,学生贴了一串水珠。

学生借助图片或教具,结合已有的生活经验,知道了小蝌蚪的样子和特点。那小蝌蚪和逗号,池塘里的水泡泡和句号,一串水珠和省略号之间的相似处是什么呢?

师:孩子们,它们都帮了什么忙?

生:小蝌蚪当逗号,水泡泡当句号,一串水珠当省略号。

师:为什么小蝌蚪当逗号,水泡泡当句号,一串水珠当省略号呢?

生:因为它们的样子很像。

师:你能具体说说哪里像吗?

生:小蝌蚪的头圆圆的,就像逗号的实心圆,逗号也有一个小尾巴;水泡泡是一个圆,和句号一样;一串水珠是六个小圆点,省略号也是这样的。

师:仔细看看,水泡泡和水珠都是圆的,有什么不同吗?

生:水泡泡是空心的,水珠是实心的。

接下来,我请学生上前一一对应地贴出逗号、句号和省略号。

到此,我利用形象的图片,引导学生结合课文的内容,借助具体事物,认识了标点。在这一过程中,我培养了学生立足文本进行思考的好习惯,并为学生未来学习比喻和拟人的修辞手法打下了基础。此外,我还培养了学生要学会观察事物的主要特征的能力,要进行想象或联想,不能凭空乱想。

对于我们班学生来说,认识样子很容易,我相信他们有能力对逗号、句号做深入的了解。于是,为了巩固学生对逗号、句号的认识,我让学生圈出青蛙诗里的逗号和句号,再让学生思考为什么它们要来帮忙。课堂上出现了以下情景:

生1:它们可以帮助小青蛙呼吸。

师:呼吸是什么意思?

生1:就是要停顿一下。

师:逗号、句号都能帮小青蛙停顿,它们有什么区别吗?

生2:逗号是一句话没说完,要停得短一些,句号是一句话说完了,要停得长一些。

师:孩子们你们看,第一自然段里面就有逗号和句号,你能读好这句话的停顿吗?

生:下雨了,雨点儿淅沥沥,沙啦啦。

师:像这样,一句话说完了,画上了句号,就是一句完整的话。请你们想一想,"下雨了"和"呱呱"是不是一句话?为什么?

生:它们的结尾是逗号,一句话还没有说完,所以不是一句话。

师:孩子们,你们试一试,怎么说就能变成完整的一句话了?

生 1:下雨了,真凉快。

生 2:呱呱,呱呱,呱呱呱。

师:你还能试着说说其他完整的话吗?

生 1:今天我们上的这节课,真有意思呀。

生 2:我知道了逗号和句号的区别,学到了知识。

生 3:我学到了许多知识,特别高兴。

在这一环节中,我引导学生理解逗号和句号背后的语言表达,为今后学生进行"语用"训练做好铺垫。

孩子们这么厉害,那他们是不是能试着运用逗号、句号呢?于是我借助学具,让学生尝试运用。

(3)借助学具,运用逗号、句号。

我给学生准备了呱、逗号、句号的卡片,让同桌之间进行拼摆,拼完之后互相读一读。我在巡视时发现,1 个学生将 3 个句号摆在最后,我问这个学生为什么这样摆,他告诉我他想把 3 个句号当省略号。我赶紧让他观察黑板上的图片,他发现了水珠是实心的,还发现省略号是 6 个实心点。我还请学生将拼摆的情况在黑板上展示,并读给大家听。

生 1:呱呱呱,呱。

生 2:呱呱呱呱。呱呱,呱。

生 3:呱呱,呱呱呱。(将逗号和句号连用,她读到这儿时,不知道该怎么往下读)

师:孩子们,逗号、句号不能连用。

这个学生听了,进行了修改,变成了:呱呱,呱呱呱。修改后她再读的时候就顺畅地读出来了。此时,我让其他孩子检查自己拼摆的内容,并进行纠正。

(4)朗读课文,读好逗号、句号。

学生能够准确地将拼摆的内容读出来,是否也能读好课文呢?我们知道,朗读在低年级语文的学习中占有重要地位,我希望通过这一环节唤起学生的想象,正确朗读课文,能够根据课文情境读出角色的特点,读出趣味性,并且读好刚学会的逗号和句号。

于是我让学生在小组中分角色朗读课文,要求他们读好逗号、句号的停顿,读好角色说话的语气。学生练习后,我请一组学生上前展示朗读,并佩戴头饰。学生不仅在朗读中关注到了标点,还能准确体现标点的位置和恰当的停顿。

2.借助想象,体会逗号、句号的作用

学生展示之后,我再次出示小青蛙的诗,并创设"青蛙大作已完成,其中含义请你猜"的情境,孩子们乐于想象的天性一下子被激发出来了,便有了以下精彩的联想。

师:"呱呱"是青蛙的语言,小青蛙用这样的语言到底想说什么呢?

生1:呱呱呱,我饿啦!

生2:啊! 下雨了,风景可真美啊!

生3:雨点儿落在池塘里,声音可真好听!

生4:呱呱呱,雨点儿拍在我身上,真舒服呀!

生5:我的诗写成了,真感谢我那些好朋友啊!

生6:哇哦,世界可真美丽!

生7:我的诗写完了,我可真高兴!

师:孩子们,你们用诗一样的语言替小青蛙把话说出来,还用上了我们这节课学习的标点符号呢!

我们看到,给小青蛙当个小翻译,这样极大地挖掘了孩子们的想象力,拓展了他们的想象空间,感受到青蛙心里那一份愉悦、舒畅。同时,孩子们刚认识的逗号、句号也帮助他们能够在口语表达中适当停顿,让别人听明白,更好地与人交流。

最后,学生借助板书回顾青蛙的诗是怎样写成的,并带着收获再次朗读课文。

(三)教学策略

我在设计本课教学时以鲜明的图画、生动的诗歌为载体,创设丰富多样的情境,在教学过程中激发学生的学习兴趣,拓展他们的思维,促进他们发挥想象,使整个课堂充满生机,学习氛围轻松、愉快,进而帮助学生巧学标点。具体来说,我使用了以下教学策略。

1.关注需求,情境激趣,激发学生学习标点的欲望

根据教材和学生的特点,儿童诗本身简单易懂、生动有趣,又是儿童喜闻乐见的一种表现形式,加上儿童天生就对动物有着特殊的情感,因此他们对这首诗的文体很感兴趣。在我关注到学生的需求后,本节课为学生创设了丰富多样的情境,有"青蛙跳伞""青蛙写字""下雨天青蛙要作诗""青蛙写诗遇困难,池塘朋友来帮忙"

"帮青蛙贴标点""青蛙邀请你作诗""青蛙邀请你朗读""青蛙大作已完成,其中含义请你猜"等 8 种情境。通过有趣的情境,学生产生了学习标点的兴趣,进而为下一步学习打下基础。

2.拓展思维,自主探究,促进学生了解标点的特点

为激活课堂,促使学生的感官都动起来,我设计了许多活动,如观察图片、吹水泡泡、贴水珠、贴标点、圈画标点、分角色朗读课文等。在这一过程中,学生充分动脑思考,在轻松、愉快的氛围中学习逗号、句号和省略号,并简单了解它们的特点,自主发现标点的重要性,拓展了思维,取得了不错的效果。

3.发挥想象,拓展空间,帮助学生体会标点的作用

只有充分尊重儿童,给予他们自由空间,才有助于其拓展思维、发挥想象,促进全面发展。在本课中,我给学生自由发挥的空间,准备了呱、逗号、句号的卡片,让学生借用青蛙的语言作诗,并加上逗号和句号。到此,通过本节课的不断引导和反复强化,学生充分掌握了逗号和句号的作用,并能简单运用。

四、课后视角

《青蛙写诗》这篇课文的学习重点是认识逗号和句号。我很清楚,这小小的标点符号看似简单,但却值得引起我们的重视。只有让学生深刻地理解标点,他们才能恰当地运用标点,为今后的学习打下坚实的基础。

在这节课中,通过做到"三个立足",将简单的事情做深刻:一是立足文本,深入教学内容,逐步引导学生进行合理思考;二是立足学生的实际经验和认知特点,深化学生的体验方式,从而深化学生的思维品质;三是立足学生的已学知识与技能,深思其与相关认识之间的内在关系,做到触类旁通,举一反三,形成学生的思维能力。

贾雪丹

二级教师,现任北京市西城区师范学校附属小学二年级语文教师兼班主任。被评为西城区教育系统骨干教师,曾获西城区优秀班主任评比二等奖,多次在区语文研修活动中说课并获得好评。

现代著名教育家陶行知先生曾说:"发明千千万,起点是一问。禽兽不如人,过在不会问。智者问得巧,愚者问得笨。人力胜天工,只在每事问。"在小学课堂教学中,培养学生的怀疑精神和质疑能力,无疑是十分重要的。只有学生习惯了问"为什么",成为"探究者",才能积极思考,才会有兴趣进一步学习。当学生学会了发现问题、解决问题,才能够进一步激发他们的创新能力,脱离过往"填鸭式"教学带来的问题。众所周知,阅读是学生亲身参与实践的过程,学生在此过程中,自主学习、思考、领悟、理解。正如古人所说:"学起于思,思源于疑。"《义务教育语文课程标准(2011 年版)》中提出:语文课程必须根据学生身心发展和语文学习的特点,爱护学生的好奇心、求知欲,鼓励自主阅读、自由表达,充分激发学生的问题意识和进取精神,关注个体差异和不同的学习需求,积极倡导自主、合作探究的学习方式。平时,我也将探究意识的培养贯穿在教学过程中,注重提高学生自主阅读的效率。

一、教材分析

《狐狸分奶酪》是一则匈牙利民间故事,全文篇幅较长,共有 11 个自然段。第 1～4 自然段写了狐狸分奶酪的原因;第 5、6 自然段是狐狸第一次分奶酪及熊哥儿俩的反应;第 7、8 自然段是狐狸第二次分奶酪及熊哥儿俩的反应;第 9～11 自然段是狐狸之后几次分奶酪及熊哥儿俩的反应,最后写了狐狸的狡猾。文章情节生动有趣,角色个性鲜明,并配有一幅插图,形象生动地展示分奶酪过程中人物的表情。

故事中的狐狸非常狡猾,它从一开始就打着独吞奶酪的"如意算盘"。而小熊们却傻乎乎地不明就里,总在奶酪的大小上互不谦让,看不清狐狸行为的用意。故事情节紧紧围绕单元主题"相处"展开,告诉我们同伴之间斤斤计较,就会让别有用心的人有机可乘。通过这个故事,引导学生在学习和生活中与人友好相处。

本课要求书写的 8 个生字,字形结构的特点明确,其中,"奶""始"是书写难点,尤其"奶"字右边是第一次书写,除了笔顺易错,笔画书写也不易把握,而笔画间穿插、避让,正与本课主旨"互相谦让"有相通之处。

二、学情分析

随着识字量增加,我们班学生朗读水平有所提高,能够按要求从文中提取关键信息,并通过朗读、思考对文本有初步的整体感知。但是,他们对于文章中蕴含的道理理解不够深入,需要老师的指导。

他们喜欢读故事,也乐于扮演故事中的人物角色,在读故事时会提出一些紧扣故事情节发展、层层深入的疑问。在第一课时,学生们提出了许多有意思的问题(表1)。

表1

1	小熊哥儿俩为什么找狐狸分奶酪?
2	狐狸帮谁分奶酪?
3	狐狸为什么要分奶酪?
4	狐狸分得公平吗?
5	分的结果怎么样?
6	奶酪要怎么分才公平?

经过仔细分析这些问题,我发现它们很有层次感,其中前三个问题属于浅层次,孩子通过读课文立刻就能解决;而"狐狸分得公平吗?"这个问题很有价值,它能引起学生对其他几个问题的思考。而问题中"公平"这个词语,从二年级学生已有的生活经验和认知水平来看,理解起来并不难,如何做到"公平"地分一个奶酪对于他们来讲也不是难事。难的是,通过学习,知道同伴之间相处的道理,如果只是计较个人得失,就会给别有用心的人制造可乘之机。因此,我以"公平"为切入点,由易及难、由浅入深地帮助学生理解故事的寓意。

三、读思结合,理解内容

为了帮助学生解决一个个小问号,深入理解故事寓意,本次教学设计我以"公平"为主线,促进学生深入思考。狐狸口中的"公平"、熊哥儿俩想要的"公平",以及我们心中的"公平"其实有着不同的含义:狐狸想要独吞奶酪,而小熊哥儿俩想要分到同样大小的奶酪,可是我们知道在现实生活中很难实现绝对的公平。我带着这些思考,以解决学生提出的问题展开教学,引导学生不仅要能提问题,还要会解决问题。课堂中,学生们在"小问号"的引领下,逐步深入理解课文内容,在不断质疑与释疑的过程中,乐于思考,进而善于思考。

(一)抓住关键词句,引发学生思考

对于"狐狸分得公平吗?"的问题,文中并没有直接回答,那么我们先来看看狐狸是怎么说的吧!我出示狐狸说的话,引导学生学习课文第 11 自然段。随着学生诵读,我板书"公平",并问道:"读完这个自然段,你们知道狐狸认为的'公平'是怎样的吗?"学生很快能从狐狸的话中找到答案。

我借学生的问题,引出"公平"这条主线。通过抓关键词的方法,让学生明确狐狸口中的"公平"是指"你们谁也没多吃一口,谁也没少吃一口"。但是,小熊眼中的"公平"、读者心中的"公平",也像狐狸说的那样吗? 我们带着这样的思考,继续深入学习课文。

在学习狐狸第一次分奶酪的时候,我请学生先在文中分别用不同的符号画出狐狸和熊弟弟说的话,再分角色读一读。

"小家伙们,你们吵什么呀?"狐狸问道。

"我们有块奶酪,不知道该怎么分。"熊弟弟对狐狸说。

"这事好办,我来帮你们分吧!"狐狸笑了笑,把奶酪拿过来掰成了两半。

当读到"狐狸笑了笑"的时候,我引导学生结合生活来说一说自己平时笑的时候是怎样的。有的说自己特别开心的时候会笑,有的说考试得一百分的时候会笑,还有的说收到生日礼物的时候会笑……

就这样将文本与学生生活相关联,孩子们自然而然地发现文中狐狸的笑与同学们平时甜甜的笑不一样,它那是奸诈的笑,是阴谋得逞的笑,是不怀好意的笑。一个"笑"字,激发了学生的深入思考,也让学生知道了狐狸口中的"公平"是自己吃到奶酪。在此基础上,学生再借助提示语,很容易就能读出狐狸的假装好奇、热心和熊弟弟的为难、焦急。

(二)搭建体验平台,激发学生思考

那熊哥儿俩认为的"公平"又是怎样的呢? 在学习时,我为学生搭建课堂体验的平台,激发他们思考。课文中的插图,只为我们呈现分奶酪的一幕情节,以此为基础,我来扮演狐狸进行现场分奶酪,请学生读演结合,以体会角色。

　　小演员们带着自己的理解,入情入境地表演分奶酪的过程,使小观众们能直观地看到狐狸为了吃奶酪两次都故意分不均,感受到小熊兄弟的情绪由"嚷"到"又嚷"以致"生气"的变化过程。我顺势追问,此时小熊认为的"公平"是怎样的呢?学生不假思索地说"一样大"。

　　在学习课文第 9 自然段时,学生既了解了狐狸分奶酪一直不公平,又知道狐狸所说的"公平"其实是熊哥儿俩一口都没吃!此时,我追问学生:

　　"你们说,小熊哥儿俩得到公平了吗?"

　　学生纷纷摇摇头。

　　"如果你是小熊,你会怎么做?"我问道。

　　"我可以用刀切着分啊!"一个学生激动地说。

　　"我们可以用尺子量,这样就分公平了。"

　　"我才不找狐狸分,我要回家找妈妈分。"

　　…………

　　学生的回答让我大吃一惊,没想到学到这里,他们仍然像两只小熊一样,在纠结怎样将奶酪分公平。

　　于是,我带领学生再读第 1 自然段,让他们感悟其实熊哥儿俩从一开始并不是不知道怎么分奶酪,只是不知道如何将奶酪分得一样大。他们谁都不愿意吃亏,不断地计较那一点儿上的区别,而寻求绝对的公平,才不知道怎么分奶酪,最终一口都没有吃到。

　　读罢课文我问道:"小熊没有吃到奶酪就是因为狐狸吗? 找妈妈分就能分得一样大吗?"

　　学生说:"不……不是。"

　　"如果你是小熊,你会怎么做?"我再次问道。

　　"我不能跟两只小熊似的,我们要懂得互相谦让,不再争也不再抢了。"

　　"我要是熊哥哥,我要让着熊弟弟,因为他比我小。"

　　"我要是熊弟弟,我也会让着哥哥,像孔融让梨一样。"

　　…………

　　孩子们一个个认真地说道。

　　至此,孩子们终于理解了"哥儿俩"的意义,懂得了在生活中真的不能一味追求"公平",只有互相谦让生活才能更和谐、美好。学生在学习的过程中,思维得到碰撞,理解能力得以提高,课前的"小问号"也迎刃而解!

(三)针对突出问题,指导学生书写

在指导书写环节,我将中华传统美德谦让与传统文化、汉字相结合,使学生感受中国传统文化的精髓。

相互谦让这种美德,在我们博大精深的汉字文化中也有体现。在指导学生书写"奶""始"这两个字时,我先请学生整体观察这两个字:一看左右宽窄;二看笔画变化;三看穿插避让。在此基础上,找恰当的时机补充生字的其他特点。

然后,请学生动手描红,并尝试书写。在书写"奶"字时,出现了一些问题:他们有的没有注意到笔画之间的穿插与避让;有的左右两部分写得不够紧凑,导致书写不美观……为了帮助学生突破难点,把字写规范,我拿出由"奶"分开的两部教具:女字旁和乃。学生在观察这两部分的相对位置的基础上,再动手摆一摆,很快发现自己书写中的不足并加以改进。经过看、摆、改的过程,将难点突破,同时使学生感受到了汉字的形美和意美。

四、课堂反思

在本课教学中,我通过抓关键词句、搭建体验平台的方法,在解决学生实际问题的同时,使学生的思考逐渐深入。整节课,学生的学习始终伴随着思考,使学生在潜移默化中懂得了要互相谦让的道理。

《狐假虎威》是本单元另外一篇有关狐狸的故事。学习至此,只要一提起狐狸,孩子们就会想到"狡猾"这个词。因此,在总结全文时,我为学生推荐了《了不起的狐狸爸爸》这本书,帮助学生了解狐狸的另一面,拓展课外阅读,培养学生的思考能力,提高人文素养。

在这节课中,我也感受到自己明显的不足。首先,要不断研读教材,加大预设,加强对课堂的驾驭能力。其次,本课在理解狐狸这个角色时,应注意引导学生全面地看问题,体现教材的开放性。课文中,如果站在熊哥儿俩的角度,狐狸奸诈、狡猾,采用欺骗的手段独吞奶酪。但是,如果站在狐狸的角度看,这是一只充满智慧的狐狸。它眼光独到,看出对方的矛盾所在,采取灵活的方法吃到了奶酪。这种遇到问题灵活应对的思考方式,又是我们应该学习的。而这一点,在课堂中没有体现。

想象品读架心桥　童言童心悟真情
——《巨人的花园》整体思考与教学实施

李　浩

硕士研究生,国家三级心理咨询师,现任北京市西城区师范学校附属小学教师。曾获"西城杯"说课、录像课教学比赛一等奖。《注重语文综合发展　提高学生运用语言的能力——以〈城南旧事〉阅读分享课为例》一文收录到《理解课堂——知识对接心灵》一书中。

　　阅读学习伴随学生的整个小学阶段,其对学生认识世界、获取信息、发展思维起着至关重要的作用。在第一学段《义务教育语文课程标准(2011 年版)》中指出:低年级学生阅读浅近的童话、寓言、故事,向往美好的情境,关心自然和生命,对感兴趣的人物和事件有自己的感受和想法,并乐于与人交流。对于低年级的学生来说,重点是要培养他们阅读的兴趣和乐于交流的习惯。

　　随着学生年龄的增长,他们升入中年级,对于阅读学习,《义务教育语文课程标准(2011 年版)》又有了新的要求:中年级学生能复述叙事性作品的大意,初步感受作品中生动的形象和优美的语言,关心作品中人物的命运和喜怒哀乐,与他人交流自己的阅读感受。对比这两个学段的要求,我发现中年级学生要在阅读中关注作品的语言,关注作品中的人物形象。因此,在教学中,通过引导学生对作品中语言的体会、人物形象的理解,在朗读、交流、体验的过程中,提升学生的语言表达能力。

一、教材视角

　　《巨人的花园》是小学语文人教版四年级上册第三单元的第一篇课文,整个单元课文的体裁都是"童话",分别是《巨人的花园》《幸福是什么》《去年的树》《小木偶的故事》,《巨人的花园》在整个单元的学习中起着引领的作用。学生通过学习,走进奇妙的童话世界,了解童话的内容,品味童话的语言,从作者运用的想象、对比等修辞手法中,体会童话的特点。课文中有孩子在花园里玩耍时,巨人斥责孩子,孩子逃离了花园,花园的景色发生了翻天覆地的变化;小男孩在树下一伸手,桃树马上绽出绿芽,开出美丽的花朵等描写,这在现实生活中是不会发生的。学生通过联系生活实际,体会到童话的神奇之处,感悟童话所蕴含的道理,感受童话的魅力。

　　本篇课文改编自英国作家王尔德创作的《自私的巨人》,本篇童话堪称人格养成的最佳作品。文章的语言活泼优美,生动形象,文中多次运用对比的写法,情节跌宕起伏,能极大地激发读者的阅读兴趣,它告诉孩子们快乐应该和大家分享的道理。

在阅读原文《自私的巨人》后,我发现课文中的语句与原文相比,删减了一些内容(图1),如巨人砌墙和拆墙的一些情节,也启发了我,在教学中借助文本中的留白,给学生创设想象的空间。

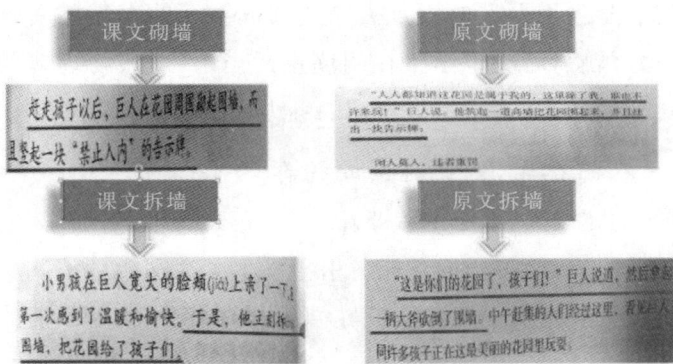

图 1

二、学生视角

学生对童话这种体裁并不陌生,他们读过安徒生童话、格林童话,喜欢童话中生动的人物和动人的情节。为了了解四年级学生学习童话时的困惑和增长点,我在课前做了一个调查,结果显示:学生自读童话时,产生了一些疑问,其中有51%的学生对巨人的变化产生了疑问,40%的学生针对小男孩的行为提出了问题,9%的学生对花园的神奇非常好奇,如图2所示。

从调查中,我发现学生很关注童话中的人物和情节,但是,他们只关注人物的外在表现,并没有从人物外在表现的变化中,真正走进人物的内心,感受人物的情感。

基于以上思考,我确定了本节阅读课的教学主题——"想象品读架心桥童言童心悟真情"。

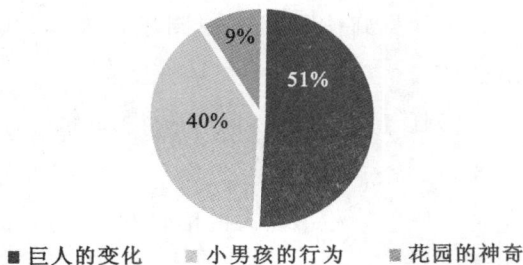

■ 巨人的变化　　小男孩的行为　　■ 花园的神奇

图 2

三、课堂视角

在本节课的教学中,我引导学生通过想象画面,品读语言,为学生架起一座走进人物内心的桥。学生用自己的语言去表达阅读童话的真实感受,用他们的内心去体会童话的美好情感,解决了学生在阅读童话当中,对人物理解的困惑,提升了学生对童话表达上的认识,感受到了童话的魅力。

(一)走进巨人的花园,体会花园的神奇

在"走近巨人的花园"这部分的教学中,我从花园入手,引导学生通过对学习单的观察,同时交流这是一座怎样的花园。引导学生关注文中的语句,并阅读相关语句,能够感受到花园的变化,初步体会到花园的神奇之处,感受童话的特点。

(二)走进人物的内心,感受美好的心灵

这部分是本节课教学的重点,也是学生学习的难点。在"走进人物的内心"这一环节中,我引导学生:想象画面,体验角色;品读语言,体会心情;丰富想象,走进内心;交流感受,感悟真情。带领孩子们初识、认识、改变、重识巨人。

1. 初识巨人——想象画面,体验角色

在"初识巨人"这个环节中,我引导学生想象画面,体验角色。

当巨人旅行归来,看见孩子们高兴地在花园里玩耍时,他是怎么对待孩子的呢?请学生画出相关的语句。

学生找到:

①他见到孩子们在花园里玩耍,很生气:"谁允许你们到这儿来玩的!都滚出去!"

②赶走孩子以后,巨人在花园周围砌起围墙,并且竖起一块"禁止入内"的告示牌。

在学生关注了巨人的语言和行为后,进而让学生扮演巨人,想象巨人砌墙时的情景。

通过学生的回答体会到,巨人的言行就像四季中的冬天,让人感到寒冷、无情,因此,一个自私、冷酷的巨人形象浮现在学生的眼前。

在这个教学环节中,通过抓住巨人砌墙对待孩子的表现,从作者对巨人语言、动作的描写中,引导学生想象画面,感受巨人的内心,体会他的自私、不愿与人分享的形象。

2.认识巨人——品读语言,体会心情

语言是人物内心世界的直接表露。我以巨人"三次斥责孩子"为切入点,引导学生细读巨人对孩子说的三句话(如下),并观察有什么发现,能够让学生更近距离地去认识巨人。

①他见到孩子们在花园里玩耍,很生气:"谁允许你们到这儿来玩的! 都滚出去!"

②可是巨人又发脾气了:"好容易才盼来春天,你们又来胡闹。滚出去!"

③"喂! 你赶快滚出去!"巨人大声叱责。

首先,在细读中找到相同点,这三句话中都有相同的内容"滚出去",相同的标点符号"!",从文字中能感受到巨人的无礼和态度的强硬。我引导学生带着这样的感受读一读,加深了学生对巨人自私的认识。

其次,我引导学生关注提示语,感受到巨人脾气越来越大。由很生气、又发脾气到大声斥责、责备甚至是怒骂,加深了学生对巨人冷酷的认识。

最后,我引导学生展开想象:巨人发脾气时,他的表情、动作会是什么样呢? 带着这样的疑问再读一读。

通过对巨人三次语言的反复品读与体验,一个冷酷、自私的巨人形象已经深入刻画到学生们的脑海里,为接下来对比巨人的改变做铺垫。

3.改变巨人——丰富想象,走进内心

在孩子的感化下,巨人的内心和行为发生了巨大的变化。在"改变巨人"这一环节中,我以文中的小男孩为切入点,通过追问,抓住文中的空白点,丰富学生的想象,感受巨人内心的变化。

课堂上,我以"那是什么改变了巨人?"这一问题展开,学生通过看插图对巨人的变化产生了疑问,进一步找到了让巨人发生变化的关键人物——小男孩。

我顺势请学生找出描写小男孩做法的句子。

(1)小男孩没有拔腿逃跑,却用他那会说话的眼睛凝视着巨人。

追问:他那会说话的眼睛让巨人感到了什么?

(2)这个小男孩在树下一伸手,桃树马上绽出绿芽,开出许多美丽的花朵。

追问:这神奇的举动,让巨人知道了什么?

（3）小男孩在巨人宽大的脸颊上亲了一下。

追问：巨人又感受到了什么？

通过这一连串的追问，丰富了学生的想象，在小男孩的做法中能感受到巨人的内心已经不再那么冷酷、自私，他被小男孩的爱融化了。在这一环节的教学中，拓展了学生的思维，通过联系"巨人的斥责"与"小男孩的凝视"，学生感受到凝视的力量之大，小男孩感化了巨人冰冷、冷酷的内心。

4. 重识巨人——交流感受，感悟真情

在"重识巨人"这一环节中，我结合童话的内容，设计了一个小练笔，即"此时，巨人明白了什么？他又会怎么说、怎么做呢？"小练笔的环节，为学生搭设语言表达的阶梯，在这个过程中，学生通过写小练笔（图3、图4）与文本对话，重新认识巨人，分享自己阅读课文的感受，感悟童话蕴含的道理——分享是快乐的。

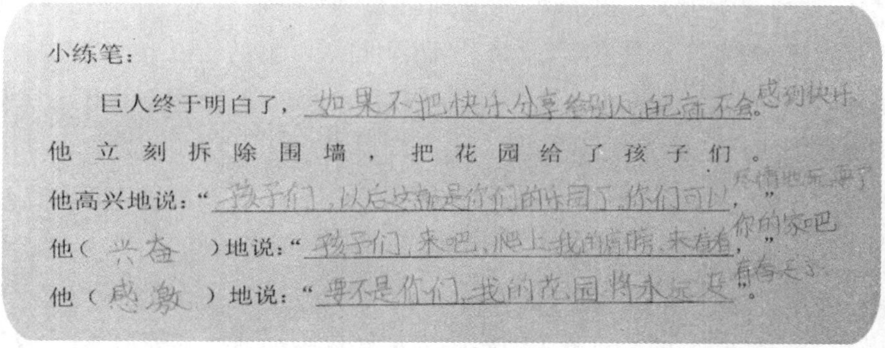

小练笔：

巨人终于明白了，如果不把快乐分享给人，配就不会感到快乐

他立刻拆除围墙，把花园给了孩子们。

他高兴地说："孩子们，以后这花园是你们的乐园了，你们可以尽情地玩耍了，你的家吧。

他（兴奋）地说："孩子们，来吧，爬上我的肩膀，来春姑娘身边玩去了。

他（感激）地说："要不是你们，我的花园将永远是……

图 3

小练笔：

巨人终于明白了，没有孩子的地方将永远没有春天

他立刻拆除围墙，把花园给了孩子们。

他高兴地说："谢谢你们，要不是你们们提醒，花园就永远被雪覆盖了。

他（后悔）地说："我要不是太冷酷就不会这样。

他（坚定）地说："我要改变自己。

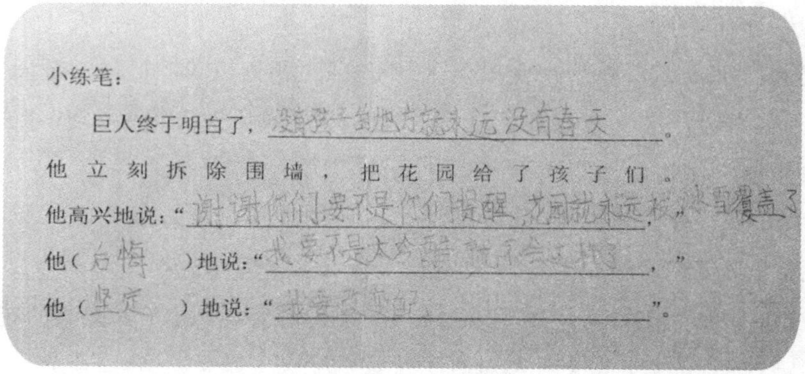

图 4

不仅写小练笔,我还引导学生读一读自己写的小练笔,同时鼓励他们扮演巨人拆墙,让学生有一种真实的体验。

学生写道:"巨人明白了,没有孩子的地方就没有春天。"此时,学生体会到:孩子们充满欢声笑语,有孩子欢笑的地方就是温暖的、幸福的。如果巨人不把花园分享给别人,自己就不会感到快乐,更不会体验到幸福。

在学生扮演巨人怎么说、怎么做的过程中,学生不仅帮巨人拆除了围墙,还帮他拆除了自私、冷酷的"心墙"。他们仿佛感受到,此时,美丽的花园又回来了!我顺势引导学生联系自己,"学到这,你们明白了什么?"有的学生明白了做人不能自私、冷酷,要友好地对待小伙伴;有的学生明白了有好东西要和大家一起分享。

通过这一环节的设计,学生不仅对人物形象有了更深刻的认识,在人物的表现、花园的变化中,还感悟到了本篇童话所蕴含的道理,在自读自悟中,提升了学生对童话主旨的认识,同时,能与自己的生活相对接,这也是学以致用的体现。

(三)走进童话的世界,分享阅读的感受

在"走进童话的世界"这一环节的教学中,老师与学生分享原文中的话:"巨人说:'我有许多美丽的鲜花,但孩子们才是最美的鲜花。'"接着,我顺势说:"在老师心中,你们就是最美的花朵。你们知道吗?王尔德在讲这篇童话时,他都落泪了,你们想知道这是为什么吗?文中还写了些什么呢?"通过一连串的问题,引发学生对作家王尔德的初步了解,激发学生阅读他的作品的兴趣,与小伙伴分享阅读感受。

四、课后视角

(一)读中有画面,人物更鲜活

在本节课教学过程中,我多次引导学生边读边想象画面。例如,在"初识巨人"这一环节中,我引导学生通过想象画面,体验巨人拆墙的言行;在"改变巨人"这一环节中,我通过一系列的追问,丰富想象,走进巨人的内心;在"重识巨人"这一环节中,我引导学生扮演巨人拆墙,表演巨人说什么、做什么。在多次体验、品读童话的语言中,逐步加深学生对巨人的认识,使巨人的形象更加鲜活。

(二)板书有变化,体验更真实

学生借助变化的板书(图5),通过扮演巨人,表演砌墙、拆墙的情景,在这个过程中,体验巨人的内心变化,体会到巨人的冷酷带给孩子恐惧,用逃跑的方式远离巨人,从而花园变得寒冷如冬。而当巨人拆除围墙,请孩子们到花园里玩耍,此时,花园变得春意盎然、鸟语花香。这样一来,加深了学生对人物形象的理解。通过为学生创设真实的情景,将学生带入文本中,学生在表演的过程中具有同理心,对人物有了更深刻的认识。

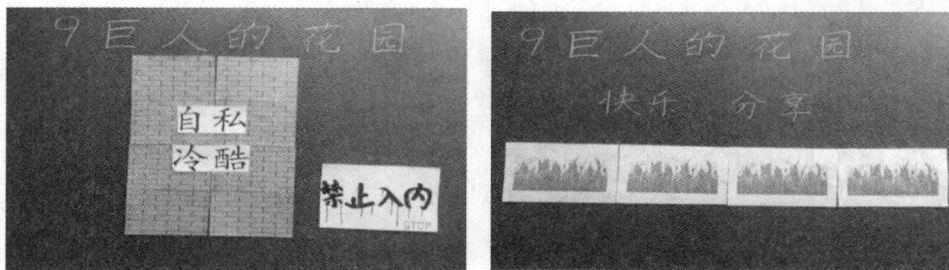

图 5

（三）练笔促表达,蕴意更深刻

小练笔让学生与文本中的巨人对话,结合文本中的语句、巨人的表现、自己的体验以及已有的知识积累,从而改变了学生对巨人的印象,重新认识巨人。在写小练笔和交流的过程中,学生体会到本篇童话所蕴含的"快乐应该和大家一起分享"的道理。学生通过本节课对文本的分析,体会到不同的情感与态度,作者运用的语言表达是不同的。在深入理解人物形象的过程中,学生将所积累的语言、对课文的理解,通过小练笔的形式加以运用,提升了学生的写作能力。

以上是我对《巨人的花园》一课教学的思考与实践。叶圣陶先生说过:"教材无非是个例子。"我想通过对本节童话教学的探究与思考,带动一类阅读教学——童话的研究,将一些适合童话阅读教学的活动、方法加以运用,从而形成一类体裁教学方法。当然,仅以一节教学带动整个童话教学的应用比较片面,还需要不断思考、探究,让童话教学更加充满童真、童趣!

王　婷

二级教师,现任北京市西城区师范学校附属小学语文教师,班主任,西城区骨干教师。曾获北京市论文评比一等奖、西城区课件比赛一等奖等。

一、教材视角

在知识剧增的信息时代,信息无限、时间有限,要求我们要有更快的阅读速度、更高的阅读效率,才能用同等的时间最大限度地获取知识。快速阅读又叫"全脑阅读",是提高阅读效率的有效方法之一。它在阅读方式上改变了传统阅读时以字为单位的逐个阅读方式,而将文字以组或行或块为单位进行的整体阅读,是一种迅速接收信息的阅读法。快速阅读的方法包括浏览法、跳读法、寻读法、扫读法、猜读法等。"快速阅读"可不是"快速地读","快速"二字不仅是指速度,更重要的是指阅读的效率,是充分获取书籍里的关键内容和有效信息的阅读。

《义务教育语文课程标准(2011 年版)》更是明确规定:小学生第三学段现代文阅读速度不少于 300 字/分,课外阅读总量不少于 150 万字;初中生现代文阅读速度不少于 500 字/分,课外阅读总量不少于 260 万字。从 300 字到 500 字可以看出,从小学到初中,对学生的阅读速度和阅读量都有明确要求。

初中一年级正在使用的部编版新教材中,已经明确提出了快速阅读的要求(图 1)。正在审定的部编版五年级语文教材的样本中,也出现了有关阅读速度和提取信息能力的训练内容(图 2)。而我们现在五年级的学生使用的是人教版教材,这些学生升入初一之后,就会遇到教材版本转换带来的一些在快速阅读方法和能力上的断层问题。所以对学生进行快速阅读的训练与指导,提高阅读效率,至关重要。

图 1

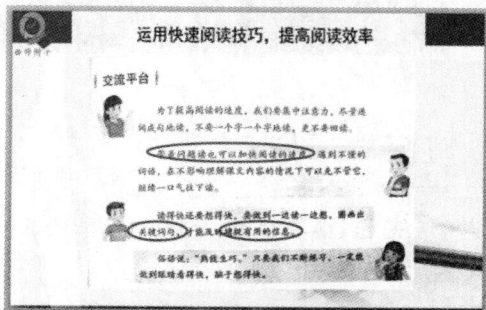

图 2

二、学生视角

为了更准确地了解学生的阅读水平,我们以《神秘的植物自燃》一文,对学生进行了测评。经过统计,学生平均阅读速度为 258 字/分,一遍阅读后提取信息的准确率只有28%,明显低于课标要求。可见,孩子们平时无目的、无方法的阅读,效率是很低的。

为了真正帮助学生提高阅读效率,我学习了大量与快速阅读相关的知识,了解了一些阅读技巧和训练方法,并开始尝试对学生进行快速、高效阅读的训练。眼球跳跃的训练,为的是帮助学生阅读一行文字时减少聚焦的次数,尽量连词成句(图3);增大视幅的训练,让学生从 2 个字到 3 个字,再到 4 个字,甚至更多,帮助他们一次看到更多的内容,避免一字一读(图4)。同时,我们还进行了一些辅助练习。例如:在阅读文本时,训练学生用手指或笔辅助阅读,引导视线,整行、垂直或"之"字形阅读。具体做法如下:用食指作为视线引导工具,在一行文字间平行滑动,眼睛会跟着手指的速度一行一行地阅读。也可以将整个手掌平放在书本上,然后将拇指和食指收起来,用中指作为主要的视线引导工具垂直下移,看到一行中更多的内容。而且当手指触摸到书页时,学生往往会产生一种亲近书本的感觉,对进度的感知会更直接。此外,有的学生喜欢在阅读时握着一支笔,用笔尖代替手指来引导视线,在遇到关键词句时还可以及时圈画,从而提高阅读速度。

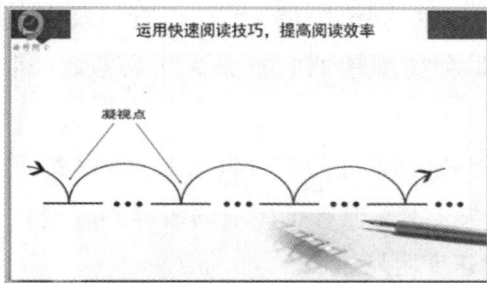

图3

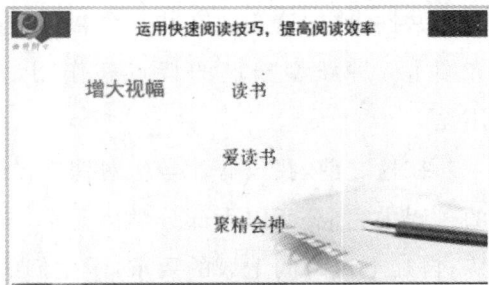

图4

但是,阅读速度的提高并不是我们追求的唯一目的,我们更关注学生阅读效率的提高。在高效阅读的训练中,我了解到,说明文比较适合做提取信息的训练,所以,上学期我从说明文单元入手,以《新型玻璃》一课为例,对学生进行高效阅读方法的指导。

三、课堂视角

《新型玻璃》是一篇描述性说明文,层次分明,语言简洁,通过介绍 5 种新型玻璃的特点和用途,让学生了解迅速发展的科学技术成就及其在现代工业化建设中的作用。

本课教学,我制订了如下教学目标:

(1)运用快速阅读的方法,提取关键信息,理解课文内容,知道 5 种新型玻璃的特点和作用;

(2)领悟作者的表达方法并学习运用;

(3)激发学生学科学、爱科学的积极性。

其中,目标(1)和目标(2)作为本课教学的重点、难点。

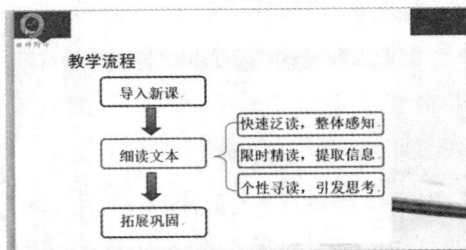

图 5

教学流程如图 5 所示,重点在于第二部分,即细读文本。

(一)快速泛读,整体感知

从认知规律来看,阅读是从整体到局部、从宏观到微观的过程,所以我首先让学生泛读,对文章进行整体感知,并记录阅读时间。其次,我启发学生从整体上发现行文的共性,比如这篇课文共 6 个自然段,紧紧扣住一个"新"字,前 5 个自然段依次介绍了 5 种新型玻璃的特点和作用,介绍每种新型玻璃时都是先讲特点,再讲用途。

在这之前,我没有让学生对课文做过预习,字词部分的学习将在单元整体推进的过程中完成,所以大部分学生是第一次接触文本。但有了之前的眼球和视幅训练,再加上对时间记录的要求,学生们的阅读速度明显加快。

(二)限时精读,提取信息

泛读只让学生对文章有了初步感知,所以我又根据本课教学目标的要求,采用限时阅读的方法,让学生精读课文,提取关键信息。在初中部编版教材中,对于快速阅读中精读的解读是这样的:精读是细读,精读是精思,精读是鉴赏。我们参考正在审定中的五年级部编版教材,和对《新型玻璃》一课教学目标的落实,将精读环节的任务定为:在3分钟的时间里,第一,了解每种新型玻璃的名称、特点、用途;第二,关注作者的表达方法,体会其作用。大家一定感到很困惑,精读文章为什么还要限时? 研究表明,限时阅读是训练快速阅读常用的形式。在限时阅读中,学生会自主调节注意力,达到高度集中的状态。根据课标对学生阅读速度的要求和这节课精读的任务,我给学生限时3分钟。

　　3分钟限时阅读结束后,我让学生合上书,在纸上用自己喜欢的形式呈现获得的信息。这不仅仅是一个阅读回忆过程,更是一个对知识再认识的思考过程。所以很多学生用思维导图呈现,也有的学生运用了表格、图文结合等形式(图6～图8)。

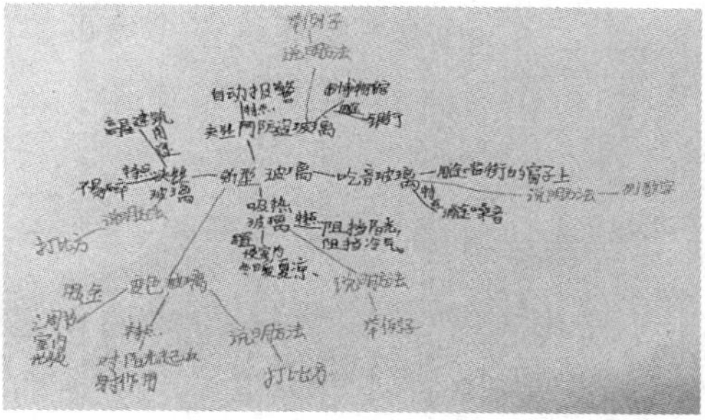

图6

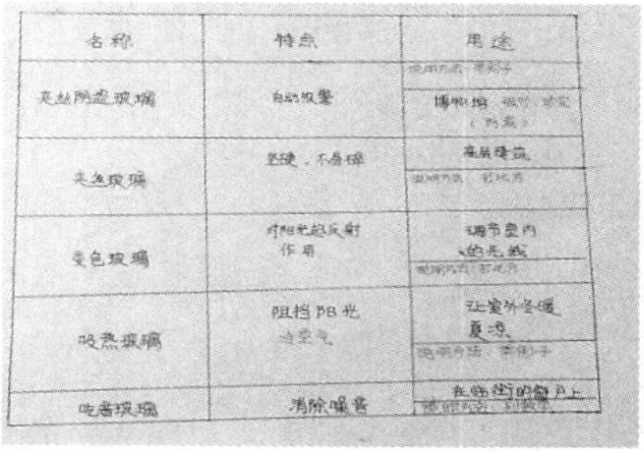

图7

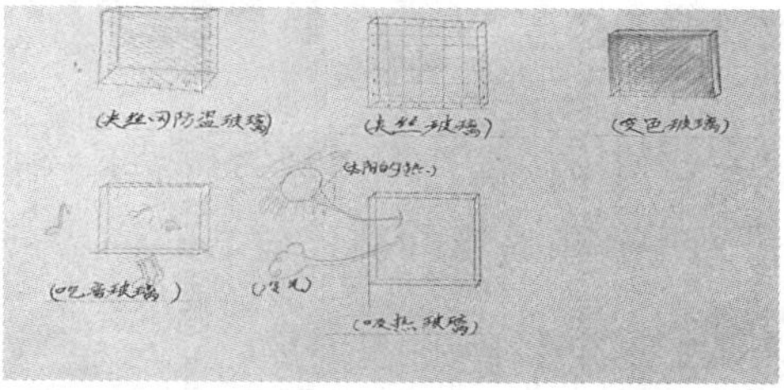

图8

　　从反馈来看,当学生带着任务有目的地阅读时,阅读效率明显提高。但从学生呈现的信息中我发现,有的学生没有将新型玻璃的特点和用途完全区分,还有的学生忽略了说明方法。面对问题,我让他们同伴互助,小组合作,在交流中对信息进行修正和补充。另外,对于小组内的一些争议,如"藕断丝连"是否用了说明方法这样的问题,全班交流,再次完善。学生用不同颜色的笔将自己遗漏的信息进行了补充。在相互交流中,他们还总结出一些快速阅读文本、提取有效信息的办法,我归纳成:抓住关键词、找准中心句、带着问题读。

整个精读过程是学生对文本信息在记忆和理解的基础上，进行梳理和归纳的过程，这个过程不仅仅是一个简单的输出，它更提高了理解、记忆的效率，促进了思维的发展。

（三）个性寻读，引发思考

阅读是个性化的行为，我们希望学生在阅读中不仅仅是获得信息，更应该联系实际生活，引发思考。而"寻读"是一种为了得到自己所需要的信息，在文本资料中搜寻、查找的快速阅读方法，它是一种指向性更明确的阅读方法。因为每个学生的关注点不同，学习需求不同，我让学生再次回到文本，寻读感兴趣的内容，看看这些内容还有什么新的发现，还能引发什么思考。学生读后，思考的角度是多元的。

有的学生关注了课文中的语言表达特点，对语言进行了积累和运用。他们发现：

1.段与段之间衔接过渡，且富于变化

比如第2自然段用"另一种'夹丝玻璃'不是用来防盗的"这句话来转折，起到承上启下的作用；第3自然段的开头既连接了上文，又直接进入下一种玻璃的介绍，清楚明白；第4自然段的首句过渡非常自然，令人感到亲切；第5自然段的首句则以比喻开头。

2.体会到课文用词准确，表达生动形象

课文对每种玻璃的特点和用途都介绍得极为生动具体，如开篇先从夜深人静、警铃骤响讲起，引人入胜地讲述了夹丝网防盗玻璃的特点——可以自动报警，为下文介绍这种玻璃的作用埋下了伏笔。

再如，介绍夹丝玻璃坚硬的特性时，说夹丝玻璃即使破碎，碎片仍粘在一起，课文用"藕断丝连"加以形容，使人易于理解。

3.运用修辞手法，表达更丰富

作者还把变色玻璃比作"自动窗帘"，把噪音比作来无影去无踪的"隐身人"。在介绍吃音玻璃时，作者又运用拟人化的手法，把它说成是"消除噪音的能手"，有的学生读后，对新型玻璃的用途产生浓厚兴趣，他们通过课外阅读，了解到新型玻璃不止课本中的5种，还有一些新型玻璃也被发明出来。还有些学生思考如何创造出用途更为广泛的新型玻璃，他们通过自己的想象，想发明一种冬暖夏凉的空调玻璃，还想对吃音玻璃进行改进。

从学生的发言中可以看出,在个性化的寻读过程中,学生不仅对文章内容进行了再次回顾,而且将头脑中已有的信息和本节课上的所得进行了整合,与此同时,激发了学生学科学、爱科学的热情,还衍生出了自己的创造。

（四）拓展阅读,巩固所得

至此,本课的教学重难点得以突破,但学生的阅读活动还未结束,在课上,我引导学生拓展阅读,巩固所得。我给学生提供了三篇说明性文章,让他们任选一篇自主阅读,填写阅读学习单(图9～图11)。

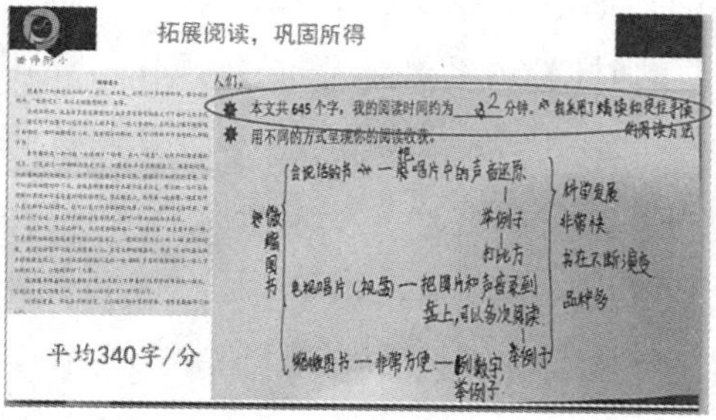

图 9

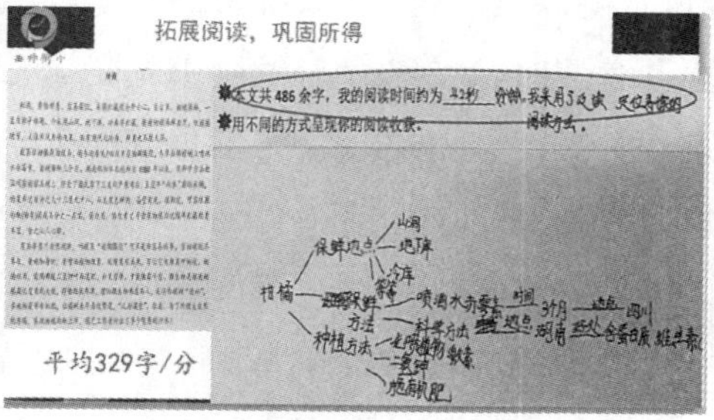

图 10

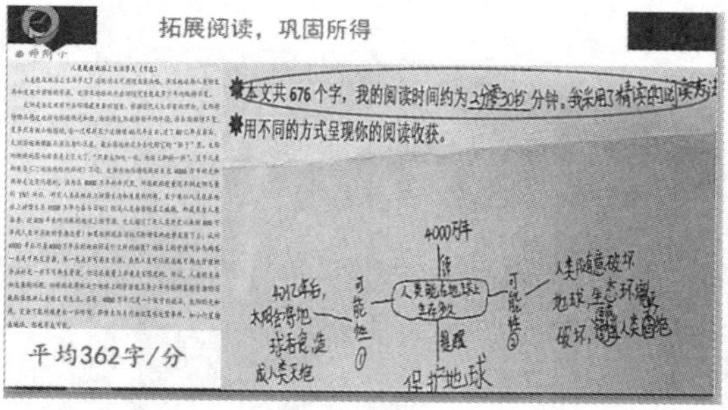

图 11

阅读后,我建议学生结合快速阅读技巧,结合文章说说哪些部分可以略读,哪些部分详读,为什么,逐步培养学生良好的阅读品质。

从学生呈现的结果来看:第一,学生的阅读速度明显提高;第二,学生能自主选择泛读、精读和寻读的阅读方法阅读文章;第三,用多种形式记录自己读后的收获。

四、课后视角

快速阅读需要长时间反复练习才能见到效果,所以,在平时的教学中,我有意识地将略读课文作为练习高效阅读的途径,指导学生采用快速阅读的技巧和方法学习课文,帮助学生借助快速阅读的方法,提高阅读效率。

这学期,我们继续进行快速阅读的训练,并尝试将快速阅读方法迁移到经典名著阅读中。本学期我们年级开展《三国演义》阅读活动,大多数学生阅读的是原版小说,这对他们来说是个挑战。阅读时,学生能自主采用快速阅读的一些技巧和方法,帮助他们提高阅读效率。如用浏览的方式大致了解书的封面信息、章回目录、序言和后记等。弄清结构,整体感知,为进一步的精读奠定基础。精读的主旨贵在精,它要求读者全面、系统、细致地了解所读的内容。所以学生在细读、精思、鉴赏重点章节时,边读边思,做读书笔记,记录阅读的时间、内容和心得体会,同时,还用人物关系图、手抄报、专题汇报、三国知识竞答等形式,展示阅读收获,激发阅读兴趣(图12、图13)。而在学习《草船借箭》一课时,同学们对这一故事十分感兴趣,他们去《三国演义》中寻读原文,找到原著第四十六回与课文对比阅读,对事件和人物有了更深刻的理解。在每周一节的阅读课上,老师会对阅读方法进行指导,并让学生们互相交流阅读过程中一些好的做法,帮助学生逐步提高阅读效率,以求更好地与初中语文学习进行衔接。

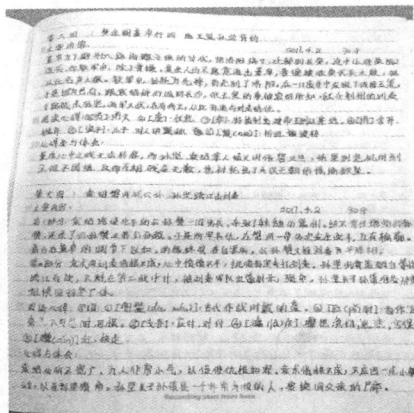

图 12

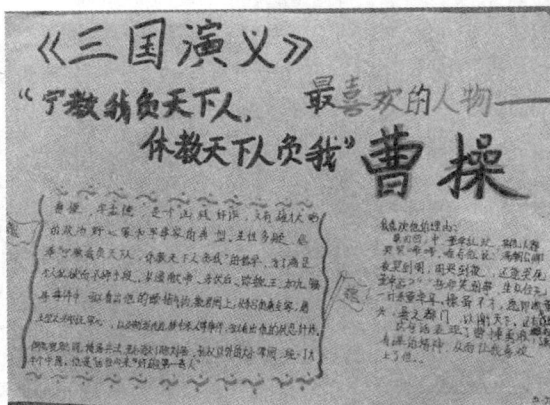

图 13

从我对快速阅读的学习,到尝试训练学生,再到课堂上的实践,我发现:①学生阅读速度的提高,不是一蹴而就的,必须经过指导,并经过长时间训练才能达到;②快速阅读可以帮助学生提高阅读效率,但不能一味强调速度,这样无法全面提高阅读能力;③现在正处于教材版本转换的时期,作为一线教师,我们必须关注教材的变化,关注学生的需求,不断提升自己的研究能力,帮助学生全面发展。

每次新的尝试,总会伴随着喜悦和苦涩,但是为了学生的发展,我将不忘初心,在教学研究的道路上留下思考和探索的脚印。

参考文献

[1] 黄玉强.超强大脑训练:超级记忆、思维导图与快速阅读[M].北京:中国纺织出版社,2017.

[2] 刘志华.快速阅读训练法[M].北京:中国纺织出版社,2015.

[3] [德]克里斯蒂安·格吕宁.超级快速阅读[M].郝湉,译.北京:中信出版集团,2015.

[4] [英]东尼·博赞.快速阅读[M].卜煜婷,译.北京:化学工业出版社,2015.

[5] [日]印南敦史.快速阅读术[M].王宇新,译.北京:中信出版集团,2017.

探究知音内涵 传承中华文化
——《伯牙绝弦》整体思考与教学实施

王 琳

二级语文教师，现任北京市西城区师范学校附属小学团委组织部委员。曾获得北京市论文评比一等奖、"西城杯"说课一等奖。

《习近平总书记系列重要讲话读本》中强调:"一个国家、一个民族的强盛,总是以文化兴盛为支撑的。没有文明的继承和发展,没有文化的弘扬和繁荣,就没有中国梦的实现。中华民族创造了源远流长的中华文化,也一定能够创造出中华文化新的辉煌。要坚持走中国特色社会主义文化发展道路,弘扬社会主义先进文化,推动社会主义文化大发展大繁荣,不断丰富人民精神世界,增强人民精神力量,努力建设社会主义文化强国。"而教育作为传承传统文化的主阵地,更是要着重分析、挖掘教材中的传统文化元素,继承和发扬传统文化,为社会的进步、民族的强大做出贡献。语文这门学科可以说是传承中华优秀文化的主渠道。六年级《伯牙绝弦》这篇课文就蕴含了中华优秀传统文化,围绕着我校"简单的事情做深刻"的教育理念,我深入挖掘了这篇课文的内涵,并根据研究实施了教学。下面是我的整体思考和教学实施过程。

一、教材视角

文言文是中华民族传统文化的瑰宝。小学教材中文言文虽然数量不多,却担负着为小学生引荐文言文,为初中继续学习文言文打基础的任务。虽然在《义务教育语文课程标准(2011年版)》中未提到小学阶段学习文言文的要求,但是从客观需求来看,依旧需要关注文言文的学习,为学生积累丰厚的传统文化知识打基础。所以,在小学教学文言文,应该注重培养学生对文言文的兴趣;初步了解文言文结构严谨、音韵和谐、微言大义的特点,体会其中所蕴含的深厚文化内涵,从而传承中华传统文化。这也是我设计这节课的理论根本。

《伯牙绝弦》是学生在小学阶段学习的第2篇文言文。此文共5句话,77个字,故事发展一波三折,结构严谨,语言精辟,蕴含着丰富的传统文化内涵,适于学生在反复诵读中体会其精妙。

(一)知音文化

在中华传统文化中,有很多关于友谊的典故,如管仲与鲍叔牙的"管鲍之交"、郑少谷与王子衡的"生死之交"、左伯桃与羊角哀的"舍命之交"。而伯牙和子期更得知音之精髓,是中国古人最推崇的"君子之交"。

（二）古琴文化

古琴被称为琴棋书画"四艺"之首，孤傲清雅，意境深远，被众多硕儒隐士钟爱，古有"士，无故不彻琴瑟"之说。《高山流水》更是流传至今的音乐典范。

（三）文道统一

从整个文章的布局来看，起承转合，一波三折，抑扬顿挫，充满张力。情绪由平静逐渐走向激动再回归平静，由初识知音的极喜，到痛失知音的极悲，音韵和谐，适于诵读。

二、学生视角

在平时，我注重对学生进行传统文化的渗透，带领他们积累了大量的诗文，也曾和学生共同创作格律诗，进行过"飞花令"的游戏，在传统文化的滋养中，学生们感受到了传统文化的魅力。由于有了前期的培养，因此在进行的学情调查中，我发现学生提出的主要问题集中在：为什么子期死，伯牙认为世上再无知音，以及伯牙为什么要破琴绝弦。可以看出，学生对文本本身的理解并没有特别大的困惑，重点在于不理解伯牙内心的想法和行为。通过分析，我认为学生仅仅知道了"知音"的意思，还未理解"知音"的内涵。只有了解了知音的内涵，才能真正理解伯牙的行为和心理。因此，我将本节课的教学目标定为：①有感情地朗读课文，感受文言文的音韵美；②深入理解知音的内涵，感受传统文化的魅力。教学重、难点是深入理解知音的内涵。

三、课堂视角

（一）了解知音故事

在第一课时，我和学生一起借助注释，了解课文内容，体会文言文"行文简练"的特点。上课伊始，我和学生们一起回顾了课文内容。接着我就请学生交流资料。通过资料，学生了解到，伯牙琴艺高超，是当世"琴仙"；钟子期虽然是一介樵夫，但擅长欣赏音乐。"伯牙善鼓琴，钟子期善听"，两个"善"字，是两个人成为知音的基础。

课文中，"善哉，峨峨兮若泰山""善哉，洋洋兮若江河"两句意境深远。我引导学生思考这两个"善"字与前面两个"善"字的不同,指出一字多义的文言现象,从而理解子期对伯牙琴声由衷的欣赏和赞美。此时,我播放了《高山流水》古琴曲。"同学们,听着这样悠扬的音乐,你想象一下泰山和江河是怎样的?"在形容泰山时,学生说道,"泰山是高大雄伟的""泰山是高耸入云的";在描绘江河时,学生说道,"江河是波涛汹涌的""江河是奔流不息的"。

这时我对学生说:"在我们的传统文化中,泰山是至高至伟的象征,孟子有云'孔子登东山而小鲁,登泰山而小天下'。江河专指长江、黄河。因此这里的泰山、江河代表着山水的极致。"

通过想象画面和教师的资料补充,学生不仅仅读出了子期对伯牙琴声的由衷赞美,更读出了阔大的气象和高远的意境。此时,学生理解到,知音不仅仅是两个人有相同的兴趣,更要相互欣赏。

（二）理解知音内涵

到此,学生了解了知音之意,但并未理解知音的内涵。因此,我借助字理识字的方法,帮助学生了解伯牙的志向。教学中我出示了金文的"𡶇"字。学生发现,志字上面是一个"脚",下面是一个"心"。解释起来就是,向自己心的方向走,表达自己的心意。我再告诉学生:弹奏古琴是高德之士用来抒发自己高尚品德境界、伟大理想追求的方式,所以古琴文化素有"筝乃悦人,琴乃悦己"之说。我再提问学生:"你们认为,伯牙有怎样的志向呢?"

学生通过交流资料,了解了伯牙所处时代为春秋战国时期,人民饱受战乱之苦。再联系伯牙所弹奏的《高山流水》,有的学生说伯牙希望有高尚的品德修养;有的学生说伯牙希望天下太平;有的学生说伯牙希望百姓安居乐业。我总结到:伯牙有胸怀百姓之心,兼济天下之志。在这样一个礼崩乐坏的时期,能理解他的,只有子期,这就是"伯牙所念,钟子期必得之"。在这里适时进行朗读指导和训练,学生从单纯的强调"必"演变成了强调"必得之"。从学生朗读重音的变化,可以看出他们已经理解了伯牙和子期之间心意相通。此时我提问:"这样互相欣赏、心意相通的两个人相遇,会是怎样的场景呢? 他们之间都会谈论什么呢?"由于有了前面的铺垫,学生的回答是:他们相遇会是相见甚欢的,他们可能谈到了各自的身世经历、琴声琴技,也可能谈到了心志理想。

通过学生的回答可以看出,学生对于知音的含义已经有了较为深刻的理解:知音不仅仅是有相同的兴趣,互相欣赏,更是有共同的理想、追求和志向。他们是音乐上的知己,心灵上的知音。此时,我又进行了示范朗读,把学生带入情境当中。课至此,我们师生都沉醉于这种精神上的共鸣,灵魂上的相融。这正是"相识满天下,知音能几人"。此时学生的朗读,可以说是寓之于心,发之于声,声情并茂。

正当我们沉浸在伯牙子期知音互赏的欣喜时,一句"子期死"使文章情绪急转直下。从常理来说,文本此处,有大量留白。因此我启发学生想象:"正当伯牙为马上就要重逢知音而欣喜时,却得到子期的死讯。面对子期冰冷的坟墓,伯牙会是什么样的心情?"有的学生说:"我觉得伯牙当时特别伤心,因为再也没有人能听懂他的琴声了。"有的学生说:"我觉得伯牙特别绝望,因为再也没有人能够了解他的志向了。"此时,我再朗读诗句,创设情境,学生情不自禁地低声跟随。

"忆昔去年春,江边曾会君。今日重来访,不见知音人。但见一抔土,惨然伤我心!伤心伤心复伤心,不忍泪珠纷。来欢去何苦,江畔起愁云。子期子期兮,你我千金义,历尽天涯无足语,此曲终兮不复弹,三尺瑶琴为君死。"

这正是"一曲肝肠断,天涯无处觅知音"。在这样的心境之下,伯牙破琴绝弦,终身不复鼓。他断绝的,不仅仅是琴弦,更是他的音乐道路和精神世界的寄托。

此时,学生再次齐声朗读课文。通过学生抑扬顿挫的诵读,我感受到学生已经完全进入了课文的情境,感受着伯牙和子期相知的幸福和伯牙失去知音的悲痛。

(三)感受知音文化

此时学生不仅仅了解了知音之意,更理解了知音的内涵,教学难点得以突破。但我并没有就此止步。知音是中华文化中特有的文化现象。我和学生分享了有关知音的诗句,也分享了更多的知音故事,还向学生推荐了不同古籍对伯牙子期知音故事的记载。课后我又布置了作业,让学生用自己喜欢的方式把自己对伯牙子期故事的感受表达出来。

四、课后视角

(一)课后拓展,深入理解

在学习完这节课之后,学生了解了很多中华传统文化,包括古琴文化、知音文化等,这也进一步激发了学生的阅读兴趣。有的学生主动阅读了《三言二拍》,有的学生积累了相关的诗句,还写了与知音相关的诗。例如韩岱呈的:"高山流水弦凝绝,汉水之滨念子期。但请对酌一斗酒,相交君子莫戚戚。"再比如吴雨琦的:"微雨残阳半日闲,云薄梅俏水天间。抚琴一曲山河在,黄叶潇潇坠无缘。深林淡月还相伴,江岸寂寥杜康前。过往迎来曾当酒,知音对饮怎生眠。"从学生的行为和创作的诗句中可以看出,学生对于知音文化有了深入的了解,真正将知音文化内化于心,外显于行,能够对更多的中华优秀传统文化进行学习和探究,真正意义上做到了传承中华优秀传统文化。

(二)明确方向,解决问题

这节课整体效果很好,课上学生十分积极,课下反馈效果好。学生对传统文化有了更浓厚的兴趣。之所以能够达成这样的效果,有很多原因,诸如我本身在大学期间就接触了大量的中华优秀传统文化,对传统文化有了一定的认识;学生在一年多的学习中受到中华优秀传统文化的熏陶。但最重要的原因在于,我关注了学生在理解上的难点。

这个过程看似简单,但是真正抓住却并不容易。学生的问题在于对伯牙行为的不理解,所以从一开始我就在考虑如何解决学生的这个问题。我认为,学生不能理解当时伯牙的内心情感。所以,我想到了通过各种方式帮助学生体会伯牙当时内心的悲痛。但是我发现,不论如何渲染其中的悲痛情绪,学生依旧会觉得奇怪。为什么他会如此悲痛?难道就不能再找个知音?当时中国有那么多人,又何愁没有知音!学生单纯地把知音理解为好朋友,而忽略了知音在中国古代人心中的崇高地位,更不能理解"士为知己者死"的情怀。也就是说,学生并没有真正理解知音的内涵,这才是造成学生不能理解伯牙行为的真实原因。这局限于学生的年龄特点,更局限于他们对于传统文化的理解。由此我发现,只是单纯地去体会伯牙的悲痛是不够的,而应该深刻理解伯牙为什么不再去寻觅知音,这个"知音"究竟意味着什么。

调整好方向之后,就出现了整节课的备课难点:如何让学生理解"知音"的内涵?学生通过查字典等方式,只是了解了"知音"的表层含义,心中有了这样一个印象。而为了达成对"知音"内涵的解读,我尝试了各种方式。心意相通、志向相同,如此才能称之为知音。而很多教案中都对其中的"志"字进行了重点解读:它的意思正是"心里想着"。所以,我决定用字理识字的方式认识"志",从而引申到伯牙之"志"、子期识"志"。二者心意相通的意境就出现在学生面前。而面对子期的死,我发挥个人特长,创设情境,使学生产生画面感,进入伯牙内心,理解当时伯牙的行为。最后由二人的知音故事体现传统文化中的知音文化。学生接受的,不仅仅是知识,更是文化的熏陶,真正做到了"知识对接心灵"。

本节课由表及里、由浅入深的研究过程,契合我校"简单的事情做深刻"的教育理念。要想把事情做深刻,就要了解学生,了解他们究竟懂什么、不懂什么;要想把事情做深刻,还需要讲求方式、方法,在广泛了解大量前人的教学经验的基础上,从中发现最适合自己的,对达成目标最有效的教学方式。把"简单的事情做深刻",这个过程确实十分困难,但是攻克难关的过程却是相当有趣,我会继续坚持把简单的事情做深刻,在教学中、在传承中华优秀文化中,体会探究之乐趣。

孙 歆

二级教师,现任北京市西城区师范学校附属小学数学教师,担任数学党支部支委一职。曾承担过北京市国培课、区级教研组说课展示的任务。获得北京市西城区"西城杯"说课比赛二等奖,校级"我心中的好老师"称号。

一年级"认识图形"这节课主要是让学生在操作活动中充分感受立体图形,认识一些常见的立体图形,知道立体图形的特征。虽然是初步认识,但由于生活中有许多物品的形状就是这些立体图形,因此学生并不陌生。这节课看似简单,实际并非如此。恰逢本学期学校的工作主题是"简单的事情做深刻",依据学校的工作主题我开展了对这节课的研究。

一、教材视角

《义务教育数学课程标准(2011年版)》对于第一学段的要求是"能对简单几何体和图形进行分类",以及"能通过实物和模型辨认长方体、正方体、圆柱和球等几何体"。由此可见,课标强调引导学生从体验中感知图形特征,认识常见的立体图形。

就人教版一年级至六年级数学全册教材内容(表1)而言,"认识图形"这节课是几何图形学习的起始课。本节课后,学生还会继续认识平面图形及立体图形。本节课学生经历的学习过程和积累的活动经验,都是后续学习的基础。因此,这节课在整个几何知识学习中具有极其重要的作用。

表 1

年级	类别	教学内容
一上	立体图形	认识图形(一)
一下	平面图形	认识图形(二)
二上	平面图形	角的初步认识
二上	立体图形	观察物体(一)
三上	平面图形	长方形和正方形
四上	平面图形	角的度量
四上	平面图形	平行四边形和梯形
四下	平面图形	三角形
五下	立体图形	长方体和正方体
六上	平面图形	圆
六下	立体图形	圆柱与圆锥

对比多个版本的一年级教材(图1),我发现,它们都涉及认识图形的内容,同时都是通过实物图抽象出立体图形,感知立体图形的特征。

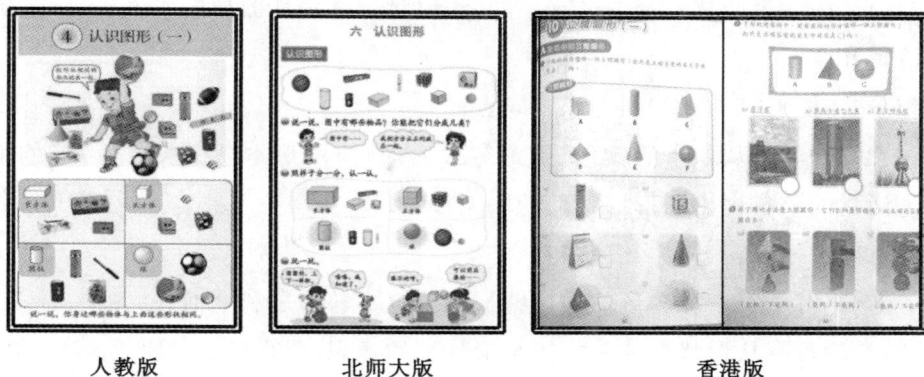

人教版   北师大版   香港版

图1

进一步观察人教版教材,可以清楚地看出教材通过设计列表的方式,让学生把不同的物品进行分类,比较特征,引导学生从形状的视角初步认识图形。在学习中要抛开这些实物的其他属性(如材料、大小、用途等),只考虑形状这唯一属性,经历逐步数学化最终抽象出一般模型的过程,初步感知各种立体图形的一般形状特征,整个过程是含有数学思维活动的学习过程。

二、学生视角

本节课是学生在小学数学学习中,第一次接触图形与几何的相关知识。在学前教育时期,学生曾通过搭积木的游戏感受过一些立体图形,对其有了一定的了解。

为了解学生对图形知识的认识程度,课前我对学生进行了前测。前测以学生动手操作及教师对学生访谈的形式进行,学生完成以下内容。

(一)动手操作:用准备的积木搭一搭

包括2个正方体、2个长方体、1个球、1个圆柱。

对于球的使用,学生出现了以下两种情况:

(1)不使用球;

(2)使用球:其他立体图形摆放在下面,球放在最上面。

(二)访谈提问

(1)为什么不用球(或为什么把球放在最上面)?

100％的学生能够用球的特征说明原因。

(2)为什么其他的图形都用上(或放在下面)?

78.4％的学生能够解释图形有平的面,但对于每一种图形的本质特征,了解得不够清楚和全面。

(3)这些图形有什么相同点和不同点?

70.3％的学生从积木的颜色、质感等方面谈,与图形本质无关;29.7％的学生能用生活化的语言说出图形形状上的联系。

通过前测发现:

(1)学生对于每一种图形的本质特征的了解不够清楚和全面;

(2)学生没有从形状上区分立体图形特征的意识,语言描述较匮乏。

三、课堂视角

基于教材和学情可以看出,即使是生活中经常见、经常摸的立体图形,学生对其特征也不十分清晰。那这节课设计什么样的数学活动能帮助学生真正地了解图形的特征呢?设计什么样的活动能促使学生深度学习呢?我认为要借助生活实物,从学生的认知经验出发,开展探究活动。在活动中抓住图形之间的联系,引导学生边操作边思考。在关注图形特征的同时,渗透分类和有序思考的数学方法,帮助学生体验从观察猜想到严谨求证的过程,感受科学精神。同时还要帮助学生积累认识几何图形的数学活动经验,发展空间观念,为后续学习奠定基础。

基于上述考虑,我设计了如下数学活动,便于学生总结特征以加深认识,达到灵活掌握的目的。

(一)体验分一分,以知识为载体初步渗透分类的思想方法

对于刚入学的学生来说,他们不清楚什么是分类。教师利用本节课"分一分"的环节逐步向学生渗透分类的思想方法,让学生有初步的感知,为今后的学习奠定基础。

课堂上教师布置任务,将小组内的物品分一分。在实践过程中,学生依据图形之间的联系进行分类。教师利用学生分得的结果,有意识地引导学生在不断地观察和操作中加深对立体图形的认知,带着思考动手操作。

正如前测所呈现的那样,基于学生的原有认知,出现了不同的分类结果。有的

学生根据能滚和不能滚分类(球、圆柱一类,正方体、长方体一类);有的学生直接根据图形的种类划分;还有的学生把长方体、正方体分在一起(球一类,圆柱一类,长方体、正方体一类)。依据学生不同的分法,教师寻找学生认识图形的突破点,梳理反馈顺序。

(二)摸一摸、滚一滚,遵循学生认知规律,实现从现象到本质的完美过渡

结合学生最原始的认知经验,反馈环节首先认识球和圆柱。

球和圆柱确有类似之处,多数学生对球和圆柱的原始认知是这两种图形都能滚动。教师通过认真比较发现,球的特征更鲜明,且与学生生活贴近,满足学生的心理需求,所以最先感知。在比较的过程中,教师引导学生采取操作的方式,让学生摸一摸、滚一滚(实物球和圆柱),重点思考球和圆柱在滚动的时候有什么差异。通过观察发现球可以向任意方向滚动,圆柱只能沿着某一方向运动。体会球和圆柱这两种图形的特征,虽然都能滚动,但滚动的方式有差异,由开始的现象逐步过渡到本质。

(三)简单表象到深度刻画,逐步渗透数学的思想方法

接下来是认识长方体和正方体,通过数面及探究图形各面大小的环节,引导学生边操作边思考,渗透有序,体验从观察猜想到严谨求证的过程,感受科学精神。这部分除了采用"摸一摸"的感知外,还设计了一系列活动,帮助学生进一步深刻感受图形的特征。

在初次体验中,学生感知到长方体和正方体都有面,教师引导学生思考面的数量和大小是否相同,逐步帮助学生从数学的角度进一步刻画立体图形的特征。

结合数面的活动,有学生发现这两种图形都有 6 个面。数面对于部分学生来说是难点,学生数的时候没有方法,容易出现多数或漏数的现象。怎样解决呢?教师指导学生有序地按照上下、左右、前后的方式一对一对地数,最终克服了困难。用数学中有序的思想方法理解知识,感受数学的价值。

在发现两种图形的相同点之后,教师再与学生一起找出它们的不同点。个别学生能清楚地表述正方体 6 个面都相等以及长方体相对的面一样大的特征,这对多数学生来说是难点。有的学生发现正方体的面是同样大的,这只是他们的一种直观感受,为求"证据",教师带领学生共同验证。首先引导学生利用"比一比"的方式,用纸制作一个和正方体其中一个面大小相等的"尺子",用这个"尺子"与其他的

几个面重合比较,验证正方体的 6 个面一样大的特征。其次研究长方体面的特征时,学生将比较的方法迁移,验证出长方体是相对的面一样大。这个结论看似简单,却需要学生运用科学的方法进行验证。

(四)课后练习,深度思考,拓展学生学习空间

本节课还设计了"辨一辨"的环节,这个环节有两个活动。第一,辨析特殊的长方体。特殊的长方体之所以特殊,在于它 4 个面为长方形,2 个面为正方形,学生运用了正方体最基本的特征——6 个面同样大判断,区分正方体和特殊的长方体。第二,区分圆柱和圆台。圆柱的底面和圆台其中一个底面大小相同,学生有两种判断方式:

(1)相互比较,即将圆柱插进圆台,发现圆台的两个底面大小不同;

(2)自我比较,即比较圆台两个底面的大小。

无论哪种方式,本质上都是在运用圆柱两个底面大小相等的特征进行判断。学生通过这些方式不但区分出了圆台,而且加深了对圆柱的本质特征的认识。

四、课后视角

这节课的研究,带给我很多的思考。本节课是认识几何图形的起始课,无论是课标的要求,还是教材内容的呈现,都给人比较简单的第一感觉。再结合学生的前期基础,感觉学生不用学习也认识这 4 种图形。但随着研究的深入,我发现学生认识图形的整个过程是含有数学思维活动的学习过程。

在"分一分"的过程中,我以知识为载体,初步向学生渗透分类的数学思想,使学生初次感受图形的特征,借助分类结果感受图形间的联系。在认识球和圆柱时,借助学生已有的生活经验,我引导学生在感知中思考二者滚动的差异,进一步明确图形的特征。认识正方体和长方体时,我更是深度刻画图形的特征,引导学生学习如何有序地数面,利用"比一比"的活动,使学生经历从观察猜想到严谨求证的过程,感受科学精神,最终验证长方体、正方体面的大小的特点,明确图形特征。在操作的过程中,学生积累了大量的活动经验,为后面认识几何图形和可持续学习奠定了基础。

把"简单的事情做深刻",说起来容易,但是做起来确实不易。但是只要我们静下心来思考、研究,就能抓住教学的本质,培养学生的数学能力,发展学生的数学素养,促进学生可持续发展。

抓周长本质，促概念理解
——『认识周长』整体思考与教学实施

李晓帅

二级教师，现任北京市西城区师范学校附属小学数学教师、班主任，西城区数学学科骨干教师。曾获得西城区数学说课一等奖、西城区录像课二等奖、北京市论文评比一等奖等。

　　《义务教育数学课程标准(2011年版)》中对"认识周长"这一教学内容的要求是:"结合实例认识周长,并能测量简单图形的周长"。周长,即封闭图形一周的长度。认识周长是一节有关测量概念的教学,研究周长可以突出几何图形的"度量特征",关于"封闭图形""一周"这两个周长概念的关键词则可以在研究边线长度的活动中理解。基于上述思考,我确定了这节课的主题是"抓周长本质,促概念理解"。

一、教材视角

　　"周长"是空间与几何领域的重要概念。各版本教材都从现实生活取材,通过生活中的周长现象,充分运用学生已有的生活经验和各种活动来主动构建对周长的认识(图1、表1)。

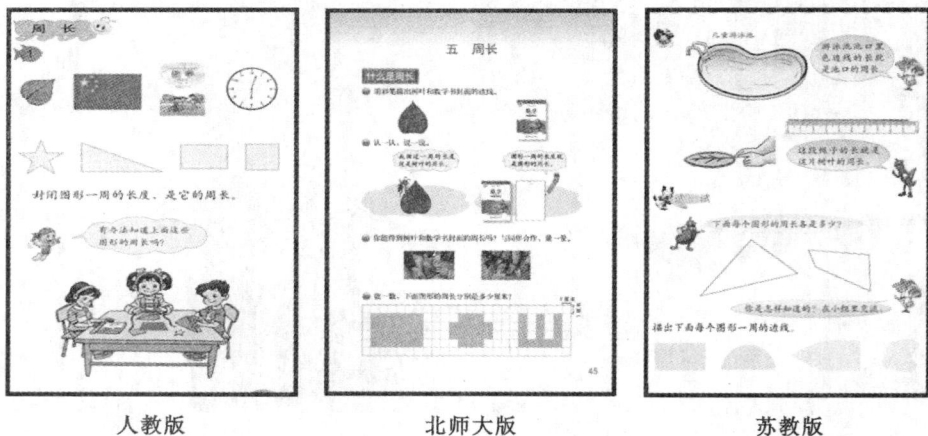

| 人教版 | 北师大版 | 苏教版 |

图 1

表 1

教材版本	认识周长的活动阶段
人教版	1.围一围;2.量一量
北师大版	1.观察;2.描一描;3.实际测量;4.数一数
苏教版	1.围一围;2.测量树叶周长;3.测量并计算周长;4.描一描

　　通过梳理我们不难发现,首先教材中都设计了围、摸、描等具体活动,以此感知

周长在哪里,初步认识周长。其次各版本教材中都呈现了测量的活动,进一步让学生感知什么是周长,同时体会周长是长度单位的累加。这说明教师在帮助学生建立周长概念的过程中,不仅仅要关注一周、封闭等关键词,更应明确"长度"才是周长概念的核心本质。因此,抓住"长度"开展教学才是抓住了这节课的关键。

另外,"认识周长"是学生第一次接触几何图形的度量,在后续的学习中还要从不同维度学习几何图形的测量,如面积、体积等知识。为了避免与其他概念混淆,我认为在教学中要紧抓周长本质创设丰富的体验活动,促进学生周长概念的理解。

二、学生视角

要让学生去哪里首先要明确学生在哪里。为了了解学生的"真实起点",我对全班 35 名学生进行了前测(表 2)。

表 2

问题	设计意图
1.你认为什么是周长?	了解学生对周长的一般认识情况
2.判断下列图形中哪些图形有周长,如果有请描出周长在哪里,如果没有请画"×": ○ □ ☆ Ⲙ	了解学生认识周长存在的具体问题,以及学生的实际需求

第 1 题中,认为周长就是图形的一圈(一周)的有 15 人,占 42.9%;有 10 人用"长度"描述周长,占 28.6%;有 5 人从图形计算的角度说明周长:长乘以 2 加宽乘以 2,占 14.3%。从这些数据不难发现:①学生对于周长有一定的生活经验和认识;②大部分学生不能正确或全面地认识周长。

第 2 题中,能判断出封闭图形有周长的有 21 人,占 60%,但是这些学生中有一部分不能正确地描出图形的周长;40% 的学生认为曲边图形没有周长,所以没有描出圆的周长。由此表明:多数学生对封闭和不封闭图形有正确的认识,但同时学生缺乏对图形一周的准确认识和曲边图形的测量经验。

三、课堂视角

(一)在分类中感知周长概念

1.前参引入(可以随意造型、弯折)

还记得这根金属丝的长度吗?20 厘米。

课前我们对金属丝进行了造型活动,这些是部分同学的作品。今天我们就借助同学们的作品一起来认识周长。(板书:认识周长)

2.分类

展示学生作品(图2):

图2

你能试着给它们分一分类吗?(学生活动)

3.反馈

预设:

(1)按照图形的边是直还是弯来分类。

第一类:

第二类:

评价:能关注边的特点进行分类。

(2)按照图形是否封闭分类(有没有开口、是否封闭、是不是图形)。

第一类:

第二类:

对于,学生可能产生分歧。

4.比较

按照这种分类方法(封闭与不封闭),两类图形有什么相同点、不同点?

预设1:他们都能一笔画出来。

预设2:有的图形封闭,有的图形不封闭。

预设3:封闭的图形在它的任意位置开始都能画出这个图形,而不封闭的则不可以。

预设4:封闭的图形可以从起点绕一周回到起点,而不封闭的回不去。(板书:封闭图形一周)

追问:分类的时候对图形◇有疑问的同学,你们觉得它应该属于哪类?

【设计意图】 借助学具,唤起学生对课前参与的回忆,以学生的造型作品为研究素材,体现知识的学习源于学生,让学生在已有的活动经验中认识周长。通过比较引出周长概念的两个关键词"封闭图形"和"一周"。

5.描一描

你能试着描出这些封闭图形的"一周"吗?

预设:描边线外圈或内圈等情况。

只有在图形边线上描画才是它的"一周"。

认识了"一周"后,我追问:"你知道这一周到底有多长吗?"

预设:还是20厘米,因为就是原来那根金属丝的长。

【设计意图】 在"描一描"的活动中进一步感受"一周"的含义。同时初步感知周长在哪里。

6.指一指

认识了封闭图形的一周,谁来给大家指一指这些图形的周长?

学生上前来指一指,感受周长的直观表象。

你认为什么是周长?

【设计意图】 通过"指一指"封闭图形周长的活动,感受周长是一条长线段,感受到长线段可以由几部分组成,从而过渡到测量的环节。

(二)在测量中明晰周长概念

同学们都认识了周长,猜一猜图3中这3个图形谁的周长最长。

图 3

要想知道谁最长,你打算怎么做?测量。

1. 小组合作

测量要求:与同桌合作,用你们喜欢的方式测量。(测量结果取整厘米数)

2. 反馈

(1)谁的周长最长?

(2)反馈得到周长的过程。

①

预设:学生逐一测量,然后顺边累加求出周长。

学生汇报过程中,板书出测量和累加的过程。

②

长方形需不需要量四个边? 能少量点吗?

预设:量一个长和一个宽就行,因为长方形对边相等。

追问:量完了为什么还要加?

预设:因为一周的长度才是周长。

板书补全周长的概念。

③

对于扇形的测量学生会感到困难。

预设:

a. 通过将铁丝与曲边重合,测量铁丝的长度。

b. 用软尺测量。

c. 用绳子测量。

d. 在尺子上滚动。

同学们用了不同的方法都测量出了曲边的长度,这些方法有什么相同之处吗?

预设:都是把曲边转化成了直边去测量。

小结:看来无论是直边还是曲边,都需要测量出图形一周每条边线的长度再相加才能得到它的周长。

【设计意图】 通过量与算,促进学生动作思维和计算思维的衔接,内化对周长的理解。扇形的周长帮助学生在个体的具体经验中抽象出共同的"化曲为直"的思想方法,让学生经历用不同的方法测量物体的长度的过程,引导学生在测量过程中根据现实问题,选择合适的测量方法和工具。分段量的方法,又一次诠释了周长的本质是线段累加的过程。长方形的测量则显示出学生对长方形特征的掌握,同时这一环节也为后续探究长方形周长的计算公式打下了基础。滚动测量曲边的方法也为后续学生继续研究圆的周长打下基础。

（三）在思辨中升华,牢固概念本质

知道我们刚才的扇形图从哪来吗? 出示图4:

我是从这里剪下来的。你知道这两个图形哪个周长更长吗?

学生讨论并反馈:

预设:A 长,因为一看就是 A 大,所以 A 的周长更长,B 小所以周长短。

引起学生的争论、说理。

预设:A 和 B 一样长,因为周长指的是这个图形的边线。正方形 4 条边都相等,而中间的边既是 A 的边也是 B 的边,因为它们 3 条边的长度都一样,所以加在一起周长也一样。

预设:只要把正方形分成两部分,这两部分周长都是一样的,因为它们有一条公共边,另外四条边一样长,所以周长相等。

【设计意图】 又一次比较周长的活动,但是比较的方法却不同,学生们不再去测量,而是利用正方形的特征和公共边一样长的道理去判断,体现了学生从具体到抽象的认知过程,发展了空间观念。同时,在思辨中又一次分离周长和面积这一容易混淆的问题。在思考和辨析的过程中,学生从自我认同到自我否定到再认同的过程,获得了成功的体验,感受到数学学习的乐趣和价值。

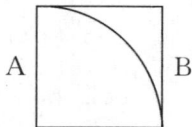

四、课后视角

本节课的课堂教学突出了如下特点。

（一）关注学生需求,准确把握周长本质

课前学生一提到"周长"反应都是简单、会算,感觉不用学也会,但具体问题中又没有几个人能描述周长,也不知道周长这一刻画图形边线长度的量到底和普通的长度有什么区别。丰富而有梯度的背景研究力求找准知识和学生的准确定位,为周长学习奠定坚实的基础。

（二）在体验、质疑、辨析中掌握知识，提高研究能力

在课堂上不难看出，学生的学习积极性的激发，离不开丰富的学生活动，在活动中学生产生问题、研究问题，在研究中学生关注表面现象背后的道理。这个过程使学生积累了活动经验，发展了思维，提升了研究能力。

（三）灵活运用教材，渗透数学思想方法

我根据本班学生已有的知识经验，打破常规，从概念本质入手展开研究，真正做到了用教材教，而不是教教材。我在学生学习中渗透了分类、化曲为直等数学思想，在促进学生对周长这一概念深刻理解的基础上，培养了数学思维和空间观念，满足了学生学习的需求。

回顾这节课，不难发现不同程度的学生在这个环节中有不同的收获。对于学困生，能抓住周长的本质进行判断，从而使学生感受到成功的喜悦，激发他们学习数学的兴趣和信心。对于学有余力的学生，开放性的题目给了学生更大的思维空间，拓展了学习空间。有的学生甚至能发现在正方形里无论公共边怎么画两部分周长都一样的结论，深化了对周长本质的理解，发展了空间观念。

周轶玲

一级教师,曾获全国第一届微课大赛二等奖,多次承担西城区小学数学教研室组织的公开课。

《义务教育数学课程标准（2011 年版）》中指出："学生自己发现问题和提出问题是创新的基础。重视学生创新意识的培养，是时代发展要求下的数学教育的魂。"由此可见，善于发现和提出问题是学生自主学习和主动探索的开始，也是探求新知识的动力。在质疑状态下的学生，求知欲和好奇心最强，这将引领学生深入思考，主动学习。

一、教材视角

"循环小数"属于数与代数领域内"数的认识"这一部分的内容，它是在学生学习了小数意义、小数除法计算的基础上进行教学的。通过对"循环小数"的学习，学生将会对除法有进一步的认识和完善，对小数概念的内涵有进一步的扩展。

人教版和北师大版教材（图 1）都为学生创设了一个计算小数除法的情境，让学生通过计算发现无论除到小数点后面多少位都除不尽，从而引发思考，提出自己的困惑。教材编排的意图是让学生在学习循环小数时，不只局限于最后表达的形式，更应该深入理解概念的本质。那么如何进行探究呢？那就应该从循环小数产生的原因入手，总结出循环小数的特点。

人教版　　　　　　　北师大版

图 1

二、学生视角

循环小数对于学生来说是一类比较特殊的小数，基于以往的教学经验，学生在学习这部分知识的时候,经常会出现不知道最后结果该怎么表达的问题,其实,这还是源于学生对概念的不理解。那么,学生对于这部分知识到底存在什么样的问题呢?课前,老师对学生进行了前测,让学生在规定的时间内完成以下 3 道小数除法计算题:

(1)45.6÷16;

(2)3.87÷2.7;

(3)3.45÷3.5。

前测结果:有 85％的学生没有完全写对,只有 15％的学生全部写对。

对这两部分学生,老师分别进行了访谈:一方面是了解没有完全写对的学生存在什么样的困惑,遇到什么样的困难;另一方面是调查那些已经全部做对的学生,他们是否真的明白循环小数的概念,是否又会发现新的问题。

采访结果如表 1 所示。

表 1

采访的学生	提出的困惑或者问题
85％没有完全写对的学生	第(2)题的商中为什么一直有重复的数字出现? 第(2)题的竖式写到哪里才能算结束? 第(3)题的商写到哪里才能算结束? 第(2)、(3)题的商该怎么表示? 第(3)题商的数字有没有什么规律? …………
15％全部写对的学生	为什么会出现这样的小数? 什么情况下才会出现这样的小数? 这样的小数意义是什么? …………

通过访谈,老师了解到:①大部分学生能熟练计算小数除法,并且从计算过程中初步体会到循环小数的特点,比如"竖式怎么一直写不完""商中的数字有没有什么规律",这为后面研究循环小数奠定了基础;②学生通过观察、比较,找到了很多循环小数和有限小数不同的地方,由此产生疑惑,提出问题,而这些问题的提出正是研究循环小数的重要线索。

三、课堂视角

通过教材和学情分析,我们可以清楚地认识到"循环小数"是一节概念丰富的数学课。对于这些枯燥的概念,教师该如何激发学生探究的热情,从而帮助学生深入理解呢?能否以学生问题为主线,在不断地发现问题、提出问题、解决问题的过程中帮助学生厘清概念之间的联系呢?

基于以上思考,我设计了如下的教学策略和学习任务。

1. 通过计算发现问题,探究循环小数出现的原因

首先,老师安排学生进行了一次计算比赛(图 2):

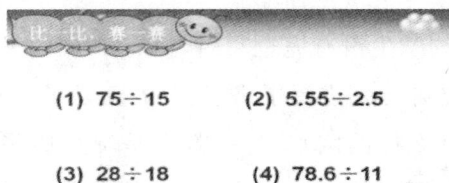

比 比 赛 赛

(1) 75÷15   (2) 5.55÷2.5

(3) 28÷18   (4) 78.6÷11

图 2

在计算过程中,学生对于第(3)题和第(4)题产生了一系列困惑:

(1)有的数无限重复出现,该怎么表示?

(2)为什么出现除不尽的现象?

(3)为什么有些小数 1 个数循环,有些是 2 个数循环?

学生在提问的过程中,老师没有立即给出答案,而是听完所有的问题之后再解惑,那是因为学生的提问一旦被打断,那么有很多学生的疑惑就会被掩盖掉,不利于培养学生的问题意识。

面对这么多问题,学生在讨论中确定解决最重要的问题——为什么出现除不尽的现象?因为问题来自学生,所以激发了学生们的探究欲望,在解决过程中学生们情绪高涨。

学生们对 28÷18 这道题的竖式进行了研究。有的学生关注到了商中的 5 不断重复出现,认为这是除不尽的原因(图 3)。但是这个想法引起了其他学生的质疑,他们认为:"商是结果,结果怎么会是现象背后的原因呢?除不尽肯定与竖式中的过程有关。"这样的讨论把学生们的目光又吸引到竖式上,这时老师追问道:"在这个过程中,谁又起了关键作用呢?"学生慢慢发现余数 10 不断重复出现,正因为余数始终是 10,和落下的 0 相当于组成了新的被除数,而除数 18 始终不变,所以才会造成商中 5 不断地重复(图 4)。

图 3   图 4

学生在问题的驱动下,一层层辨析,初步感悟到除不尽的原因来自余数。

2.通过对比引发问题,理解并掌握概念的内涵

那么余数和商之间还存在哪些探索的空间呢? 老师适时地引入了 78.6÷11 的计算过程。

老师没有急着去向学生提问,而是停下来,让学生们仔细观察,看看他们存在什么样的困惑。果然,学生们的问题又层出不穷地涌现出来。

(1)这两个算式有什么不同的地方? 有什么相同的地方?

(2)为什么第(2)题中有 2 个数字不断重复出现?

(3)7.145 中 1 为什么没有参加循环?

(4)7.14545…,可不可以看成 5454 循环?

…………

在这些问题中,有些学生是通过这两个竖式对比而产生的疑问,有些则把目光放在了 78.6÷11 所得商的变化规律上。越是具体的问题,越是容易进行探索,于是课堂上老师带领学生先解决问题(2)、(3)、(4)。

在探究过程中,学生们逐渐体会到:原来余数可以是 1 个数不断重复,也可以是 2 个数看成一组不断重复,还联想到 3 个、4 个甚至更多的数作为一组不断重复,这些余数的变化导致了商中有多少个数作为一组不断重复。同时余数从第几位开始重复,也决定了商就会从第几位重复出现,并且余数重复出现的顺序也决定了商重复出现的顺序。

看来,这些问题的提出和研究,一方面为学生理解循环小数的概念奠定了基础;另一方面,也激活了学生的思维,让学生的思考进一步走向深入。

3.顺应学生问题需求,学习循环小数的表达

如果说前面两个环节是教师创设情境,促使学生提问,那么下面就是学生自然而然地产生问题。

在理解循环小数的概念之后,有的学生立刻想到:"最后结果怎么表示呢?"这个问题引起了大家的共鸣。

老师出示书上相关的文字内容"一个循环小数的小数部分,依次不断重复出现的数字,就是这个循环小数的循环节。写循环小数时,可以只写第一个循环节,并在这个循环节的首位和末位数字上面各标记一个圆点",鼓励学生自主阅读。

当学生阅读完之后,已经有一部分学生找到了问题的答案,在横式上汇报结果,但是还有一部分学生存在着疑问,于是出现了比较集中的问题:

(1)什么是循环节?

(2)7.145 在哪里加点?

(3)是加几个点? 是不是每个数字上面都加点?

(4)如果整数部分出现相同的数字,需不需要加点?

…………

这些问题的提出是学生勇于质疑的表现,他们没有只满足于最后的结果,而是更想研究结果背后的道理。这些问题的研究,促使学生对循环节、循环点和循环小数有了更深入的解读。所以说,问题能够成为学生学习的"脚手架",帮助学生深入理解知识。

就在这时,又一个新问题迸发出来:"横式上我已经知道怎么表达了,那竖式上呢? 除到哪里为止?"

针对这个问题,同学们产生了很大的分歧:以78.6÷11为例,有的同学觉得需要在余数中出现 2 次 45 循环才能说明这是个循环小数(图5)。但有的同学观察到只要余数部分第 2 次出现 5 就可以了(图6)。这时侯,老师追问:"你们同意哪一种说法? 为什么?"在算法优化的辩论中,结论并不是最重要的,重要的是学生面对事物的问题意识及研究中的思考,这些都是学生可持续学习的动力。

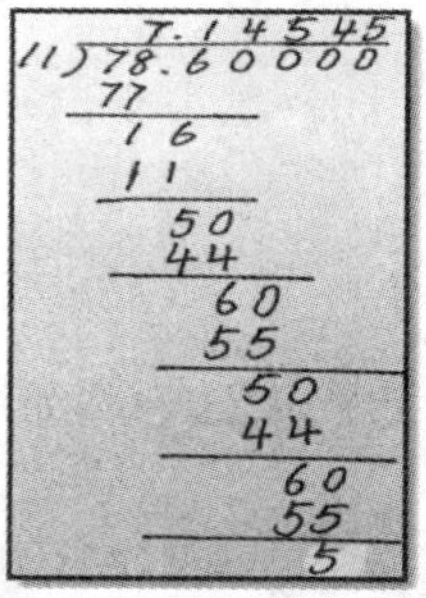

图 5

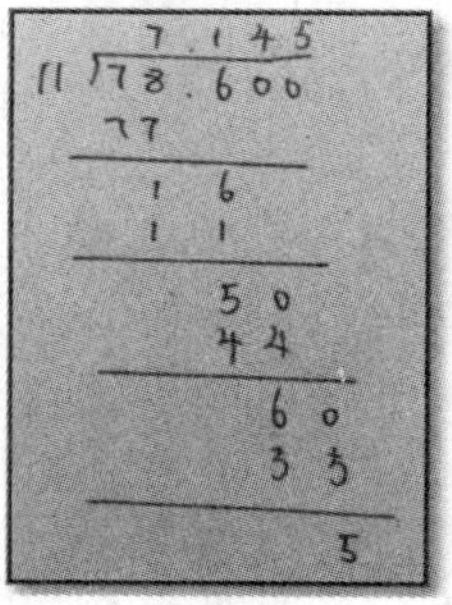

图 6

四、课后视角

这节课,学生在问题的引领下,促进概念的生成;在问题的探索下,辨析概念的内涵;在问题的启发下,提升方法的优化。这样的学习会带来不同的精彩,这些精彩延续到了课后。下课以后,学生们又提出了好多新问题(图7)。

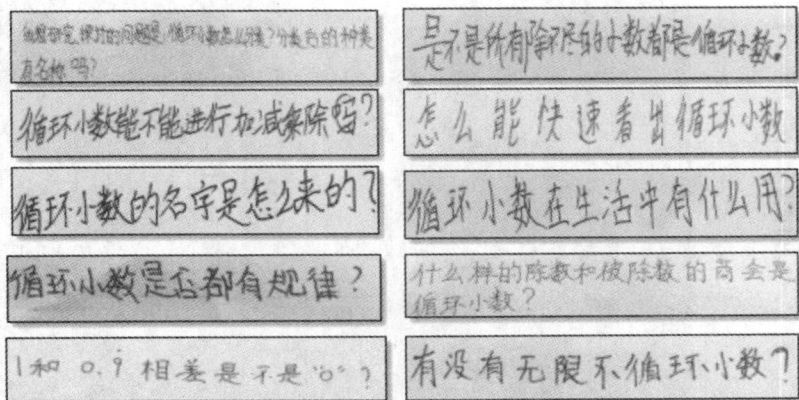

图7

经过梳理,这其中的问题有些是本单元将会继续研究的内容,有些需要借助以后学习的知识进行解答,还有些是与实际生活相关联的。看来,学生天生就是一个疑问家,他们的好奇和困惑就是他们的需求,而问题正好是他们表达这些需求最直接的方式。

通过这堂课的实践,我有了很深刻的感受:在以前的课堂上,老师不断地提问,学生被动地跟着老师学习。而今天的课堂,学生的问题成了他们学习的动力,他们对概念的理解在对话中清晰,在追问中丰富,在反思中深刻。

在以后的课堂上,老师应该留给学生更多的时间和空间,让他们去关注自己的困惑,基于他们的问题去学习、探究。这样的学习方式,不仅仅能促进学生深刻地理解知识,更能培养学生可持续学习的能力。

逐层探究文本　实现多维育人
——*This Is Sam's Book* 整体思考与教学实施

张斯洋

二级教师,现任北京市西城区师范学校附属小学英语教师。曾获得第十三届"西城杯"说课比赛一等奖、课堂教学评优一等奖、西城区教学设计大赛一等奖;多次参与市、区级研究课及教材介绍工作,并获得"我最喜爱的教师"和"西城区优秀共青团员"等称号。

在对新标准小学英语三年级上册 Module 8 Unit 1 *This Is Sam's Book* 一课进行教学设计和教学实践过程中,王蔷教授在谈论如何实现英语学科育人价值的一席话给了我很大的启发。她指出:"以语篇为载体,在理解与表达的语言实践活动中,融合知识学习和技能发展,在分析问题和解决问题的过程中,发展思维品质,形成文化意识,掌握学习策略学会学习,形成正确的价值观,促进英语学科核心素养的形成与发展,最终实现英语学科的育人价值。"因此,在英语教学上不应只是片面地追求语言知识和语言技能的灌输,而更应该注重培养学生能够适应终生发展和社会发展的必备品格和关键能力。此外,我结合学校的教育理念"简单的事情做深刻"以及英语学科的研究主题"通过对文本的深层挖掘,提高学生语言表达能力"对这节课进行了研究。

一、教材视角

在研读《义务教育英语课程标准(2011 年版)》时,我发现相比之前的版本,新版课标中更加凸显了学科育人的价值,将德育修养列为英语课程的重要组成部分。由此可见,如何促进英语学科核心素养的形成与发展,最终实现英语学科育人价值成为英语教师的思考角度之一。

语言能力是学科基础。就外语教研版[一年级起点]《三年级英语(上册)》Module 8 Unit 1 而言,本节课的语言知识是:学会使用名词所有格表达物品的所属。三年级学生在一年级时就感知过形容词性物主代词的意义,如 my,your,his,her 和 our;文化品格是价值取向,本节课的主题是"人与社会中的学校规则"。通过对课文的深度研读,我发现本节课的故事内容有以下几个特点:首先,故事内容相对简单,但十分具有故事性和教育意义;其次,文本语言相对简单,但逻辑性很强;最后,故事的图片及动画重点突出,有情绪感强的特点。思维品质是心智特征,利用多种形式的活动,开放性问题的设置,培养学生的观察、分析及创新等能力,拓展学生思维空间。可以看出,本课的语言知识对于三年级的学生来说并不是很难,这也为我们本节课充分调动学生的积极性,深入挖掘文本中的德育主线,为落实学科育人的目标奠定了良好的基础。

二、学生视角

我的授课对象是学校三年级的学生,我与他们朝夕相处了近三年的时间,他们活泼的学习风格与我的授课风格高度一致。但是仅仅凭借着我对学生的了解来制订教学目标并进行教学设计还远远不够。因此,我通过问卷调查的方式对学生的语言知识和学生对学校规则及其英语表达方式的掌握情况进行了前测,并通过访谈的方式对学生已有的生活经验和兴趣点进行了调查。

(一)对 bring 词义的理解情况及对名词所有格用法的了解情况

通过调查问卷,我发现学生对课文中"bring"一词的理解不是很到位,部分学生能够使用名词所有格来描述物品的归属,但是仍有一部分学生不能正确理解和使用,如图 1 所示。所以,本课中语言知识技能的重点我放到了如何在授课中突破"bring"一词的理解上。

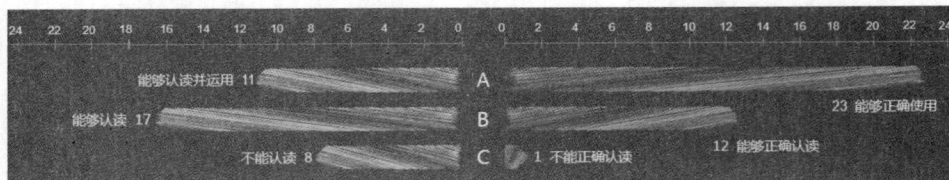

图 1

(二)对学校规则及其英语表达方式的掌握情况

通过调查问卷不难看出,学生们对《小学生日常行为规范》中的一些规则掌握较好,但是他们的英文表达方式还存在着一些问题,见表 1。通过调查,我发现学生对一些英文规则的表达方式存在着差异,因此也为我的任务设计部分提供了帮助。在任务设计环节,我为学生提供"Key Words"的支架,从而为他们更好地完成海报制作打下了良好的基础。

表 1

选项	小计	比例
A. You can't eat.	21	60%

续表

选项	小计	比例
B. You should listen to the teachers.	25	71.43%
C. You can draw on the walls.	6	17.14%
D. You can run fast.	13	37.14%
E. You can't play with friends.	11	31.43%
F. You can't run in classroom.	31	88.57%
G. You can't fight with each other.	17	48.57%
H. You should tidy up.	13	37.14%
I. You can't draw on the desks.	27	77.14%
J. You can help each other.	25	71.43%

（三）对英文班级海报常规制作进行访谈调查

通过访谈的方式,我发现绝大多数学生都对制订自己班级的英文常规的任务充满了兴趣和期待。

总之,我在设计上充分关注了不同层次学生的需求。为程度较好的学生设置了很多培养思维能力的开放性问题;为程度一般的学生提供了观察、分析等发展学习策略的机会;程度稍弱的学生通过教师搭设的支架以及其他同学的帮助,顺利地完成了课堂任务。通过以上的学情调查及分析,我更深入地了解了学生的已有经验和知识,对我的教学能够顺利开展起到了至关重要的作用,也了解到了来自学生的重、难点及兴趣点,而并非最初我仅仅根据经验所制订的重、难点。

三、课堂视角

基于教材和学情,大部分学生对于本课的单词和句型都较为了解,学习起来并不困难。学生们也对自己能够制订本班特色的英文常规海报充满了期待,他们纷纷表示这样一份由自己制作的规则海报,他们更加愿意去遵守。那么,我怎么通过这节课让学生在学习较为简单的语言知识时更为轻松?如何利用学习策略引导学生逐层探究文本内涵?通过什么样的活动可以达到学科育人的目的?我认为,在深入开展意义探究的同时，引导学生比较、分析、批判和评价，发展学生思维品质，辨识故事中文明懂礼、乐于助人和诚实勇敢的美德，汲取文化精华，塑造遵守规则的文化品格，体现了英语学科的育人价值，落实学生核心素养的培养。

基于上述考虑，我设计了如下教学策略和学习任务。

（一）引导学生发现、分析和解决问题，提升思维品质，渗透德育价值

在整体把握故事背景后，学生们通过自主阅读的方式，再次仔细观察 6 幅图片，引导学生发现故事中人物的困境和难题。学生通过我的引导，从观察 Sam 头上的"大包"入手，思考到底发生了什么，由此推断出 Daming 和 Sam 遇到的第一个问题：They bump into each other, and all the things in their schoolbags are dropped all over the ground. 接下来我通过一系列"Why"的问题和追问引导学生深入挖掘文本信息，从而分析出问题的根源——"Sam is late for school""Sam runs too fast"。抓住这一教育契机，继续让学生来判断，这样做是否合适呢？Should they be late for school? Should they run fast into school buildings? What should they do instead? 通过小组讨论，学生们自己得出解决问题的办法："轻声慢步不乱跑，早睡早起不迟到"。在此处，我将 Sam 的问题类比到了我校的"轻声慢步习惯好，争做文明附小人"的德育主题，一方面将课文的问题实体化，使学生能够更好地体会；另一方面适时地进行了德育教育。

在这一环节，我有意识地培养学生思维品质的提升以及道德情感的树立，引导学生在分析问题时要透过表象看本质，大胆地进行推测。通过有意识的思维训练，培养学生预测、归纳、分析、判断等中高阶的思维能力。可以看出，在"发现问题"和"解决问题"的实践过程中，我不仅很好地处理了故事的文本内容，也潜移默化地进行了学习策略和情感态度价值观的渗透。

（二）关注学生需求，充分发挥板书的多种作用，注重学习策略的使用

在本节课的设计中，我充分发挥了板书的最大作用，首先，学生们通过课文的学习，从"地面"上"捡"起人物散落的物品帮了主人公第一个忙。其次，我们通过听录音、读文本的方式，又帮这些物品找到了它们的主人。通过这一活动的设计，学生不仅对目标语言进行了学习和使用，也切身参与到了解决问题的过程当中。这就是板书在本课中体现的第一个功能：引导学生走入故事情境，切身感受和使用目标语言。

之后,板书在课文表演时也发挥了作用——充当表演道具。通常学生都是进行无实物表演,这对三年级的学生来说,其实是有一定难度的。在我的设计中,学生不仅可以利用板书作为记忆故事内容的辅助工具,也可以将立体的书包摘下来,将捡起的物品放进去。这一设计充分调动了学生表演的兴趣,可谓是演者惟妙惟肖,观者乐在其中。

在表演环节过后,我还利用了板书中的"toy horse"和"ball"进行了德育渗透——要遵守校规,不要带玩具来学校。这部分板书最巧妙的使用方法就是在整个课文新授、表演和德育渗透的过程中,它是时时变化的。这样的设计不仅吸引学生的眼球,也巧妙地为产出部分的 Poster 提供了空间。

学生通过我提供的板书资源,进行课文的复述和梳理。在此过程中,学生充分利用自己的学习策略,如记忆策略、交际策略和情感策略等与我共建板书。

(三)拓展学习空间,促进全面发展——真实和务实的任务产出

为了使学生的学习不局限于语篇本身,我将本课的任务设置为为本班制作一张教室常规海报。这样的设计充分关注到了学生的需求并将话题与学生在校期间遇到的一些实际问题相关联,创设了真实的情境。我先举了一个例子:"Mr. Zhang's idea is before class we...",之后通过 worksheet 辅助学生展开个体思考和小组活动,完成板书海报上的"During Class"和"After Class"两栏(图 2)。我特意在海报上进行了留白的处理,在这里我设计了能够引发学生辩论的空间,有些规则的遵守范围并不确定,我们需要时刻遵守。这一设计能够自然地激发学生进行辩论,也有一些非常精彩的课堂生成。不仅如此,这一留白还能巧妙地成为本课作业的一部分。学生可以在课后通过再思考、再讨论为本班教室常规海报进行内容上的补充。最后,在我们的共同努力下,完成了一份班级常规海报并将它贴在了班级中。

通过这样的授课方式,学生们不仅完成了预设的教学目标,还熟悉且灵活地掌握了本课"bring"这一语言难点,并能够在教师创设的较为真实的语言情境下使用目标语言。不仅如此,学生通过教师的设计,能够树立遵守学校规则的意识;能够使用观察、分析、创新等学习策略进行多种方式的学习;同时在不同层次的开放性问题中,学生们的思维逻辑水平也得到提升。通过这样一堂课,学生的多种学习风格和多种能力都得到了充分的关注和发展,比较成功地达到了"学科育人"的教学目标。

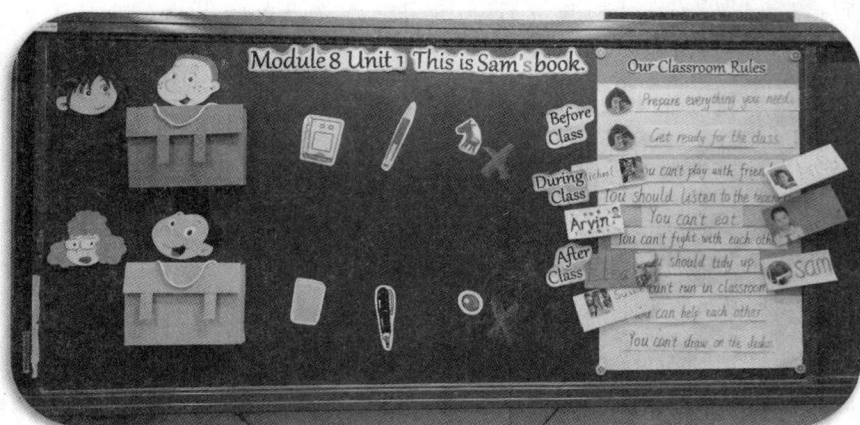

图 2

四、课后视角

本节课以课文为载体,通过逐层探究文本,实现英语学科的育人价值。但是在这节课的实施过程中也存在着一些不足和把握不到位的地方,这节课上完后,也带给了我诸多的思考。在学习课文时,我有意识地引导学生关注"Problem Solving"的英语学习策略。在课文的整体呈现环节,我直接呈现了课文的全部图文信息。这样的呈现方式旨在让学生整体感知图文,结合已知信息回答问题,提高其信息整合能力。但是却让学生的参与度有所降低,学生在发现问题、分析问题和解决问题的过程中仅仅是跟随老师的分析而进行探究,忽略了学生的独立思考能力。我认为在下次授课的过程中可以充分将课堂交还给学生,让学生自主发现课文中的问题,并为其找到解决办法。除此之外,在深层挖掘文本过程中,我更多地关注到了图片中的信息,比如图片反映出的故事背景、人物情绪变化及德育价值观,但是却忽略了文本中语言方面所提供的深层信息。本课中人物的语言虽然简单,但是充满了 magic words,比如"Thank you""Sorry",通过这些简单的话语,可以引导学生通过对比、分析思考问题并得出三位主人公都是非常有礼貌、乐于助人的好学生。

在落实英语学科核心素养方面,我做了很多尝试,并且收获了很多。如:学生可以通过自读的方式,轻松地掌握多种学习策略的使用,促进学生自主学习;在完成任务的环节中,学生之间的小组合作可以充分发挥作用,从而提高了学生的课堂参与度。另外我认为,课堂中还可以提供不同的任务产出供学生选择,尊重学生的个体差异。总之,实现多维学科育人的目标不只是说说而已,要在一节课中落实全部核心素养是比较困难的,但是我们可以根据文本的内容,挖掘适合展开的关键点。只有这样,将简单的事情做深刻,在每节课中都有所渗透,才能为学生的学习提供更广阔的思维空间,最终实现英语学科的育人价值。

参考文献

[1] 王蔷.从综合语言运用能力到英语学科核心素养——高中英语课程改革的新挑战[J].英语教师,2015(16):6-7.

[2] 龚亚夫.英语教育的价值与基础英语教育的改革[J].外国语,2014(11):18.

通达、开放说四季
——*It's Winter* 整体思考与教学实施

卫　然　二级教师,西城区骨干教师,现任北京市西城区师范学校附属小学二年级英语教师。曾被评为北京市中小学骨干教师国际研修项目优秀学员,获得优秀教学设计一等奖、优秀录像课例一等奖、"西城杯"教学比赛二等奖。

通达，即通达教学。随机通达教学（Random Access Instruction），也称随机进入教学，是斯皮罗等人在认识灵活性理论的指导下提出的一种教学方式。运用这种教学方式，学习者可以随意通过不同途径、不同方式进入同样教学内容的学习，从而获得对同一事物或同一问题的多方面的认识与理解。下面我以外语教研版新标准教材《二年级英语（上册）》Module 9 Unit 1 *It's Winter* 一课为例，在实施过程中，学生可以尝试从自己最喜欢的季节的不同角度去学习该季节的知识，真正做到通达、开放地说"四季"。

一、教材视角

随机通达教学法的基本思想源自建构主义学习理论的一个分支——弹性认知理论。这种理论的宗旨是要提高学习者的理解能力和他们的知识迁移能力，即灵活运用所学知识的能力。

本课的内容选自外语教研版新标准教材《二年级英语（上册）》Module 9 Unit 1 *It's Winter*。本单元的教学内容围绕"季节"这一话题而展开，课文选用了四张图片（图1、图2）分别介绍了四个季节的气温特征、人们的衣着特征，告诉学生们要遵循自然规律，在不同的季节里要选择适当的服装。因为"季节"这一话题与学生的日常生活十分贴近，并且作为二年级的学生，他们对于"季节"有一定的认知，所以，在设计本课时，我运用到随机通达教学法，让学生开放、自主地进行与季节相关知识的学习，通过与同伴之间的交流与分享，获得对于季节的不同维度的相关知识，并逐步建立起对于"季节"这一概念的认知。

图 1

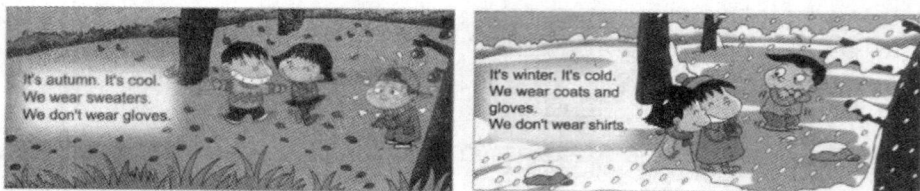

图 2

二、学生视角

(一)学生年龄特点分析

本课的授课对象为二年级学生。二年级学生活泼好动,表现欲强烈,学习兴趣高涨,他们的直观的形象思维很发达。教师利用夸张的肢体动作、色彩鲜艳的图片等方式展示学习内容,有利于学生的理解及记忆。

(二)学生学习能力分析

本节课我所执教的学生是二年级六班的学生,该班大部分学生对于英语知识的理解能力和接受能力较强,但也有一些基础相对薄弱的学生接受新知识的速度较慢。因此,我在设计本课时,采取了分层任务的方式:对于接受能力较强的学生,通过本节课的学习,他们可以介绍自己最喜欢的季节并阐述原因;对于接受及理解能力中等的学生,他们可以掌握书中对四季的描述语言;而对于接受和理解能力稍弱的学生来说,他们可以选择四个季节中的一个季节,朗读课文内容。

(三)学生学习风格分析

本班大部分学生思维较为活跃,反应迅速,整体班风良好,热爱学习,积极思考,思维的准确性较高,也能够静下心来进行深层次的思考。但班级中也存在对英语学习接受程度较低的学生。因此,我运用了随机通达教学法,引导学生根据自身喜好及英语能力选择某一季节进行学习,之后设计了多次同桌、小组合作,以合作学习的方式取他人之长、补己之短,在与同伴交流的过程中学习其他季节的相关知识。

(四)学生已有知识经验分析

针对本节课文本内容丰富的特点,我对学生进行了前测,在前测中了解到:对于季节的相关知识,大部分学生都有一些了解。四季的单词 spring,summer, autumn，winter 学生们比较熟悉，能够说出。学生在一年级下册和二年级上册中，学习过 shoes，shorts 等有关衣服的词汇，对于 shirts，jackets，T-shirts，coats 和 gloves 都很熟悉。但对于 sweater 和 sunglasses 两个词的发音掌握得不好。对于本节课"We wear ..."句型，因在本册书的第四模块学习中已有渗透，所以这一句型对于学生来说也不是难点。通过二年级上册第四模块第二单元的学习，学生已经意识到服装需要合体并且要与场合相匹配。通过一年多的英语学习，学生们对于句型"It's ..."掌握得很好。具体知识内容见表 1。

表 1

教材中所处位置		知识点
一年级上册 Module 4 Unit 1		运用 It's red 描述某事物的颜色
一年级下册	Module 5 Unit 2	运用 It's thin 描述动物的身形特征
	Module 8 Unit 1	关于衣服的词汇，如：shoes, shorts
二年级上册	Module 4 Unit 1	关于衣服的词汇，如：T-shirts, dresses
	Module 4 Unit 2	关于衣服的词汇，如：shirts, trousers

三、课堂视角

（一）Warming up

1. Enjoy a Song

在课堂伊始，教师通过一首好听又有趣的歌曲，向学生呈现出本节课的主题"季节"。

2. Present the Task

点明主题后，教师顺势将本节课任务明确：介绍自己最喜欢的季节并阐述原因。这一教学任务的设计，本身就是遵循随机通达教学法的教学规律的。不给学生规定他们需要介绍的季节，而是让学生自主选择自己最喜欢的季节，通过与他人的交流，加深对于该季节的认知，最终形成对于该季节比较系统的认知并与他人进行分享。

（二）Lead-in

在"Free talk"环节中，教师引导学生说出自己最喜欢的季节，根据学生所提到的季节追问学生喜欢该季节的原因,当学生说出原因时,及时帮助他们梳理关于季节某一维度的知识。同时追问学生关于该季节其他维度的知识,从而充分调动学生已有生活经验及语言知识。引导学生关注气候、着装、活动等多种方面,使学生自然地形成对于该季节比较全面的认知和感受。与此同时,教师还引导学生将季节的相关知识进行梳理,利用板书帮助学生将碎片化的已知知识进行分类,并告知学生谈及季节时,可以考虑到的多种维度,培养学生归纳、分类的学习能力。这一随机进入教学的过程恰恰体现了随机通达教学法中随机进入学习的环节。

(三) New Language Learning

在语言新授环节,首先,学生通过观看课文视频,激活自身对于四季的已有知识及生活经验。学生们可以谈论某几个季节的天气,可以了解某几个季节的着装,教师通过学生的反馈补充板书中关于季节的几个维度的内容。其次,学生通过边听录音边观察课文图片,提取板书中空缺的季节的相关知识。在师生共同构建板书的过程中,教师适时地向学生追问,例如:Why don't we wear jackets in summer?启发学生思考,发展学生思维。再次,通过小组内讨论的方式,将自己提取的知识与他人进行分享,通过协作学习的方式,将这些知识进行整合及分类,培养学生的归纳总结能力。这一小组讨论的活动,与随机通达教学法中的小组协作学习是一致的。在整合归纳出四个季节的着装后,教师询问学生是否对课文的理解存在疑问。有位学生提出:秋天是否可以戴手套?学生通过小组讨论及思考,得出秋季可以戴薄手套的结论。这一课堂正是随机通达教学法中的思维发展训练环节,培养了学生的批判性思维。

(四)Practice

巩固练习环节,教师为学生提供多种形式的朗读活动,例如:听课文录音跟读、同桌两人分季节朗读、大声朗读自己最喜欢的季节的部分等方式,练习本节课的语言知识,为之后的任务产出打下语言基础。这一环节的设计,教师采取了分层任务的方式,因此,不同程度的学习能力的学生都可以在这一环节中充分操练所学语言知识。

(五)Task Fulfillment

随机通达教学法在任务产出环节也给予我很大的理论支撑。小组协作学习是随机通达教学法中一个重要环节,它要求学生围绕呈现不同侧面的事物所获得的认知展开小组讨论。在讨论中,每个学生的观点在和其他学生一起分享时会受到考察、评论,同时每个学生也对别人的观点、看法进行思考并作出反馈。这一环节中,教师先向学生介绍自己最喜欢的季节并阐述原因,为学生的产出活动搭支架。再通过小组讨论的方式,让学生将自己建立起的关于季节的意义与他人进行分享。最后向全班同学介绍自己最喜欢的季节并阐述理由。正如教师所期待的,学生们在这一活动中,热烈地与他人分享着自己最喜欢的季节,学生们迫切地想要表达自己,将自己在书本中所学习到的知识进行有效的迁移,灵活地运用所学的知识和同伴分享自己最喜欢的季节并阐述原因。

(六)Summary and Homework

1. Extension

课上到这里,学生们从书本中了解了四季,从生活中了解了四季,这样对于四季的理解就足够了吗? 人类生活在如此多姿多彩、地域广阔的地球上,今天的北京有些冷,可地处南方的三亚的天气也是如此吗? 远在南半球的澳大利亚的悉尼也正在过冬季吗? 还有这些未解之谜,因此,教师将学生的学习空间进一步拓展,引导他们站在更广阔的视角来理解四季。在本节课的结尾处,教师向学生呈现了北京、三亚与悉尼此时此刻的照片,鼓励学生思考气候不同、季节不同的原因,引导学生观察并对比北京、三亚、悉尼的地理位置,帮助学生归纳出:因地理位置不同,即便是同一时间,北京、三亚与悉尼的气候、着装、活动也是不同的。通过这一介绍,学生认识到,世界上并不是所有的地方季节、气候与我们居住的城市——北京同步。这就是不同国家文化差异的根源之一。通过这一介绍,拓展学生的国际视野,学生不仅了解到了不同国家的文化差异的根源,提升了文化意识,而且学习空间得到了扩展与提升。

2. Homework

教师通过布置课后作业,评价学生本节课的学习效果。在布置作业时,教师注意难易的分级,为不同学习程度的学生布置不同难易程度的作业。通过朗读或背诵课文,评价学生对于本课语言知识习得的能力。通过阅读关于季节的绘本,评价学生自主学习的能力。学生通过绘制自己最喜欢的季节的图片并阐述原因,评价是否完成对所学知识——"季节"这一概念的意义建构。

四、课后视角

本节课后,我收集了学生绘制的季节图片(图 3)。通过课后收集到的学生作品可以了解到,学生对于"季节"这一概念的意义建构初步形成。通过接下来的跟进式教学评价,我将帮助学生逐步完善这一概念的意义建构,促使学生对于"季节"这一概念的意义建构更加完整、更加深刻。以下是我对于本节课的一些思考。

图 3

1. 通达教学,关注学生需求

通达教学法的本质就是关注学生的需求。学生想学什么,想如何去学,都有自主权。本节课上,我通过随机通达教学法,培养了学生的语言运用能力:通过随机进入学习的方式展开本课的教学;通过深层挖掘文本、板书图片梳理、逐步达成任务等方式训练了学生的思维品质;通过多次小组活动,引导学生进行协作性学习。这与通达教学法中的教学环节是如出一辙的。学生根据自身的需求,灵活运用本节课所习得的知识。

2. 小组活动,拓展学习空间

本节课上共有五次有效的小组活动,这些活动能够让学生与同伴相互学习。教师自始至终扮演着帮助者的角色,时刻鼓励学生自由地表达自己的观点,给予学生充分的讨论时间,不去干扰或打断学生的表达,让更多的学生有机会将个人的经验提出来与大家共享。在小组讨论中,学生讨论的不仅是书本上出现的语言,而且分享了各自已有的语言知识,分享的过程实际上拓宽了学生学习的空间。在之后的任务产出环节,学生将这种拓展的学习内容分享到了全班。在小组协作学习的过程中,学生的学习内容、学习方式乃至思维空间都得到了很好的拓展。

在拓展环节,教师放眼世界,又将学生放在全世界的背景下讨论季节的知识,让学生知其然,更知其所以然。学生的文化意识需要一点点地渗透,循序渐进,点滴积累。本节课的文本知识得到了三级拓展,即从文本、生活及世界中获取知识。教师运用多种角度,拓展了学生的学习空间。

3. 整合分类,提高归纳能力

在"Free talk"环节,学生们畅所欲言,在教师的协助下把碎片化的已知归纳成具有逻辑性的关于四季的认知。之后,师生共建板书(图 4),梳理了季节三个维度的知识,再一次提升了学生的归纳能力。教师利用组织结构图表这一信息梳理工具,帮助学生进行知识的有效梳理。通过这一过程,教师帮助学生建立了认识事物的一般过程:观察—发现—分析—分类的思维模型。对比之前试讲与正式上课时的板书,教师发现:培养学生归纳的学习能力后,学生可以更好地进行自主性学习,学生的思维也更具有逻辑性。这种开放的师生关系构成了开放的英语课堂。

图 4

本节课只是我对于采取随机通达教学法培养学生语言运用能力的初次尝试,还有许多不足之处,我将在日后的教学中不断摸索、不断实践,努力在英语课上践行"将简单的事情做深刻"这一教育教学理念。

通过丰富的实践活动提升学生音乐表现力
——欣赏课《祝你快乐》整体思考与教学实施

何丽娜　硕士研究生，二级教师，现任北京市西城区师范学校附属小学音乐教师，悦心合唱团艺术指导。参与教育部"教学点数字教育资源全覆盖"项目教学课例录制。教学案例《花蛤蟆》列入北京市中小学教师信息技术应用能力提升工程全员培训案例资源库。获"西城杯"教学展示一等奖，西城区"钢琴"专业基本功大赛一等奖，市（区）论文评比一、二等奖。

《义务教育音乐课程标准(2011年版)》中指出,"音乐是实践性很强的课程",这也决定了音乐学科重视实践的必然。而在小学阶段,根据课标要求强调的是学生对音乐感性经验的积累,不提倡概念化地学习音乐,因此,增加和丰富学生对音乐的感性体验尤为关键。学生音乐素养的全面发展,音乐能力的普遍提高,既不能单纯地靠教师的讲授,也不能只凭学生的聆听,而应通过学生广泛参与音乐实践过程得以实现。比如聆听、演唱、演奏、编创以及肢体表现等多种形式,以引导和带动学生体会音乐。当学生置身于有效且丰富的音乐实践活动中,能更好地感受到音乐的思想情感时,他们才会用自己恰当的音乐表现力去诠释内心的感悟和理解,让音乐得到真情的倾诉。

这一体会并非纸上谈兵,而是我参加"西城杯",从校级组内说课、做课到区级说课、赛课一路下来的有感而发。梳理总结这个过程,在思考中探究,在探究中顿悟,我更深刻地领会到音乐表现力的形成与发展,对音乐实践活动有着绝对的依赖性,而实践活动更是形成和发展音乐表现力的重要前提。因此,结合西城区制订的"关注学生需求,拓展学习空间,促进全面发展"的研究主题,进一步契合学校"把简单的事情做深刻"的教育理念,以欣赏课《祝你快乐》为例进行探究,以此成文。浅辄初探,望为一颗抛砖引玉之石,泛起涟漪波澜之效。

一、教材视角

《祝你快乐》最初是一首表现劳动人民丰收喜悦的歌曲,作曲家魏群用吹奏乐丰富的音色和多变的创作手法将其改编,使乐曲热情欢快、充满朝气,给人以轻松、快乐的感觉。乐曲为回旋曲式,见图1。

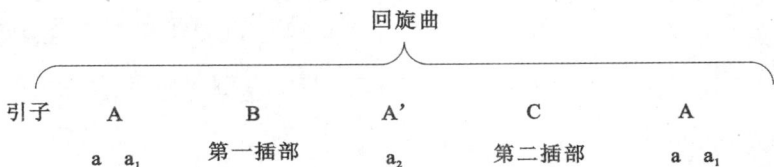

图1

嘹亮的小号奏出引子部分,象征着行进队伍出发。主部 A 全曲共出现了三次,明亮的大调色彩和  节奏型,增强了音乐的动力,渲染了热情欢快的气氛,令人印象深刻。

它的每一次呈现都不一样(图 2)。第一次呈现由嘹亮的小号奏出主旋律,低音乐器富有弹性的演奏及小军鼓的伴奏,让人不由自主随音乐轻快踏步;第二次呈现单簧管高八度演奏主旋律,响亮的铃鼓声音的加入,烘托了气氛,使情绪高涨,铜管乐器演奏的复旋律更丰富了音乐的形象;第三次呈现则是由清亮的长笛奏响主旋律,低音伴奏与复旋律巧妙地融合,音乐情绪又进一步推动。

图 2

对比主部,两个插部大量附点节奏、长时值音出现,使得节奏拉宽、情绪舒展。插部 B 由萨克斯主奏,力度减弱,旋律线条上、下、跳进,旋律起伏,富有歌唱性。插部 C,音区跨度较大,长号、萨克斯的加入使音色更丰富。它的旋律起伏更像一层高过一层的海浪,不断推动音乐发展。

二、学生视角

这是学生三年级学习《同伴进行曲》之后的又一首吹奏乐,在进一步体会的同时,帮助学生更深入地了解吹奏乐器。

针对本首乐曲,我对本班学生进行了课前调研(图 3),了解到:

(1)学生对音乐要素具备感知能力,有描述音乐的能力;

(2)学生有表现音乐的能力;

(3)学生初步了解音乐结构;

(4)学生在识读乐谱方面有一定的基础。

通过对四年级(5)班 45 名学生的问卷前测(图 4),得知:有 40 名学生知道吹奏乐这一演奏形式;有 12 名学生能够听辨部分乐器音色;仅有 3 名学生知道回旋曲这一曲式结构。通过图中数据得出如下结论:学生知道吹奏乐,能说出部分乐器名称,但是分辨乐器的音色、对回旋曲式的理解需要教师进一步指导。

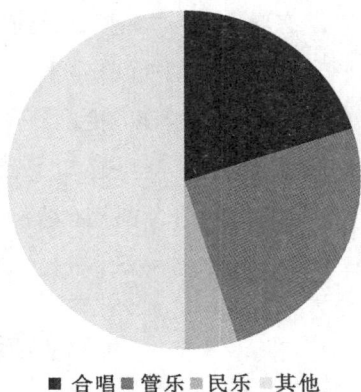

■ 合唱 ■ 管乐 ■ 民乐 ■ 其他

图 3

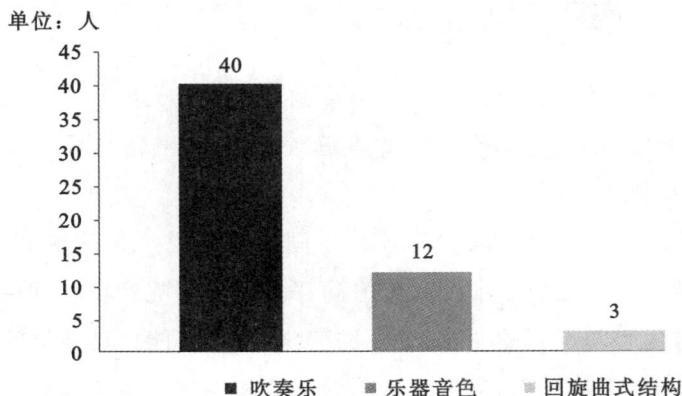

单位:人

■ 吹奏乐 ■ 乐器音色 ■ 回旋曲式结构

图 4

三、课堂视角

基于深挖教材、把握学情,我将教学过程分为以下三个环节,围绕"快乐"主线,意在让学生与音乐产生情感共鸣。

(一)体态律动,感知快乐

初听 A 主题,我设计了这样的提问:"听到音乐你的心情如何?你用什么动作去表现?"音乐响起,很多学生踏起步来,之后学生们很自然地想到从音乐的节奏、速度等音乐要素去表达。有学生说:"它密集的节奏让我感受到它热烈欢快的情绪。"有学生说:"音乐中听到响亮的打击乐伴奏让我心情愉快。"这样的回答是基于平时课堂上我注重培养学生对音乐关键信息的积累。

有了初步感知,我设计了指挥旗动作。模仿是最好的学习,学生在模仿我的动作的过程中,进一步感知了音乐带来的快乐。

紧接着,结合曲谱(图 5),学生在熟悉曲谱和填唱歌词的过程中,发现 A 主题二、四乐句句尾一下、一上的旋律走向,与音乐动作相符合。

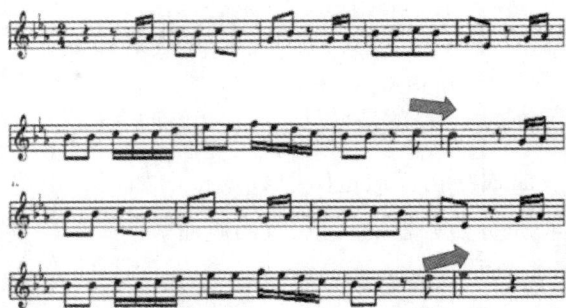

图 5

随后聆听全曲,学生用动作感知并准确表达出 A 主题在乐曲中的位置,感受到它每次出现都略有不同。

抓住学生发现,我进行提问:"有什么不同?"学生说:"音区变高了。"进一步追问:"那音乐情绪呢?""更快乐了。"继续追问:"演奏乐器呢?"在这样由浅入深、一步步的挖掘下,学生感知音区的变化、音色的变化,这些都能推动情绪的发展。

随着对音乐分析的深入,学生对音乐的感知和表现发生了变化(图 6)。

图6

乐曲的主部 A 是让人印象最深刻的,热烈欢快的情绪配合学生肢体的律动,让人感觉到轻松、快乐,因此,我把情感作为重点进行教学。

(二)对比聆听,体验快乐

在主部 A 的聆听基础上,学生对比感受到插部节奏宽松、情绪舒展。接着我用钢琴演奏 B 主题,学生再次熟悉旋律感知音乐情绪变化。随后,播放音乐,学生跟随老师拍打身体、画线条进一步体会音乐节奏。

充分聆听 B 主题后,学生初听 C 主题,直接进行音乐分析。在前面的过程中,学生学会了分析音乐的方法,这时,给学生充分自主探究的空间,让他们更深层次地理解音乐。在课堂上,我邀请学生随音乐画旋律线条时,学生的参与度最高(图7)。

图7

苏霍姆林斯基说:"在课堂教学中,占据你的注意中心的将不是关于教材内容的思考,而是对你学生的思维情况的关心。"学生画的不同旋律线反映了他们对音乐的体验。

(三)丰富表现,传递快乐

此时的学生对乐曲的各段已深刻记忆,各主题所表达的快乐情感也传递到了他们的内心。在对各主题感知和理解的基础上,我用图卡排列主题顺序的方式,检测学生对音乐各主题的记忆,进而总结出乐曲的回旋曲结构。再次表现音乐时,学生用填词演唱、指挥旗、拍打身体、画旋律线等方式与音乐产生共鸣,表达音乐快乐情感。

四、课后反思与感悟

音乐欣赏教学大致可以分为如下几个部分:对音乐作品的整体感知与理解;音乐知识与技能的积累和运用;在音乐中传递出的情感态度和价值观,也就是音乐主题思想的审美判断。这些部分,无一例外,都是以学生对音乐进行大量的感性体验为基础,诸如体态律动、音乐游戏、声势操作、节奏认读、声音模仿、音乐欣赏、乐器演奏、歌曲演唱等,但是这些音乐实践活动不可能在一节课中完整呈现,同时还需注意学生参与的可能性、普遍性,注意音乐性与艺术性。通过对欣赏课《祝你快乐》课例的探究和分析,我的反思与感悟如下。

(一)音乐实践活动要渗透情感体验

音乐是通过音响来交流、表现人的思想感情,实施美育的重要途径,因此我们音乐教学的立足点在于引导学生体验音乐中的情感并传递给他人,或用音乐作为表达自我的方式。

(二)音乐实践活动以音乐本体为核心

节拍、节奏、旋律、和声、力度、音色等是构成音乐艺术的最基本要素,只有培养学生对音乐要素敏锐的感知能力,才能帮助他们找到了解、感受、表现音乐的突破口,因此,在设计音乐实践活动时要从音乐要素入手。

(三)音乐实践活动要贴近学生实际

丰富多彩的音乐实践活动本身就有利于激发学生参与体验的欲望,但设计与学生音乐能力或者巩固音乐知识关系不大的音乐活动,则稍显随意,教师应该站在学生的角度去了解学生的心理需求,这样的情景创设更容易让学生置身其中、感同身受,从而与音乐产生内心的共鸣,受到熏陶与感染。

有了音乐实践活动,学生的情感体会才有了外显的可能,学生对音乐的表现潜能才得到进一步的发展,进而促进他们音乐素养的提升。课标中重点强调,"教学中应注意培养学生自信的演唱、演奏能力及综合性艺术表演能力,发展学生的表演潜能及创造性潜能,使学生能用音乐的形式表达个人的情感并与他人沟通、融洽感情,在音乐实践活动中使学生享受到美的愉悦,受到情感的陶冶",充分肯定了音乐表现力对学生审美情趣、品行修养的积极促进作用。

音乐课堂上对音乐表现力的思考也不仅仅局限在提高学生演唱与综合艺术表演能力的层面上,更深层的落脚点应在于音乐表现力必须建立在对音乐作品整体性的感受—理解—表达的知识能力链上,即在已有的演唱表演能力之上,更深入挖掘学生的主动探究意识,这与课标要求"激发学生对音乐的好奇心和探究愿望,进行即兴式自由发挥为主要特点的探究与创造活动"论点不谋而合。学生作为一种鲜活的力量,带着自己已有的经验、知识、思考、兴致参与音乐课堂教学,从而使音乐课堂教学呈现出丰富性、复杂性和多变性的特点。若仅仅按照预先设定的过程教学,教学活动就会失去生命活动所应有的复杂性、偶然性和不确定性,学生所能感受的只是知识的结论,对教学过程和内容却失去了应有的好奇心。显然,"探究"更重要的不是结果,而是过程本身,学生课堂上瞬间的感悟,才是最宝贵的资源。

当我们的视线从关注音乐情绪转到关注演奏乐器、关注乐句的发展、关注乐曲的结构、关注音乐的形式美时,这一系列关注点串联出来的是行之有效且丰富多样的音乐实践活动。这一循序渐进的过程引导着学生从对乐曲的陌生到了解再到熟悉,最后到喜爱和牢记,学生最终明显表现出来的是他们演唱能力、表演能力的提升,而潜移默化提升的是他们的主动性以及探究意识,这也是音乐学科所赋予学生的核心素养所在。

本节课通过研磨教材、分析学情、把握学科本质,在丰富的音乐实践活动中,提高学生音乐表现力,促进学生全面发展,提高学生核心素养。我认为这也是对学校工作目标"简单的事情做深刻"的理解和诠释吧!

开放性的探究活动 让图形变变变
——对『撕纸——图形变变变』一课的整体思考与教学实施

白梓杨　一级教师,现任北京市西城区师范学校附属小学美术教师,曾获得第八届全国中小学互动教学课一等奖、"西城杯"教学一等奖,荣获西城区优秀教师称号。

美术课程是以视觉形象的感知、理解和创造为特征的学科,意在培养学生图像识读、审美判断和文化理解能力。对于一年级美术"图形变变变"一课,学生会想到各种形状的变化,会组合出很多有趣的造型,根据以往教学经验,我发现利用形状组合画造型的绘画形式对学生而言并没有新奇的感觉,学生学习兴趣不高,课堂气氛不活跃。如何在教学中以新颖的形式调动学生的好奇心呢? 我决定在教学中将"我教你画"的教学方式,转变为"放手感受"的教学模式。以初次体验、再次感受、深刻理解为主线进行开放性的教学研究,让学生做自己创作的主人,在积累技能和经验的过程中,让学生更加了解、认识自己的优势,更好地体现学生在课堂上的主体地位。

一、教材视角

开放性教学活动以学生发展为本,确立学生的主体意识,充分调动学生学习的主动性、积极性,激发学生的学习兴趣,保护求知欲。在教学中,教师要为学生创设学习情景,引导学生在积极主动的探索过程中获取知识,并且在过程中解决问题,生成智慧。《小学美术教学策略》一书指出:小学低年级学生的美术探索活动主要是以对系统的观察、对常见事物的理解、对未知事物的尝试为主。在这个过程中培养学生学会面对问题、乐于思考、善于发问、敢于尝试的精神。

结合对"开放性教学、探索活动"的理解,我重新审视教材并进行规划。从版面上看,本课教材中呈现了绘画、撕纸、剪贴等不同的表现形式,其中撕纸形式占70%,其意图是引导学生积极感受撕纸活动,培养撕纸兴趣,积累撕纸经验,为下册撕纸学习做铺垫。从表现形式上看,低年级的绘画教学多为传授方法,选择开放性的活动不能突出教学实效性。而撕纸的内容就比较适合在以体验为主的探究活动中进行教学,同时给予学生自学感悟的空间。在评价共性、尊重个性的过程中使学生有不同的理解和收获,体现出开放性课堂中追求自由、注重获得的特点。此外,我在翻阅大量相关内容时发现绘画教学的案例很多,教学方式大同小异,而针对小学一年级撕纸教学的案例几乎没有,而以直线造型为主的撕纸造型的案例就更没有了。

综上所述,以美术新课标为指导,让学生感受、体验纸质媒材的特点,通过观察、尝试、发现、创造等方法大胆、自由地表现,感受造型活动的乐趣。因此我将绘画形式的教学"图形变变变"转变成撕纸形式的教学"撕纸——图形变变变"。

二、学生视角

学习撕纸,需要学生有一定的造型识图能力,学生的情况是怎么样的呢? 我进行了学情分析:

①优势:我校学生在第 1 课时已经初步认识了各种基本形,并了解了基本形特征,80％的学生能够初步利用基本形概括物象基本特征,用绘画的形式表现自己喜欢的形象。

②劣势:通过课前观察,大部分学生两手配合不好,表现形状单一,与教师范作雷同,不敢大胆创新。

根据教材分析和学情分析,我设计了两个"开放性"的教学策略。

策略 1:针对学生已有的能力,在体验、交流中帮助学生找到撕纸的正确方法,在交流中体验撕纸变图形的快乐,在探究中寻找自己喜欢的巧变图形的方法,从而搭建乐学课堂。

策略 2:由于学生年龄小,注意力容易分散,对细节观察不足,因此,利用两个视听媒材,帮助学生集中注意力,学习撕纸方法;帮助学生拓展学习空间,使学生在视频游戏中学会多个巧变形状的方法,为学生搭建创新的平台。

三、课堂视角

为了更好地培养学生的美术素养,我在观察、分析、探究中培养学生图像识读能力和审美判断能力;在创造新造型的过程中,培养创意实践能力。以学习撕纸方法、概括事物特征为本课的教学重点;将不同大小和形状的基本形进行组合,表现自己喜欢的事物作为教学难点。

本节课追求的就是一个"变"字! 我在教学过程中呈现了三个层次:体验方法变、探究形状变、组合造型变。根据低年级学生的特点,借助视听媒材作为导入;在初步尝试中体验方法;在小组探究中变化形状;在观察实物中组合造型;在分类评价中提升审美经验。这四个环节由浅入深,在鼓励尝试、积极思辨、群策群议的过程中解决教学重、难点,为学生搭建层层递进的学习阶梯。下面介绍在教学设计中最主要的三个环节。

（一）导入环节——观察视角变

在导入环节,我向学生展示他们"图形变变变"第 1 课时的作业,选出一张画汽车的作业问:"用什么基本形概括这辆汽车的造型?"学生说出:"用长方形表现车身,用圆形表现车轮。"随后我又为学生呈现一幅内容相同的作品,让学生边听撕纸的声音边观察汽车造型的边缘,提问:"你发现了什么? 猜一猜我是用什么方法制作的?"利用视听媒材,通过对比学生发现撕纸和绘画都可以表现出不同的美感,从而引出课题"撕纸——图形变变变"。

（二）新授环节——"撕纸变图形、图形变造型"的开放式探究活动

1. 撕纸方法变

此环节主要是规范撕纸动作。我先请学生判断哪个视频演示的是正确的撕纸方法,当有一部分学生还不确定撕纸方法时,再请学生观看视频中的特写镜头,发现撕纸是用双手拇指和食指一起捏住想撕的部分,两只手再同时向相反方向运动。当学生学会撕纸方法后,就可以进行有活动要求的练习了。

（1）组织学生初步进行自主探究。

首先,引导学生回忆形状的特征,培养学生设计的思维能力,为之后的自主探究做准备。教师引导:"我想撕一个三角形,三角形的特征是什么?"学生说:"有三条边、三个角。"教师又问:"怎么能快速地撕出三角形呢?"把问题转换成探究活动的要求:同学之间说一说,怎样在一张纸上快速撕形状。在开放性的问题面前,学生各抒己见,有的拿出画笔,有的摸着纸边比画着。随后学生大胆地总结出三种方法:先画再撕、直接撕、折一下撕。教师进行活动总结并把三种方法制作的造型展示出来,让学生通过对比观察到:先画再撕很浪费时间、形状容易撕小、造型比较死板没有趣味。在明显的对比中,学生自己找到答案,在之后的实践活动中,有很多学生就没有选择先画再撕的方法。

开放性的探究活动像是一个神奇的口袋,教师把预设时学生会选择的方法放在里面,通过提出问题,让学生去"袋子"选择自己喜欢的方法。随后进行阶段性的总结,告诉学生哪个是省时的方法、哪个是费力的方法。

（2）在实践中学生发现问题。

在试讲撕纸变图形的环节中，并没有设计发现问题的小环节。所以在课堂中，总感觉是教师让学生做，而不是学生想主动参与活动。于是经过反复思考，最终设计成：当学生撕出各式各样的三角形后，自然而然地引出四个三角形组合的造型，当学生看完动画后我问："这些造型，你看出了什么？"学生兴奋地说："看出了一个三角形的房子、两个三角形组合的小鱼、三个三角形组合的松树、四个三角形组合的蝴蝶。"我接着问："你还能发现什么？"渐渐地有的学生通过整体观察发现："怎么都是用三角形拼出来的呀？"我问："如果所有的造型都是三角形来组合，效果好看吗？"学生立刻说："不好看！"我又说："生活中有很多的造型，可以用各种形状概括组合！"此环节，通过对造型的识读，进行思辨，学生产生审美感受，从而主动地参与到想撕不同形状的活动中。

改变后的探究活动更加突出学生在自主探究中的主体地位，学生通过自己的努力，越学越开心，越玩越明白！

2. 撕纸图形变

当学生有撕不同形状的意愿后，通过两个体验活动，使学生学会巧变形状的方法。第一，请学生用之前体验时剩余的纸，借助不同的边，撕出不同的基本形。有的学生说："我是利用这条边撕成的梯形。"有的说："我是利用这个角撕成的水滴形。"通过小组说一说的形式，学生思维相互碰撞，激发创新的灵感。第二，教师继续引导巧变形状的方法：我们还可以用什么方式改变图形呢？通过一个小视频，学生猜一猜大三角形会变成什么形状。通过观看视频，学生既了解了对折可以是巧撕形状的方法，又发现了大图形能够撕出两个图形的秘密。于是我引导学生把桌面上的基本形（长方形、圆形等形状）撕一撕、变一变，在开放性的探究活动中，学生自由发挥自己的想法，撕出各不相同的形状，并介绍撕的方法。此环节，调动学生撕纸兴趣，帮助学生建立巧变造型的意识，拓展学习空间。

3. 撕纸图形组合变

开放性的教学活动既可以体现在设问的开放，又可以是探究活动的开放，还可以体现在交流反馈的活动中，但对美术学科而言，最终还要呈现出作品的多样性。

（1）让学生结合生活中的形象素材，把图形变造型。

这一环节是用撕出的形状进行组合，表现出生活中的各种造型。请学生利用撕出的形状在课桌上摆一摆,同时也让他们到黑板上摆一摆。摆的时候学生发现形状不合适,于是引导他们用相似的形状进行改造。为了降低撕纸造型的难度,调动学生创新思维的能力,我利用绘画作品激发学生创作。通过示范半圆形的撕法,将半圆形的方向和位置进行改变,变化出各种不同造型。比如,半圆形直线边向下可以是飞船、水母、汽车、老鼠的身体等,直线边向上可以想象成西瓜、果盘、鱼的身体等,直线边向左右可以想象成帆船的风帆。

(2)展示更多学生的撕纸作品,发散学生思维,拓展创新空间。

通过有效的教师示范和开放性启发,学生明确实践要求,调动自身的积极性,使作品呈现出不同造型的效果。

四、课后视角

对我而言,这节课是一种全新的尝试。对学生而言,从他们收获成功的喜悦中,我看到了开放式探究活动带给他们的惊喜、自由和快乐。

根据儿童认知发展规律,利用视频媒材建立审美通感,依靠感官激发情智,开展趣味、开放、有效的探究活动,让学生各取所需、相互促进;在轻松的气氛中学习新知、积累能力;在体验、交流中进行生生互动,多层次地营造立体的生命成长空间,为学生今后的学习、生活奠定更好的美术素养。

关注学生需求　激发武术学习兴趣
——『武术跳步推掌』整体思考与教学实施

周欣欣　　二级教师,现任北京市西城区师范学校附属小学体育教师。2018 年获得"西城区教育系统骨干教师"荣誉称号,曾获全国中小学创新课堂教学实践观摩活动一等奖、北京市第七届"京研杯"论文一等奖。

关注学生的需求,突出学生的学习主体地位是目前课堂教学提倡的观点。学生的需求有很多,如希望得到表扬、感受到在运动中体验成功、能够展示自我、受到教师和同伴的关心及尊重、获得自我调节、对运动知识的学习等。我认为在教学中教师不应仅仅关注学生对知识的需求,更应关注学生的心理需求。下面我将结合"武术跳步推掌"一课的教学,来谈谈如何通过关注学生的学习需求,激发学生武术学习的兴趣。

一、教材视角

《义务教育体育与健康课程标准(2011 年版)》中明确提出:在教学过程中要遵照"健康第一"的指导思想,强调实践性特征,突出学生的学习主体地位,努力构建较为完整的课程目标体系和发展性的评价方式,重视教学内容的基础性、选择性及教学方法的有效性和多样性。因此,体育教师要明晰课程标准的相关要求,读懂教材、"吃"透教材,使教学设计更准确。在教学设计中要从学生的需求角度出发,要考虑到学生在本课中对武术运动的知识需求,在掌握动作后能不能主动展示自我,同伴之间合作是否能感受到武术动作的发力点。教师在教学中要及时关注、表扬和点评学生完成动作的情况及进一步提高练习的方法,突出学生的学习主体地位。

少年拳是小学水平三(5~6 年级)学习的内容,也是学生喜欢的教学内容之一。它由震脚架打、蹬踢架打、垫步弹踢、马步横打、弓步撩掌、虚步架打、跳步推掌和撩拳收抱 8 个动作组成。少年拳的单元教学计划为 3 课时,跳步推掌是第 4 课次。在前面的教学中学生已经掌握了基本的手形、步形和前 6 个动作,为本课的跳步推掌的学习奠定了基础。跳步推掌中的手法之前已经学习过了,跳步是本课的新授动作,是学生之前没有接触过的内容。因此,本次课程教学将着重解决跳步与手法的协调配合问题。在学生学习跳步推掌基本动作时,知道少年拳完整动作路线,并鼓励学生勇于展示自我,与同伴分享交流学习到的运动技能,在击打脚靶过程中掌握跳步推掌的发力点。通过少年拳动作的练习发展学生的力量、灵敏性、柔韧性等身体素质,同时提高学生的动作衔接能力,增强学生的民族自尊心、自信心,培养学生刻苦、认真的优良品质,传承民族体育文化。

游戏"网鱼"比赛能够促进学生运动速度的发展,提高学生快速奔跑、闪躲的能力,增加本课的运动负荷,培养学生共同参与、团结协作的意识,增添学生群体活动的乐趣,促进身体素质的全面发展。

二、学生视角

本课的教授对象是六年级的学生,男生 22 人,女生 18 人。他们正处于由儿童期进入少年期的阶段,自尊心和独立意识强,特别在乎他人对自己的评价,上课时能认真倾听,积极、主动参与学习,善于和同伴交流、沟通。他们身体素质较好,喜欢武术,特别是变化多和富有挑战性的动作。在三、四年级学习过冲拳、弓马步等简单组合动作,有一定的武术基本功;在本单元的前三课次中,他们已经掌握了少年拳前 6 个动作,具备了学习少年拳的能力。因此,本节课将在复习前 6 个动作的基础上,初步学习跳步推掌动作,完善少年拳整套动作。

学生在学习少年拳跳步推掌基本动作时,他们在快速掌握动作路线之后,就特别想知道这个动作的力度、角度和实际作用。比如说通过同伴之间相互评价,知道自己的动作是否正确;在双方合作的情况下击打脚靶,体验跳步推掌的发力感;等等。因此,我在教学设计中从学生的需求角度出发,通过小组合作的形式,让学生能够相互评价动作是否准确,相互击打脚靶,体验动作的发力点,突出学生的学习主体地位,做到方法得当、内容精当、手段适当,注重提高课堂的实效性。

三、课堂视角

基于对武术少年拳教材和学生情况的分析,我将本课的教学目标确定为学生初步学会跳步推掌动作,完善少年拳整套动作;发展学生身体的协调性和灵敏性等素质,提高学生的肌肉控制能力。教学重点是跳步衔接紧,推掌有力;教学难点是动作协调连贯。依据六年级学生的身心特点和本班学生的实际情况,我将通过师生互动、生生互动等教学手段,采用示范展示、游戏练习、合作学习等教学方式,关注学生学习需求,激发学生的武术学习兴趣,有效地达成本课的教学目标。

(一)培养学生的自信和集体荣誉感

在分列式走的队列练习中,在教师的引导下,学生能够集中注意力,非常自信地迈着整齐的步伐,并大声且自豪地喊出我们的校训"使每一天都有意义",培养和激励学生的团队意识。

（二）自编武术操,激发学习兴趣

为了让学生做好热身准备,激发学生学习武术的兴趣,我创编了武术操《天行健》巩固武术基本动作,将学生之前学过的手形、手法和步形、步法等武术基本动作串联起来。在富有节奏感的音乐伴奏下,我带领学生复习武术基本功,为学习少年拳整套动作奠定基础。

（三）温故而知新,循序渐进学会动作

"温故"是在教师的带领下复习少年拳前6个动作,使学生能够巩固已学内容,为少年拳整套动作的完善打下基础。"知新"是教师示范少年拳的完整动作,并讲解示范本课的新内容——跳步推掌,让学生知道跳步推掌的动作路线。在武术的教学过程中,每个单独的动作相加就是一个新的动作,再将动作串联就是一个完整的套路动作。因此,我创设了小组合作的环节,学生相互交流、评价,满足学生情感交流、表现自我以及受到关心和尊重的需求。先教会学生依次掌握跳步推掌的单个动作。如第一步是两人一组合作练习跳步,相互观察、评价是不是右腿提膝向前跳步;第二步是小跳一步成弓步,有没有做到前弓后绷直;第三步是大跳一步成弓步,观看是否做到跳步有速度和远度;第四步是跳步成弓步推掌（图1）,要观察评价是不是跳步衔接快、有适宜远度、重心起伏低。由此循序渐进引导学生掌握跳步推掌动作,并为学生创设了学习和交流的氛围。

图1

（四）利用教具激发学生练习兴趣,解决教学的重难点

我观察到学生在基本学了跳步推掌的动作后,面临的问题是:有的学生找不到推掌的发力点,有的学生跳步与推掌的衔接不够连贯。因此,本环节我通过借助教具脚靶,让学生将跳步推掌动作学以致用,激发学生对武术的学习兴趣。学生两人一组,一人手持脚靶,一人做跳步推掌动作（图2）。在学生练习时,我巡视指导,发现有一组中的同学小A在跳步后推掌击打脚靶没有力度,是因为下盘动作不

稳,急于推掌使得动作不协调。我走过去让小 A 暂停了击打脚靶练习,让他先做徒手动作练习,跟他强调了下盘动作要稳,然后上体要保持正直、拧腰、顺肩、掌部发力(图 3),再击打脚靶练习。经过一系列的指导,小 A 的跳步推掌动作能够连贯完成并做到了推掌有力。在体验击打脚靶练习中,学生逐步调整自己与击打目标的距离、跳步的速度和步幅大小、推掌速度和力量的大小变化,激发了学生的练习兴趣,从而体验到动作连贯、跳步衔接紧有利于推掌有力,解决了教学的重难点,使学生体验到成功的快乐。

图 2

图 3

(五)树立信心,展示自我,进而提高形神兼备的武技水平

经过单个动作学习、击打脚靶,学生掌握了跳步推掌单个技术动作后,教师引导学生在音乐的伴奏下,将少年拳的前 7 个动作完整串联,并分组进行展示,教师及时给予点评,观看的学生在动作完成后采用掌声或者竖大拇指的方式,给出了评价。最后,在教师的示范和领做下,教会学生少年拳的最后一个收势动作,完善少年拳的整套动作,培养学生在武术中的手法与步型的协调配合,见图 4。教师结合学生练习的实际情况多次示范,同时以要领词提示学生,在巡视指导和邀请做得好的学生展示时,及时对学生的动作和学习态度给予肯定和表扬,使学生在学练过程中逐步树立信心,勇于展示自我,并能够欣赏武术动作的美,进而提高形神兼备的武技水平。

图 4

四、课后视角

在本课武术教学过程中,关于满足学生学习需求,激发学习兴趣,我有以下几点思考。

(一)教师教学示范

在武术教学活动中,教师要将复杂的武术动作用简洁、明确、形象化的语言描述出来,并明确动作的要点、重难点,还要做到动作准确到位、潇洒优美,恰到好处地体现武术的动作美,使学生在视觉上享受到武术的美,在心理上有渴望去模仿和学习的美好愿望。在教学过程中,邀请动作完成好的同学进行展示,强化学生对学习动作的记忆,同时能促进学生进入最佳的学习状态,营造良好的课堂气氛。

(二)师生互动

良好的师生关系能够促进双方的交流,是提高教学质量的有效途径之一。教师带有情感进行教学,通过表扬来激起学生相应的情感回应。比如在小丁同学练习跳步推掌时,"跳步动作不错,注意上体要稳,推掌才会更有力"。教师及时表扬和点评他的动作,让他能知道自己完成的动作是被肯定的,同时也能知道怎样做会完成得更好。在练习中得到表扬和肯定后,学生会自然而然地提升对武术学习的兴趣。

（三）学生学习的兴趣

武术教学中，根据学生的实际情况，不仅要设计好"教什么"和"如何教"，还要关注到学生"学什么""怎么学"和"学得怎么样"的问题。在教学过程中要采用灵活多样的教学方法，不断用新颖、生动的武术内容刺激学生的"胃口"，做到寓教于乐，充分调动学生的积极性、主动性，唤起他们爱学、乐学的内驱力。比如在观察到学生基本掌握了跳步推掌和击打脚靶的方法后，及时引导学生将之前已经学习过的动作串联起来击打脚靶，鼓励学生挑战自我，做到每个动作击打有力。这样不仅可以启发学生体会少年拳的动作衔接、劲力顺达，还能够调动学生的积极性，活跃课堂气氛。

本节课使我明白在教学过程中不仅要深刻、准确理解教材，还要更多地关注学生的学习需求，采用有效的教学方法激发学生的学习兴趣。在教学过程中也要多关注学生对运动知识的掌握情况，及时纠正动作。例如，有的学生在学会动作后，击打脚靶时过度重视推掌动作，但弓步不稳，所以出现了动作无力现象；有的学生在徒手练习时非常标准，但是击打脚靶时掌握不好跳步的距离，因此，下次课我将针对跳步再设计"跳河"游戏，让学生掌握跳步动作的距离。

在每次的体育教学中我都希望学生有所收获，在运动中有愉悦的心情，身体素质和运动能力都有所提升，这样才能贯彻好我校"使每一天都有意义"的校训，增强学生的武术学习兴趣，传承民族体育文化。

谷　悦

二级教师,现任北京市西城区师范学校附属小学语文及道德与法治学科教师。曾获北京市教学设计评选一等奖,"西城杯"评优课一等奖,多篇论文、案例获北京市、西城区二等奖、三等奖。荣获西城区优秀教师、青年岗位能手称号。

体验式教学是一种寓教于乐的课堂教学方式,学生能够在各种课堂活动中体验、感受学习的乐趣,从而提高学生的学习自主性。一年级的孩子心理年龄小,且活泼好动,传统的教学模式往往不能让孩子很好地投入学习,那么教师如何让学生在实践中学习,在体验中成长呢?在此我将以部编版道德与法治课程"玩得真开心"一课为例,研究采用体验式教学的方式,让学生在实践中体会玩的学问。

一、教材视角

《义务教育品德与生活课程标准(2011年版)》中提到,道德与法治课程是以小学低年级儿童的生活为基础,以培养具有良好品德与行为习惯、乐于探究、热爱生活的儿童为目标的活动型综合课程。在实践过程中,道德与法治课程依据了《青少年法治教育大纲》中提到的要初步建立规则意识,理解遵守规则的意义与要求的教育,以及《北京市中小学生日常行为规范(2016年修订)》中提到的珍爱生命,热爱生活,懂得生命的宝贵,遵守规则,不妨碍他人的工作、学习和休息的要求。"玩得真开心"是部编版《道德与法治》一年级上册第三单元中的第一课,本单元有四个主题:"玩得真开心""吃饭有讲究""别伤着自己""早睡早起",内容涉及游戏、饮食、安全和作息习惯四个方面,其中在本课中包括"玩得真开心""这样玩好吗""你会跟他们玩吗"和"开个玩具交流会"四个板块。本节课教学为前两个板块的内容,旨在培养学生在家中注意游戏的基本安全的意识,玩健康、文明、合理的游戏,并能够合理地安排自己的课余生活。本节课教学内容与儿童的生活密切相关,在教学过程中应将课本内容与学生的实际生活相结合,从儿童的实际生活中发现问题,通过课堂的实践活动,在学生的体验过程中帮助学生解决一些生活中的小问题。这既能有效地提高学生的学习能力,又能够有效地丰富学生的生活经验。

本节道德与法治课旨在结合学生实际生活和学校情况,引领学生通过亲身实践,综合培养人文素养,初步培养学生公共意识。这节课在构建全新的、发展的教材观指导下,从学生的实际生活经验出发,引导学生在实践中学习,在体验中成长。

针对本节课教学内容,侧重采用活动体验式教学策略,联系学生生活实际,创设生活情境,激发学生兴趣,让学生在不断实践中探索玩的学问,体验玩的快乐。

二、学生视角

对于一年级的学生来说,上学是他们一项重要的事,他们的生活发生了较大的变化,课余生活也会随之发生变化。课前我对班级 36 名学生及其家长进行了调查(图 1)。

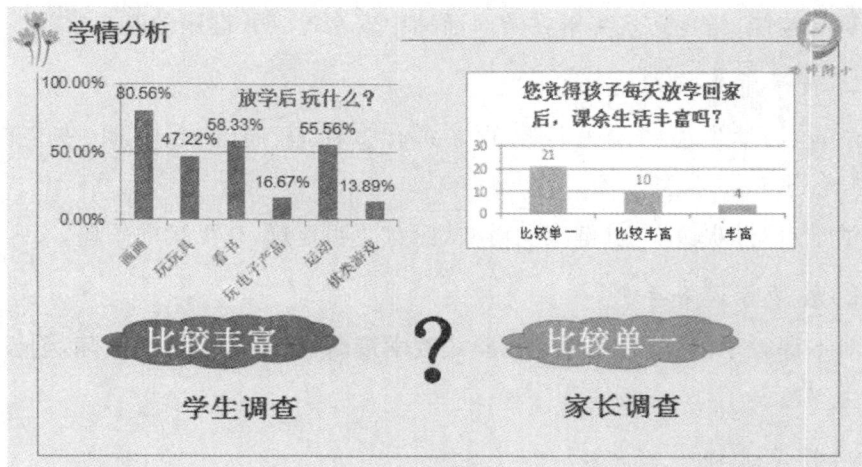

图 1

通过课前对学生"放学后玩什么"的调查,我发现学生认为自己的课余生活比较丰富,比如画画、玩玩具、看书、玩电子产品、运动和棋类游戏等。为了更好地了解学生的课余生活,我又对学生家长进行了调查。可是,在调查中却发现大多数家长认为孩子的课余活动比较单一。为什么会产生这样的差异呢?在与家长的进一步交流中,我发现产生差异的主要原因是大部分家长由于工作原因,疏于对孩子课余生活的引导和照顾,孩子们基本上以看书、画画、玩电子产品为主。还有些家长对如何引导孩子安全地、有节制地玩,表示很苦恼,需要教师给予一些指导。

那么,如何通过家校配合,帮助孩子解决家庭生活中玩的问题,找到玩的学问,引发了我的思考。我将以"玩得真开心"一课为例,引导学生在实践中学习,在体验中成长。

三、课堂视角

(一)教学目标

情感、态度、价值观:喜欢玩安全、健康的游戏,愿意文明地玩,享受玩的快乐。

行为与习惯:游戏中能够做到遵守规则和秩序,初步养成文明游戏的行为习惯。

过程与方法:学生能初步懂得玩的方式有多种,开展健康、文明、安全的游戏活动,有初步合理安排时间的意识。

知识与技能:学生初步了解在游戏活动中安全、文明、健康的基本常识。

(二)教学重点及难点

教学重点:学生能初步懂得玩的方式有多种,开展健康、文明、安全的游戏活动。

教学难点:喜欢做安全、健康的游戏,愿意文明地玩,享受玩的乐趣。

(三)教学方式和手段

针对本课教学内容,采用活动体验式教学策略,联系学生生活实际,创设情境,激发学生兴趣。

(四)教学过程

(1)引入:活动导入,激发兴趣,初步感受玩的快乐。

上课开始,教师通过"转魔方"的小活动,拉近与学生的距离,帮助学生打开思路,调动学生学习的积极性,引出第二个环节。

(2)新课:交流分享,创设情境,在实践中体验玩的快乐。

这是本节课的重点环节,我设计了三个活动。

活动一:小组交流,分享玩什么。

在这个环节中,我请一组同学对课前准备的照片进行展示交流,说一说放学后都玩什么。接下来在小组展示交流中,通过教师的巡视,在潜移默化中帮助孩子拓宽玩的思路。

【设计意图】 这样的设计使学生将课堂的学习与生活相联系,拓展了学生学习的空间。

活动二:小小"法官",辨析如何玩。

在这个活动中,出示四幅图,请学生当"小法官",判断这样玩好吗。

图2:通过交流,学生知道在家玩打火机是不对的,并可能伤害到自己。我通过新闻视频进行补充,告诉学生玩打火机等危险的事物,不仅会伤害到自己,还有可能伤害到别人。学生在观看视频后,还列举了生活中除了打火机外,电源、水、刀具等也不能玩。这时我贴出板书"安全",提醒同学们要想玩得开心,一定要注意安全第一。

图2

图3:请学生听录音,帮助妈妈解决烦恼。学生通过录音内容能够说出小女孩这样做的不对之处,还积极地帮助妈妈想办法。比如有的同学说,可以规定看电视的时间,定小闹钟提醒自己等。这时,我进行小结,看电视本来是可以帮助放松的娱乐,还能增长知识,但是看得时间长了,对我们的健康就有危害了。一定要控制好时间,健康有节制地活动。贴板书:健康。

图3

图4:观看图片后,请"小法官"们来演一演老爷爷会对他们说什么,引导学生在公共场所玩要时要文明。虽然和小伙伴在一起玩要很快乐,但一定要遵守公共秩序,不仅要想到自己玩得高兴,还要不妨碍别人的学习和生活,文明地活动。贴板书:文明。

图 4

图 5:学生观察图片后,提问他们:这样玩还能开心吗?让学生知道,现在他们是一年级的小学生,虽然没有作业,但是要想一想还有什么比玩更重要的事,引导他们合理安排时间,这样才能玩得更踏实、更开心。贴板书:合理安排时间。

图 5

【设计意图】 本环节为了迎合低年级学生活泼好动、乐于助人的特点,设计了"小法官"的活动,旨在激发孩子们参与的积极性。通过交流,学生知道要想玩得开心,就要注意安全、文明、健康、合理,在学生辨析的过程中,教师适时播放新闻视频、音频,以及通过角色扮演等形式辅助教学,突出重点。

活动三:游戏体验,交流玩的体会(图6)。

①情景体验。

我将板画"滑梯"贴在黑板上,请学生手拿布娃娃,现场模拟滑滑梯的情景。玩之前,请学生说一说注意事项。有的学生说:"双手扶住两侧,坐稳了再滑。"有的学生说:"从上往下滑。"有的学生说:"一个人滑到底了,我再滑下去。"我伸出大拇指

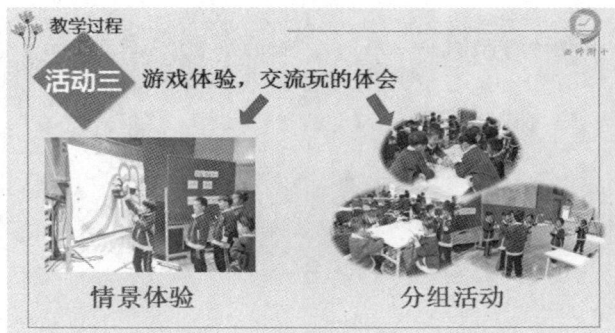

图 6

说："对！像这样玩才安全。"还有的学生说："当人多时,要一个一个地排队玩。"这时我接着说："对,游戏时要遵守规则、有秩序,这样做既安全又文明。"

学生说清规则后,请一组进行体验(播放视频),接着请观看游戏的同学夸夸体验同学的表现(播放视频)。当学生们发言完,我拿出奖励星,贴在板书"文明"和"安全"的旁边,告诉学生这样玩,才能做到安全、文明。

②分组活动。

我设计了三个小游戏,分别是:剪贴画、拼七巧板和摸人游戏,分六个小组同时进行。游戏中,教师随时巡视,及时肯定能够安全、文明游戏的学生,发现问题及时纠正。游戏结束后,通过师生、生生互评,学生们感悟到在游戏中应注意安全、文明,并奖励他们文明星、安全星。

通过这样的活动,从安全的角度:在剪贴画、七巧板游戏中,学生能安全地使用剪刀、七巧板等尖锐的物品;摸人游戏中能做到遵守游戏规则,避免伤害事故。从文明的角度:六个小组都能够注意压低声音,尽量不影响他人。

这时,我出示《北京市中小学生日常行为规范(2016 年修订)》相关条文(图 7),告诉学生:"你们刚才的表现是符合行为规范要求的,只有建立在安全、文明、健康的基础上的游戏,才能真正感受到玩中的快乐!"

【设计意图】 学生在课堂中玩起来,从不同的游戏当中发现玩的学问,真正体会到玩的快乐。

(3)延伸:课后记录,家校配合,促进学生习惯养成。

通过课前调查,我还发现:班级中只有 5.71% 的学生不需要家长提醒控制玩的时间。在短短的四十分钟课堂教学过程中对合理安排时间这一要点的指导是远

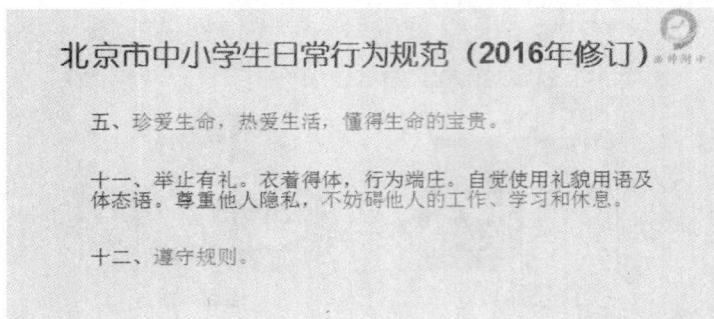

图 7

远不够的,还需要家长的配合。所以,我设计了一个课余生活记录表,由学生和家长共同填写学生未来一周玩的内容、玩的时间,进行自我评价和家长点评。

　　一周后,我将课余生活记录表收了上来,学生、家长都能够按照表格内容填写,我还惊喜地发现能够做到合理安排时间的学生明显增多,并且家长愿意抽出时间陪伴孩子共同合理安排课余生活,如图 8 所示。

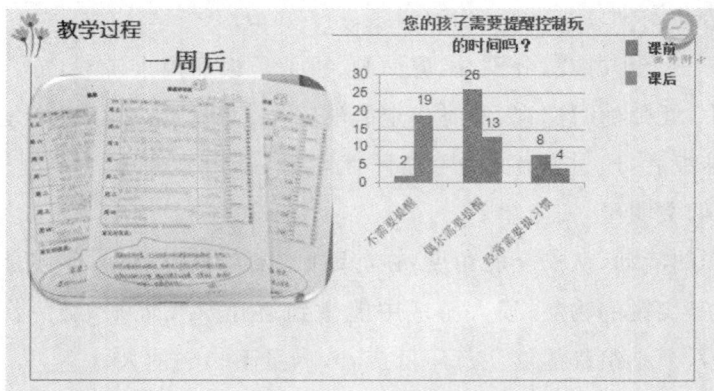

图 8

　　【设计意图】　在这一环节,不仅展示了学生在学校的生活,而且通过课余生活记录表将课本的内容延伸到家庭生活中,拓展了学生的学习空间,引导他们将课上的收获迁移到课余生活当中,做到课后安全、健康、文明地玩,能够逐渐合理安排自己的时间,真正开心地玩。

四、课后视角

(一)课前学情调查,了解实际需求

课前我对学生、家长进行了调查与访谈,了解学生的课余生活安排以及在家中游戏时学生与家长遇到的问题和困惑,进行了学情分析。依据学生和家长的需求,我设计了三个活动:

活动一:小组交流,分享玩什么。其目的是在小组展示交流中,潜移默化地帮助学生拓宽玩的思路。

活动二:小小法官,辨析如何玩。通过交流、辨析,学生知道要想玩得开心,就要注意安全、文明、健康,并且学会合理安排时间。

活动三:游戏体验,交流玩的体会。让学生在课堂中玩起来,从不同的游戏当中发现玩的学问,真正体会到玩的快乐。

活动环节贴近学生生活,能有效帮助学生养成良好的游戏习惯。

(二)开展实践活动,丰富体验方式

在实践活动中,我创设问题情境,引导学生能够主动发现问题,学着去解决问题,在实践、体验中真实地感受到安全、文明游戏带来的快乐。例如:在"小小法官"这个环节当中,让学生"辨起来"。通过对四幅图的辨析,学生能认识到,在游戏中要做到健康、文明、安全,并且学会合理地安排玩的时间。在后面的情景体验和分组活动过程中,让学生们"玩起来"。通过四个游戏,学生能够结合自己的生活实践和已有的生活经验,自主制订玩的规则。游戏中,学生们自觉遵守规则,还能在玩中发现小伙伴身上的闪光点,努力争取安全星、文明星。这节课,通过开展实践活动,丰富学生的体验方式,让学生在玩中学、学中玩,探索玩的学问。

(三)关注课后延伸,迁移学习收获

课后,我通过一张"课余生活记录表",鼓励学生放学后也能够像在课堂上一样,在家中游戏时也能够注意安全、健康,做到文明游戏,并能够合理安排自己的活动时间。在评价中,有位家长是这样说的(图9):

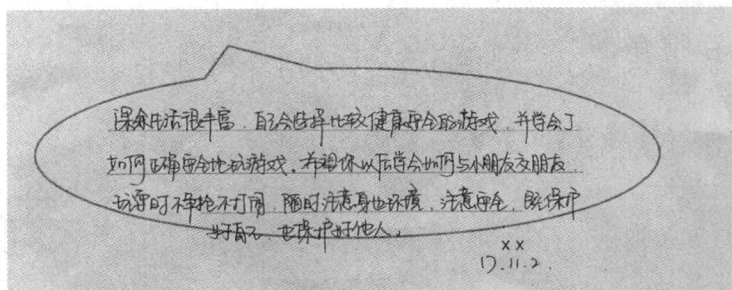

图 9

可以看出,孩子不仅做到了课上提出的要求,家长还对孩子提出了新的要求。例如,学会如何与小朋友相处,注意安全,既保护好自己,又保护好他人等。

第三部分

实践篇

诵读古典诗词 弘扬传统文化
——小学语文实践活动的思考

康彦涛

一级教师,河北师范大学文学学士,教育硕士。现任北京市西城区师范学校附属小学语文教师,西城区语文骨干教师。曾获北京市论文评比一等奖、"西城杯"教学三等奖。

一、主题设计

中华民族具有五千年的悠久历史,创造了博大精深的中华文化。弘扬民族文化,大力践行社会主义核心价值观,增强学生的文化自信是教育工作者义不容辞的责任。中国古典诗词无疑是中华文化宝库中的瑰宝,我国自古以来就有诗教的传统。孔子说:"不学诗,无以言。"

《义务教育语文课程标准(2011 年版)》中指出:"语文是实践性课程,应着重培养学生的语文实践能力,而培养这种能力的主要途径也应是语文实践。"

配合我校的传统文化主题教育月活动,五年级语文组设计了以"让诗歌浸润心灵"为主题的语文实践活动。

二、设计意图及特色

(一)注重课内学习的延伸

学生从一年级开始,甚至更早时候就接触到了中国古典诗词,在语文课本中每册书都有一定的诗词要学习。六年级上册还有一个语文综合性学习内容:轻叩诗歌的大门。因此,这次语文实践活动就是要打通课内外学习资料,同时调动学生以往学习诗词的经验,把课内与课外相勾连,新知识与旧知识相勾连。

(二)充分利用校外资源

在我校教师和学生家长中不乏诗词研究的专家和爱好者,北京是一座历史文化名城,拥有众多的博物馆、展览馆、名人故居等,各级各类图书馆拥有浩如烟海的诗词学习资料,这些都是可利用的资源。语文实践活动,就是要采取"请进来、走出去"的方式,扩宽学生的眼界,增加知识量。

(三)注重学生的同伴互助和分享

小学阶段学生很自然地会与同伴进行比较,同时从同伴身上学到更多的知识。因此,语文实践活动也需要充分利用这种同伴互助式学习,努力形成一个积累古诗词、赏析古诗词、吟诵古诗词、学习创作古诗词的氛围,让学生学得更有兴趣,更有自信。同时学习如何与他人合作,如何处理自己与他人、社会的关系。

三、活动目标

参考"轻叩诗歌的大门":

(1)感受古典诗词之美,激发学生热爱中国古典诗词的情感;

(2)了解格律诗的特点,尝试创作格律诗;

(3)充分利用校内外资源,开阔学生的视野,了解更多学习的途径;

(4)拓展语文学习的形式,让不同层次的学生都有表现的空间;

(5)通过同伴互助、合作学习学会处理自己与他人的关系,学会合作。

四、活动内容

根据本次语文实践活动的目标,老师们制订了活动的流程:

(1)学生收集并分类整理已知的诗词作品,通过多种形式进行交流;

(2)聘请专家进行吟诵指导;

(3)开展诗词格律的讲座,学生尝试创作诗词;

(4)采用不同的形式对学习成果进行分享和评价;

(5)持续进行诗词的诵读、积累,不断提升。

五、实施过程

第一阶段:依托教材,拓展延伸

1.师生准备

(1)教师明确活动形式(如组织飞花令、分专题组织诗词大讲堂等)。

(2)学生根据教师的要求和个人兴趣分小组,教师提供若干研究的选题:如对李白、杜甫感兴趣的小组可以分别研究李白或杜甫的生平及作品;对不同类别的诗感兴趣的可以分别研究田园诗、边塞诗等。学生根据自己的兴趣分别进行收集诗词作品的工作,教师跟进指导。

2.具体操作

(1)教师组织学生展开"头脑风暴",带领学生回顾已经学过的诗词作品,师生共同读诗、背诗、讲诗,让学生浸润在古典诗词的世界里。

(2)学生展开"飞花令"的竞赛。如两组对决,轮流说出一句带有"春"字(带有"酒"字、带有"梦"字)的诗词,并对获胜者进行奖励。

(3)能力较强的学生根据自己的兴趣,在教师指导下走上"诗词讲堂",如"我眼中的李白""李白和杜甫的忘年交"等。学生讲解后,教师和学生一起进行评价,指出讲解内容,PPT制作,讲解员的语速、体态等方面的优、缺点,使后面走上讲堂的同学能够有清晰的努力方向。

(4)学生充分利用课本以及图书馆的书籍,丰富自己对诗词的认识。在这个过程中,师生要共同活动,利用北京丰富的图书文化资源,将活动从课内延伸到课外。教师组织的活动要适合不同层次的学生,让学生通过读书、整理资料、演讲等形式进一步产生对诗词的兴趣,扩大阅读量,丰富研究的角度。

第二阶段:吟诵专家指导,激发兴趣

1.师生准备

(1)教师联系校外研究吟诵的专家,与他们进行沟通,共同协商,制定出适合小学高年级学生的吟诵内容和教学方式。

(2)学生继续积累古诗词,并选择自己喜欢的作品尝试诵读。

2.具体操作

与吟诵教师协商后的教学内容如下。

(1)通过视频展示什么是吟诵、吟诵的形式。

(2)利用学生耳熟能详的几首诗词《静夜思》《望庐山瀑布》等进行现场吟诵示范和指导。

(3)学生观看现场表演的吟诵作品《木兰辞》。

朱光潜先生在《怎样学习中国古典诗词》一文中写道,"诗词的情致是和它的有音乐性的语言分不开的,要抓住情致,必须抓住语言的音乐性(例如,节奏的高低长短快慢,音色的明暗等)""语言的音乐性在默读中见不出来,必须朗读,而且反复朗读,有时低声吟哦,有时高声歌唱"。

吟诵不同于我们平时所讲的朗诵,它是根据诗词的韵律、平仄进行的一种诵读活动,对小学生来讲有一定难度。但是,有必要让学生有所了解,一方面可以让学生对诗词的平仄、押韵有感性的认识,另一方面为有兴趣的学生进一步学习和研究打开了一扇门。事实证明,几百名学生一起跟着教师,随着韵律吟诵的场面是非常壮观的,一定会给学生留下美好且深刻的印象,让学生知道诗词的魅力还可以通过吟诵的方式感受。

第三阶段:尝试创作,轻叩诗词的大门

1.师生准备

(1)教师聘请学生家长中研究格律诗的专家,与其进行教学内容的协商。以学生喜闻乐见的形式渗透诗词格律的常识。

(2)教师设计学习单(表1),让学生学习更有效果。

表1

默写《静夜思》,并且把每个字的平仄标出来	
把你最喜欢的一首格律诗写下来	
听了今天的讲座,你一定有很多收获,请你也尝试写一首格律诗	

2.具体操作

(1)各班派代表走进演播室聆听专家讲座,并与专家进行互动。其他学生在教室内观看讲座的现场直播。

(2)学生根据学习单梳理所学知识,并尝试创作。

第四阶段:分享成果,在互助中共同进步

1.师生准备

(1)教师设计评价表。在评价表中明确列出评价的维度,明确评价的要求。本人、小组成员、教师可以分别在表上做出评价。

(2)学生尝试根据所学知识和积累进行创作或以不同形式分享自己前面学习的成果。

2.具体操作

(1)学生的作品在小组进行分享,然后在评价表上分别写出自己的创作感受,组内同学共同商议写出评价语,最后交由教师进行评价。在此环节,教师对评价的方法进行具体指导,比如要用正面语言进行评价,要至少提出一条改进建议等,这样学生的评价才能更合理和有针对性。

（2）对于教师和同学评价高的作品由学生用漂亮的书法纸进行抄录。学生作品布置在展板上,进行整体装饰后在学校进行展览。

（3）学生以不同形式分享自己的学习成果。如诗歌朗诵表演、用戏剧形式演绎诗歌、写赏析文章、诗配画等。

第五阶段:持续学习,养成诵读和积累古典诗词的习惯

通过此次活动,学生学习古典诗词的兴趣大大提高。许多班级持续进行了诗词的诵读和积累活动;有的班级利用早读时间诵读《笠翁对韵》,有的学生互相比拼,已经背诵《春江花月夜》《木兰辞》《琵琶行》这样的长诗;还有的班级形成了创作诗歌的风气,学生们利用节日、生活中的事件,跟随教师一起进行诗歌创作、品赏。

六、活动效果分析

（一）激发学习兴趣,养成诵读和积累诗词的习惯

俗话说"兴趣是最好的老师"。在前期的积累、整理资料阶段学生兴趣非常高,原因是教师设计了多种交流方式,可以是参加飞花令小竞赛,也可以开办古典诗词小讲堂,还可以排演诗词课本剧。学生根据自己的特长和兴趣点分组、准备,每个人都有可以施展才能的舞台,因此学生兴趣浓厚。

（二）同伴互助,形成学习的共同体

分组学习的好处是小组内的成员可以在活动的过程中互相学习、互相影响。比如有的组准备参加飞花令,于是学生们分工合作,对不同的诗词作品进行分类整理,再分配任务进行背诵,不用教师催促,许多学生在课间还在背诵。有的组准备排演诗词的课本剧,于是自发选出了编剧、导演、演员、剧务等,大家共同探讨历史年代、当时的服饰、说话方式等,在互助中提升了综合素养。同时,在活动中,通过同伴互助式的学习,学会与他人合作,学会正确处理自己与他人的关系也是本次语文实践活动的收获。

（三）拓展学习形式,促进不同学生语文素养的提高

以往的实践活动往往是几个优秀的学生活跃,中等水平的学生凑个热闹,基础

差一些的学生干脆只做个旁观者,甚至漠不关心。而这次的语文实践活动因为形式多样,实现了人人参与。能力强的学生可以开办小讲堂,喜欢表演的学生可以选择参加诗词朗诵和诗词故事排演,喜欢画画的学生可以给诗词配插图,爱动手的学生制作了课本剧的道具。最让教师们感到欣喜的是诗歌创作的活动,由于前期的积累和贴近学生实际的诗词格律讲座,绝大多数学生都创作出了自己的第一首诗。虽然语言还显稚嫩,但是其中的童真童趣的确让人欢喜;有的学生还停留在模仿的水平,但是经过教师的点拨,也学会了推敲字词,诗中也有亮点。

七、活动反思

(一)教师既是活动的设计者,又要成为活动的参与者

诚然,活动的设计非常重要,但教师更应成为学生学习的共同体,在参与的过程中更好地指导学生,监控活动的进程,更重要的是提升自己的文化素养。比如在这次语文实践活动中有的教师与学生一起背诵古诗词,特别能鼓舞学生的学习热情;还有的教师与学生一起创作诗歌,分享自己的创作体会,学生受教师影响,养成了每天写诗的习惯。

(二)要注重实践活动的深化和拓展

语文实践活动是一种综合性的活动课,活动的效果显而易见,对提升学生的语文素养和综合素质有着非常重要的作用。同时,设计一个语文实践活动也非常不容易,需要考虑学情、课时、课内外资源的整合等。因此,我认为,有必要把每次成功实践活动的流程保存下来,总结经验,作为开展下次活动的借鉴,不够完善之处可以思考予以改进。如果每一次都有所改进和提升,活动将越来越科学。同时学生的优秀作品也可以收集成册,形成物化成果。

王　静　一级教师,现任北京市西城区师范学校附属小学二年级语文教研组组长。多年从事小学语文教学工作,潜心教学研究,曾获北京市西城区"西城杯"评优课二等奖,多篇论文、案例、研究故事获北京市、西城区一、二、三等奖。

一、实践背景

《义务教育语文课程标准(2011 年版)》指出:"语文课程是实践性课程,应着重培养学生的语文实践能力,而培养这种能力的主要途径也应是语文实践。语文课程是学生学习运用祖国语言文字的课程,学习资源和实践机会无处不在,无时不有。"《北京市学科教学改进意见》也指出:"各学科平均应有不低于 10% 的学时用于学科实践活动。"由此看来,语文这一基础学科也承担着培养学生综合素养的重要责任。但从目前的形式来看,语文课还停留在传统的听、说、读、写训练,对于课程的综合性、实践性,很多教师很难跳出教材、课堂的制约,导致学生总是被动地接受知识,这样的学习过程极大地降低了学生的积极能动性。所以,认认真真地做一次"实践课",去发现学生在实践中的成长,成为我们新学期的一个重要目标。

秋风送爽,又迎来了一群一年级的"小豆包",他们的到来让今年的秋天显得格外美丽!恰逢学校开展"人与植物"的综合课,我们结合一年级学生的特点,决定以"我与秋天"为主题开展实践学习,分四个单元:"秋天丰收啦""秋天的色彩""走进花海""秋天里的故事"。我们希望通过这一系列的实践活动,让学生在观察、收集、分享的基础上了解秋天成熟的果实;在诵读中感受各种植物的美妙,并展开丰富的想象;在剪剪、贴贴、画画、涂涂中感受秋天的美好;在读书、表演中知道人与植物和谐相处。

二、实践过程

第一单元实践活动:秋天丰收啦(表 1)

表 1

课程内容	秋天丰收啦
授课年级	一年级
活动目标	(1)了解秋天成熟的果实,知道甜美的果实产自劳动人民的辛苦付出。 (2)通过诗歌的诵读,了解神奇的大自然,懂得要尊重、热爱劳动人民,养成节俭的好习惯

活动准备	(1)学生准备水彩笔,观察、了解秋天成熟的果实。 (2)老师制作课件、学习单

活动过程设计

1.秋天丰收啦

(1)同学们,现在是什么季节?(秋天)

(2)秋天到底在哪里呢? 我们先去果园看看,你看到什么了?

(3)请跟老师一起读这首儿歌:

石榴园里生活着许多石榴娃娃,

在整整一个漫长的夏天,

他们总是闭着自己的嘴巴。

秋风轻轻地亲了亲他们的脸颊,

石榴娃娃高兴地笑了,

露出了一排排小小的红牙。

(4)这个娃娃是谁?(石榴)他真的会笑吗?

(5)在秋天还有什么果实也成熟了呢?

学生交流,老师及时引导,除了水果,还有很多农作物也成熟了。

(6)老师总结:

金秋送爽,果园里果实累累,瞧,红艳艳的苹果好像一个个胖娃娃在枝头上冲着我们微笑;灯笼一样的柿子在果树上随风摇摆;葡萄一串串,紫里透红、晶莹别透,仿佛是一串串紫色的珍珠;黄澄澄的橘子骄傲地站立在高高的枝头上,摇头晃脑;山楂树上结满了紫红色的果实,躲在茂密的树叶后面,时隐时现,好像害羞的小姑娘。秋天的田野更是一片丰收的景象,一串串谷穗伴随着秋风翩翩起舞。远远望去,好像是一片金色的海洋。火红的高粱像喝醉了似的,在风中不住地点头!

秋天是丰收的季节,是喜悦的季节。秋天真美!

(7)现在拿出你手中的学习单,把你喜欢的秋天的果实涂上颜色。

(8)学生涂色,作品展示。

2.果实哪里来

(1)同学们了解了这么多的果实,那这些甜美的果实是从哪里来的?(劳动人民辛勤劳动获得的。)

(2)每当吃到香甜的果实,你想对农民伯伯说点什么?(预设:感谢农民伯伯。/我们不能浪费,要节俭,珍惜他们的劳动成果。)

(3)跟老师读读儿歌《甜蜜蜜》:

甜蜜蜜

秋天里,真高兴。

苹果红彤彤,

梨子黄灿灿,

高粱熟了昂起头,

玉米熟了歪着头。

感谢叔叔和阿姨,

带来果实甜蜜蜜。

3.分享我的感受

今天,我们一起了解了秋天成熟的果实,知道这些果实是劳动人民用汗水浇灌而来的。现在,就用图画的形式把你的"收获"画出来,可以画出你最喜欢的水果、你见到过的丰收景象,可以用图画表示你对农民伯伯的感谢,还可以……

学习单及学生作品(图1、图2):

图1

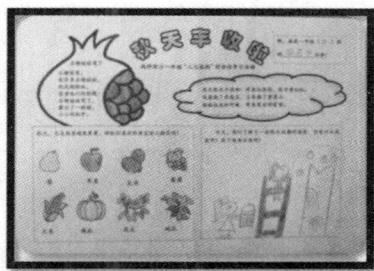

图2

活动反思:

在本次活动中,学生参与活动的积极性特别高。活动中,我们为学生呈现了充满童趣的诗歌,通过诵读,学生感受优美的语言文字,培养学生欣赏美的能力;通过师生、生生之间的交流,学生了解更多秋天成熟的果实,培养他们的观察能力和想象能力。涂色、画画等动手操作的美术实践活动,让学生突破了常规的学习方式,不仅仅可以感受秋天的美,更能用自己的小手创作出秋天给我们带来的美好!

"学生学习单"(图1)的设计比较有吸引力。左上角的诗歌被镶嵌在一个大大的"石榴"中,极大地引发了学生的学习兴趣。左下角的涂色活动,不仅让学生认识了很多秋天成熟的果实,还通过涂色,培养学生的动手能力和艺术欣赏能力。右下角的自主创作区,唤起了学生回忆自己的生活经历,大部分学生能根据活动中的提示,联想到自己经历过的活动,如采摘、秋游、爬山等。图2呈现的是孩子和家长一起去采摘的过程,红红的苹果、高高的梯子、开心的表情,把秋天丰收的喜悦之情表现得淋漓尽致

第二单元实践活动：秋天的色彩（表2）

表2

课程内容	秋天的色彩
授课年级	一年级
活动目标	(1)了解秋天的季节特点,知道秋天是个美丽的季节。 (2)通过诗歌的诵读,了解神奇的大自然,发现生活中的美,激发学生热爱大自然的情感
活动准备	(1)学生准备彩铅、胶棒,收集秋天的落叶。 (2)老师制作课件、学习单

活动过程设计

1.词语写秋天

(1)同学们,在上次综合课上,我们知道秋天是个瓜果飘香的季节! 现在天气逐渐变凉了,果园里果树又有什么变化呢?(课件呈现秋天落叶飘飘的情景。)

(2)上学的路上你看到大树有什么变化?

(3)随机出示与秋天有关的成语,并了解其大意。(一叶知秋,说的就是从一片树叶的凋零,就知道秋天来了。在秋风的吹拂下,树叶就像蝴蝶一样翩翩起舞,就叫作"秋风落叶"。)

请你把这两个词语的拼音标注在横线上,记住它们。如果你还知道其他描写秋天落叶的词语,也可以自己动手写一写。

2.儿歌说秋天

(1)其实在许多儿歌中,也有描写秋天落叶的,快跟老师一起读读这首小儿歌吧!

秋叶飘飘

红色的蝴蝶,

黄色的小鸟,

在空中飞翔,

在风中舞蹈。

不是蝴蝶,不是小鸟,

是红叶舞,黄叶飘,

像秋姑娘发来的电报,

告诉我们秋天已经来到。

(2)同学们拍手跟老师一起读。

3.彩笔画秋天

多有意思的小儿歌呀,让我们随着小儿歌,让落叶也飘到你的纸上吧!

同学们结合自己看到的落叶,选择自己喜欢的颜色描绘树叶。

4.小手摆秋天

不同颜色的树叶,多漂亮啊,它们还有很多用途呢,你知道吗?可以做书签、小蚂蚁的小船、小鱼的伞等。在互相配合下,它们还能变成不同的造型呢! 快拿出你准备的树叶,自己试着拼一拼、贴一贴吧

续表

5.小手写秋天

多么神奇的小树叶呀,你用它们完成了哪些小创作?快在图片下介绍一下,让小伙伴们也了解了解。

6.小结

树叶黄了,落了,它们纷飞在空中、飘落在河里、粘贴在同学们的纸上,我们要感谢这些单薄的小树叶,它给我们的生活带来了美

学习单及学生作品(图3、图4):

图3

图4

活动反思:

本次活动中,学生参与性强,早早准备好了落叶,设计好了图形,在老师的带领下,诵读诗歌,创作落叶贴画,优美的诗歌给予他们美的享受。动手实践的活动环节,训练了他们眼、脑、手的协调配合。

"学生学习单"(图3)分三部分——诗歌、涂鸦、自主创作,从文字学习、艺术欣赏、生活经验等多方面进行引导,以提高学生的综合能力。

学生的作品丰富多彩,有翩翩起舞的舞蹈者,有美丽的蝴蝶,可爱的毛毛虫……图4的孩子正在专心致志地创作呢

第三单元实践活动:走进花海(表3)

表3

课程内容	走进花海
授课年级	一年级
活动地点	顺义鲜花港
活动目标	(1)通过带领学生观赏菊花,了解菊花的开放季节,感受菊花的美,激发学生热爱大自然的情感。 (2)通过讲故事、背古诗,了解菊花的品性,鼓励学生学习菊花不畏严寒的精神

活动准备	（1）学生初步了解菊花的相关资料。 （2）老师制作课件、学习单

活动过程设计

1. 了解鲜花港，提出活动要求

2. 参观鲜花港，完成学习任务

（1）在导游的引导下认识菊花，感受菊花的多姿多彩。

（2）分小组参观，仔细观察自己喜欢的花。

（3）小组交流：自己了解的菊花。

（4）完成学习单。

3. 总结交流，共同成长

学习单及学生作品（图5、图6）：

图5

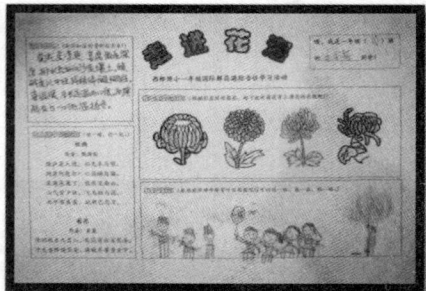

图6

活动反思：

本次活动结束后，全体同学完成了语文综合实践"走进花海"的学习单，呈现了自己在这次综合实践活动中的收获和感受。

（1）在"我的收获"中同学们分享了自己的活动感受：今天是我成为一名小学生后第一次参加学校组织的活动，特别高兴；和班里同学一起分享各种零食，太高兴了；我听到导游阿姨介绍了各种各样的菊花，知道了很多花的名字；看到二年级的大哥哥、大姐姐戴上了鲜艳的红领巾，我也想早点戴红领巾……当然，也有同学用自己的图画来表达，如图6的同学，用简单的几个人物来表达她对这次活动的感受，也充满了童真童趣。

（2）在"我看到的菊花"中，同学们根据所见又加入了自己的想象，给菊花涂上了各种颜色，这既锻炼了孩子的观察能力、记忆能力，又锻炼了孩子合理的想象能力。

（3）在"古人眼中的菊花"一栏中，同学们学习了古诗《饮酒》（陶渊明）与《菊花》（李商隐），认识了两位诗人。这样的设计不仅增长了学生的语文知识，还培养了他们学习古诗的热情。

（4）在"菊花知识"一栏中，同学们通过各种渠道展开了学习，如：请教父母、查阅书籍、上网查询等，搜集了多首古诗、古词，了解了菊花的作用、种类等。

这次活动，老师们关注了活动前的准备，活动中的现场指导以及活动后的反思、整理。学生的学习场所换到了大自然中，学习的过程充满了乐趣

第四单元实践活动:秋天里的故事——童话剧表演《小熊住山洞》(表 4)

表 4

课程内容	秋天里的故事——童话剧表演《小熊住山洞》
授课年级	一年级
活动目标	(1)了解《小熊住山洞》这个童话故事,知道不乱砍伐树木,增强环保意识。 (2)通过表演,培养合作能力、运用语言文字的能力
活动准备	(1)老师准备剧本。 (2)老师制作课件

活动过程设计

1.了解《小熊住山洞》的故事

(1)老师讲《小熊住山洞》的故事。

(2)同学们,你们听了这个故事,有什么想说的吗?(鼓励学生大胆发表自己的见解)老师适时补充:树木是人类的好朋友,不仅能帮助我们美化环境,还能防风固沙,能吸收二氧化碳,产生氧气呢!

(3)老师总结:是啊,小熊一家没有砍树造房子,他们懂得环保,爱这片森林,爱我们的大自然。那你们愿意来演演这个故事吗?

2.分配角色

(1)根据学生的选择分配角色:小熊、熊爸爸、长颈鹿、蜜蜂、小猪、小鸟。

(2)发放剧本。

3.分角色练习

(1)小熊们上台。老师根据剧本教台词、表情、动作。

(2)熊爸爸上台。老师根据剧本教台词、表情、动作。

…………

4.简单合练

5.演出、评价

学习单及学生作品(图 7、图 8):

图 7

图 8

活动反思:

这次童话剧表演,对于一年级的学生来说有一定的难度,但是大家的积极性非常高。老师事先准备好了剧本,课堂上先让学生了解了故事内容,接着大家根据自己的喜好选择了角色,并熟悉了台词。在表演中,大部分学生能根据童话中的情境自己发挥,把故事情节、人物的特点表现出来。当然,同学们感受最深的是:我们要像小熊一样,保护树木,爱护环境,爱护大自然

三、实践反思

历经两个月,以"我与秋天"为主题的语文实践活动圆满结束。回顾这两个月的学习过程,我有以下几点思考。

(一)语文实践活动,依然姓"语"

大家一提到"实践活动",就想到要走出课堂、让学生动起来,好像与传统的语文学习就脱离了关系。是的,实践课程会开阔学生的视野,丰富学生的生活。在这些活动中,学生的学习方式发生了改变,学生通过动手画、用嘴说、用眼看、用心表演等不同的形式在学习着、成长着。这个过程是综合性的,学生的收获也是多元化的。我们跳出了传统的听说读写的学习方式,但是,我们不能丢掉语文的本、忘记语文的根。因此,我们的实践活动要鼓励学生走出课堂、走出课本,但绝不能忘记它作为"语文学科实践活动"的目的,我们是把实践活动当作手段,以激发学生学习、运用语言文字的兴趣。

所以,在这次实践中,我们就搭建了许多学生参与语文学习的平台。每个单元的学习中,都有与语文学习相关的内容,如:诗歌诵读、词语积累、故事拓展等。在这个过程中,学生们用一幅幅绚丽多彩的、栩栩如生的秋天的图画,一声声稚嫩可爱的诵读,一句句天真纯洁的话语,表达他们对秋天、对植物、对植物与人之间无法割舍的关系的认识。记得10月底的一个中午,我们排队放学,快到放学地点时,一阵秋风吹来,金黄的落叶纷纷飘落,一个孩子就大声诵读起来:"秋叶飘飘,红色的蝴蝶……"其他孩子听到了,也跟着背诵起来:"黄色的小鸟,在空中飞翔,在风中舞蹈。不是蝴蝶,不是小鸟,是红叶舞,黄叶飘……"这首儿歌就是我们实践课上诵读过的,孩子们看到落叶飘,就能应景背诵,这不就是"学语文、用语文"最好的呈现吗?

（二）语文实践活动，依然离不开"指导"

"实践活动"不是全部放手，我们需要凸显学生的自主实践，大力创造自主学习、实践的机会，但更要审视教师在学生语文实践中的角色以及恰到好处的作用。譬如第三单元"走进花海"，我们是结合学校的大队活动展开的，在活动前我们有很明确的要求，学生提前了解"鲜花港"，了解金秋时节是菊花的天下；通过资料的搜集、整理，学生还了解到菊花的特点，自古以来人们对菊花的喜爱……在活动中，老师在一朵朵绚丽多彩的菊花前，指导学生进行了细致观察、充分交流，让学生从颜色、形状等方面对菊花有了更具象的了解……回到教室后，教师和同学再次聊菊花，讲与菊花有关的故事，学习与菊花有关的古诗……这个过程，学生对菊花的认识从外形上升到内涵。有的学生喜欢菊花，因为它很坚强，不怕秋风吹打；有的学生喜欢菊花，因为它没有别的花陪着开放，可还是开得那么好看；有的学生说，希望自己能陪伴菊花一起开放……由此可见，实践活动中的指导非常重要，如果没有活动前、活动中、活动后的细致指导，学生对菊花的认识可能还停留在色与形的具象层面。

当然，回顾整个学习过程仍然存有很多问题，如：语文实践活动怎么进行评价？是否有更详细的标准？各年级的实践是否能成序列？……这些问题的提出将促进我们更深入地进行研究，让我们与学生们的成长都看得见！

通过活动过程体验丰富学生对长度单位的认识
——『黑板有多长』二年级数学实践活动课的实施与思考

张　晶　一级教师,现任北京市西城区师范学校附属小学数学教研组组长。西城区数学学科带头人,在数学教学方面积累了一定的经验,曾获得西城区评优课一等奖,多次获得北京市论文评比一等奖,多次承担区级研究课,受到广泛好评。

一、问题的提出

"测量"一直是小学几何课程的重要内容,它不仅在现实生活中有着广泛的应用,而且能够帮助学生更好地把握图形的特征,同时,测量的过程也提供了一个学习和应用其他数学知识(包括数与运算、图形、统计等)的机会。因此,测量的教学长期得到广大教师的重视。《义务教育数学课程标准(2011 年版)》也提到要"结合生活实际,让学生经历用不同方式测量物体长度的过程,体会建立统一度量单位的重要性"。

"厘米的认识"是二年级上册长度单位这一单元的起始课,学生从本节课开始正式学习"测量"。本课后,学生还会继续认识多个长度单位以及建立不同维度的新单位,学生在本节课经历的学习过程、积累的活动经验将作为后续学习的基础。因此,"厘米的认识"在整个"测量"知识体系中具有"种子课"的地位和作用。

我在研读多个版本教材后发现,尽管版本不同,但都安排了"体会统一长度单位必要性"这部分教学内容,如图 1 所示。

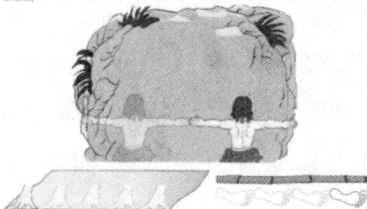

人教版

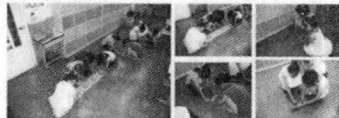

北师大版

图 1

以往教学中,老师们也有体现统一单位必要性环节的设计,但是更多的只是放在引入环节,而 1 厘米单位的建立及用厘米单位进行测量才是老师们关注的重点。但是,那么多版本的教材不约而同地设计了这个活动,它的目的又是什么呢?带着这个问题,我对学生进行了学情调研。

调研题目:你知道课桌有多长吗?

通过调研发现,所有学生(36 人)无一例外地拿出自己的直尺去测量,没有一个学生去使用拃或其他非标准单位测量。可见,学生对度量单位的认识非常单一。而度量单位又是度量的核心,度量单位的统一是使度量从个别的、特殊的测量活动成为一般化的、可以在更大范围内应用和交流的前提。看来,想要让学生体会统一长度单位的必要性,首先要让他们了解丰富的度量单位,否则体会统一的必要性就是空谈。我们也知道数学活动经验需要在"做"的过程和"思考"的过程中积淀,是在数学学习活动过程中逐步积累的。二年级学生的年龄和认知特点决定了他们的数学学习很多时候需要借助一定的外部活动来帮助理解。因此,我就设计了一个"黑板有多长"的实践活动,让学生尝试用身体部位或身边物品做"单位尺"测量黑板长度,以帮助他们认识度量单位。

二、实践活动

(一)活动目的

通过学生用非标准单位测量黑板的长度,初步培养学生的度量意识,学会度量的方法,能够用一定的方式表达和交流度量的结果。

（二）活动环节设计

本节课以 3 个问题贯穿始终,为学生创设了思考、操作的空间,提供了经历、体会、积累直接经验的机会。第 1 个问题,通过观察测量黑板有多长的情境,讨论怎么测量黑板的长,培养学生的度量意识,初步知道度量的一些方法。第 2 个问题,学生小组合作进行测量,并交流测量过程与结果,培养学生初步的合作能力。第 3 个问题,反思测量活动中发现和存在的问题,总结测量要注意的问题,渗透正确度量的方法,为学生下一步的相关学习奠定基础。

（三）活动实施过程

1. 创设情境,引入课题

联欢会装饰教室,想买些拉花来布置黑板,可是不知道黑板有多长,你们能帮老师测量一下黑板的长度吗?

引出课题:黑板有多长?

2. 实践活动

(1)怎样量黑板的长度?

生:(异口同声)用尺子量。

如果正好身边没带尺子,还能量黑板的长度吗?

【学生原有的认知基础就是用尺子量,这时由教师通过设问引导出拃、庹的长度概念,帮助学生联想其他身体尺。】

(2)认识"身体尺""物品尺"。

我们的身体就是一把神秘的尺子,图 2、图 3 所示的长度分别叫一拃、一庹。

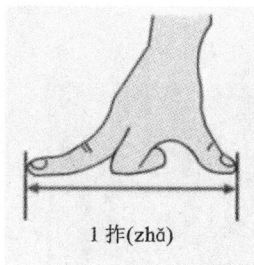

图 2

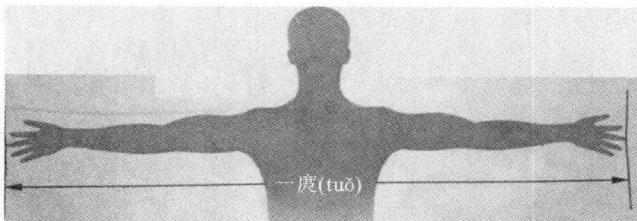

图 3

你还知道哪些身体尺？

【学生有了对一拃、一庹的了解，自然想到了图4所示的多种身体尺。】

我们不仅可以把身体部位作为测量工具使用，还可以把身边物品当尺子用呢。
你觉得有哪些"物品尺"能方便我们使用？

【学生最熟悉的是学习用品，因此物品尺都是来自文具或书本（图5）。】

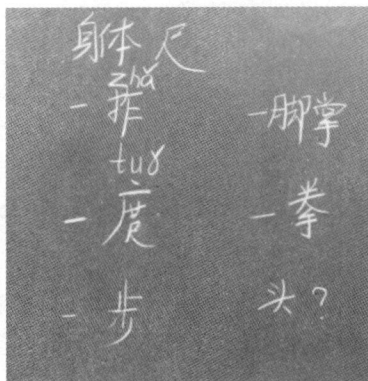

图 4

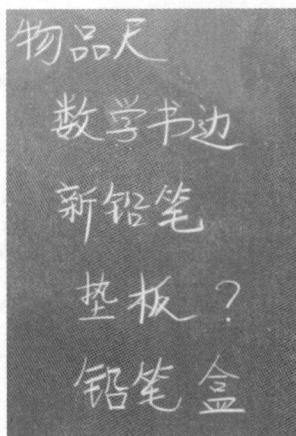

图 5

（3）小组合作测量黑板长度。

①确定测量工具。

小组成员共同商量，确定一种测量工具，并说说选择这种工具的理由。

②成员分工。

每个小组按照组织、测量、记录、汇报进行成员分工，每人负责一项。

③开展活动。

学生分别用"庹""拃""数学书边（长边）"进行测量，如图6～图8所示。

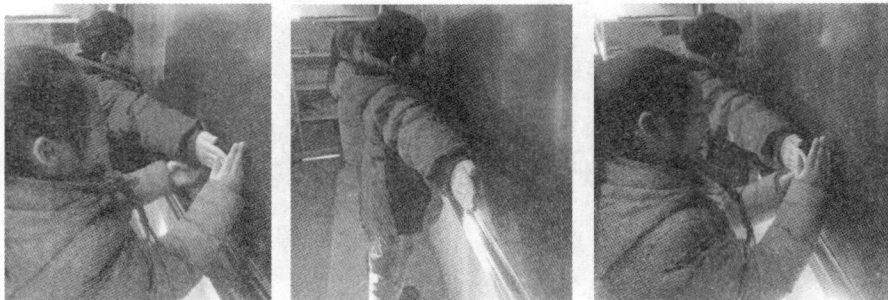

图 6

图 7   图 8

【我发现,学生在开展活动的时候,绝大多数小组选择的是上述三种测量工具。因此,在后面的汇报交流中我让学生说一说是怎么确定测量工具的。】

3. 汇报交流

(1)汇报成果(图 9~图 11)。

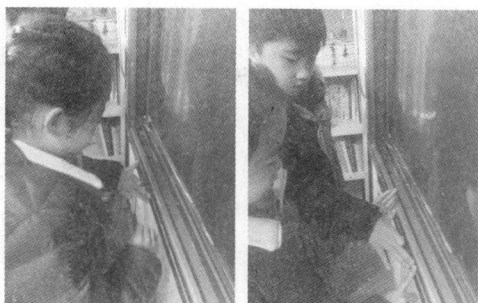

图 9   图 10

图 11

(2)请学生说说都是怎么确定测量工具的。

【学生在活动前的小组交流中就开始讨论选择哪一种工具测量,很多学生都是从实际使用出发进行选择,主要选择依据是便捷和通用。】

身体尺的选择:一拃(图 9)、一庹(图 10)。

【没有小组选择一步、一脚掌、一拳、头进行测量。其中,有学生说一步、一脚掌不适合测量黑板的长度,可以用来测量地面的长度。没有选择"一拳",学生都觉得太小了,量起来太麻烦。在说到用"头"去测量时,很多学生都提出用头测量很不方便。】

物品尺的选择:数学书边(长边),见图11。

【没有小组选择新铅笔、垫板、铅笔盒。学生给出的理由是铅笔盒、垫板大小都不一样,谁都想用自己的,最后就都没有选。至于"新铅笔"这一工具,在上课之初学生就觉得要用铅笔做工具就要用新铅笔,这样量的结果大家才能一样。但是,谁都没有带新铅笔,所以这一工具也没被选用。】

(3)在量的过程中,遇到了什么困难?你们解决了吗?你认为要注意些什么?

【学生谈到测量方法问题,在测量时需要两个人一起完成,一个同学量,另一个同学要把每次量到哪里做个记号,这样量出来的结果比较准确。】

4.回顾与反思

在今天测量黑板有多长的活动中,你有什么感受?

学生在回顾活动时,体会到如下两点。

(1)测量同一物品的长度可以用不同的单位,但得出的结果也会不同。

(2)"尺子"越大,得到的长度数据越小。

除了知识方面,还有对活动过程的反思,总结了测量时的注意事项。

在本次实践活动中,学生能用多种非标准单位测量黑板的长度,为建立统一度量单位做好了铺垫。这次实践活动之后,我还要继续教学厘米的认识,上课伊始就是体会统一长度单位必要性的环节。因此,本次实践活动的目的只是丰富学生对度量单位的认识。

三、研究启示

(一)丰富对实践活动的认识

数学学科实践活动是一个新兴的研究内容,在研究中我一直认为实践活动就是在教师的指导下,通过学生的自主活动,使其了解数学与生活的广泛联系,学会应用已有的数学知识去解决实际问题,通过与他人合作交流以获得积极的数学情感体验,从而全面提高学生数学素质的一种学习活动。简单地说,数学实践活动以数学知识的实际应用为主。但是这节实践活动的目的是为学生理解知识做好铺垫,通过实践活动丰富学生对测量工具、测量手段和实际测量结果的认识,学生只有体会到测量同一物品的长度可以用不同的单位,得出不同的结果,才能继续思考为什么必须要统一测量长度的单位。实践活动的确很重要,但到底是以解决问题、应用知识为主,还是以学生进一步学习为目的,这些需要教师的思考和创新,只要是能促进学生的发展,多一些有意义的实践活动又何妨呢!

（二）实践活动要真让学生去"做"

《义务教育数学课程标准（2011年版）解读》指出:实践活动的实施就是以问题为载体、以学生自主参与为主的学习活动,它有别于具体知识的探索活动,更有别于课堂上教师的直接讲授。教师通过问题引领,让学生全程参与实践过程,经历相对完整的研究活动,它的核心是学生在教师的引导和帮助下有目标、自主地进行实践活动。由此可见,实践活动一定要突出让学生去"做"。本节实践活动,学生就是在"做"中丰富了对测量工具的认识,感受到没有标准尺也能解决量一量的问题。在互相比较结果中,也感受到为了方便交流,必须要有统一的测量单位。只有让学生真正去"做"了,学生才能真正体会到测量的意义,积累到数学活动经验。

通过这节实践活动课的研究,我深刻地认识到不仅学数学的过程是一个"做中学"的过程,而且教数学的过程也是一个"做中学"的过程。我们只有不断地去研究教材、研究学生,才能不断提升对数学教学的认识,从而促进学生全面、真正的发展。

参考文献

[1]　张丹.小学数学教学策略[M].北京:北京师范大学出版社,2010.

[2]　中华人民共和国教育部.义务教育数学课程标准（2011年版）[M].北京:北京师范大学出版社,2012.

在实践活动中促进对知识的理解
——『一亿有多大』数学实践活动课的设计与反思

蒲　燕　　一级教师,现任北京市西城区师范学校附属小学数学教师。曾获西城区先进教育工作者称号,北京市"京研杯"论文一等奖,西城区论文评选二等奖,西城区教学设计、课件评选二等奖。

一、设计背景

马克思主义认为:实践是人类能动地改造世界的客观物质性活动。人类可以通过自己的实践活动认识世界和改造世界。实践是认识的基础,它对认识起着决定性的作用。生命的最终追求不是认识或理论,而是实践,一切认识和理论都是实践的。由此,生命教育本质上也是实践的。

随着新课程标准的推进,小学生的数学学习应该是现实的、多样化的、有趣的,探索性学习活动应该成为数学学习的主要方式之一。为了改变学生的学习方式,实现数学学习由被动向主动、枯燥向有趣、单一向丰富的转变,在数学教学中就要积极开展数学实践活动。2015年7月1日,北京市教育委员会颁布了《北京市实施教育部〈义务教育课程设置实验方案〉的课程计划(修订)》的通知,要求各学科至少要有10%的课时用于开展学科实践活动课程。

数学实践活动以数学知识的实际应用为主。它不同于传统的教学模式,它是以解决某一实际的数学问题为目标,以引起学生的数学思维为核心的一种新型的课程形态。例如,学习人民币"元角分"后的实践活动"小小超市"。但是有些知识受课堂的限制,学生理解、掌握有一定的困难。例如,"公顷""亿"等,这样较大的面积、计数单位的建立对于学生来说就比较困难,即使教师收集了大量的素材、创设了情境让学生体验,但是较大面积、计数单位的建立也不是很理想。因此,教师可以通过在课下设计一些实践活动,来加强学生课堂上对知识的理解。

二、设计意图

人教版四年级上册认识较大的计数单位"1亿",这个计数单位很大,不能再通过摸一摸、数一数等形式直观感受。1亿这样的数只是常在媒体报道中出现,生活中难以应用。但是究竟有多大呢?学生的头脑中缺乏1亿形象的具体实物模型,缺少一个具体体验,然而建立这样的实物模型其实是很难做到的。所以更需要通过实践活动让学生掌握一定的方法,借助其他的计数单位来进行空间想象,建立

1亿的表象。于是我设计了一个"1亿有多大"的实践活动,旨在使学生通过探究活动,经历猜想、实验、推理和对照的过程,利用可想象的素材充分感受1亿这个数有多大。活动目标就是让学生通过对具体数量的感知和体验,帮助学生理解数的意义,掌握估的方法,建立数感。

具体目标:

(1)通过猜测、实验等活动,感受1亿的大小,初步体验选用小基数类推解决问题的方法。

(2)发展数感的同时,渗透数学学习的探究方法,提高解决问题的能力。

(3)激发学生学习兴趣,学会分工合作,培养严谨的科学态度。

三、实施过程

(一)激发兴趣,确立研究主题

1. 依托教材,引发问题思考

(1)学生阅读书上的"你知道吗"内容。

"1亿个小学生手拉手可以绕地球赤道3.5圈;每秒画一个点,一刻不停地画1亿个点要画3年2个多月"。引发思考:你能想象1亿有多大吗?让学生初步感受到我们要研究这个问题需要借助身边熟悉的事物。

(2)学生提出问题。

1亿张纸能摞多高?

1亿步能走多远?

1亿枚一角硬币有多重?

数1亿个练习本需要多长时间?

摆1亿张桌子占地多大?

…………

学生发现可以从高矮的角度、时间的角度、质量的角度等来体会1亿有多大。

通过问题让学生把学习的数学整合起来,在解决具体问题中体会数学,有助于学生对数学的全面理解。

2. 小组合作,激发参与意识

(1)学生3~5人自由组成小组。

(2)按照表1商量自己小组要研究的问题,开始制订方案。

表 1

活动时间	参与组员	研究主题	汇报形式
实验方案			
结论			

全员参与,学生热情高涨。学生的全员参与,是培养学科素养的学科实践活动课的要求之一,激发学生学习兴趣,提高学习自信心也是"综合与实践"的目的之一。

(二)实践操作,启发深入研究

1.校内外小组实施方案

数学实践活动是以学生已经掌握的知识为基础,应用所学的知识去解决问题的活动。这个活动不是教师引领的,是学生要根据所解决的问题,自己设计解决问题的步骤。在这个过程中,学生解决问题的能力、创新意识得以发展。

如:1亿张纸摞起来有多高?

操作步骤:

(1)用直尺测量出100张A4纸大约1厘米高。

(2)计算推演:

1000 张＝10 厘米＝1 分米

10000 张＝10 分米＝1 米

100000 张＝10 米

1000000 张＝100 米

10000000 张＝1000 米

100000000 张＝10000 米

1亿张里有100万个100张,就是1000000厘米÷100＝10000米

（3）找参照物比较想象。

西师附小教学楼大约 20 米高，$10000÷20＝500$（个），即 1 亿张纸大约 500 个教学楼摞起来的高度。

珠穆朗玛峰海拔约 8844 米，1 亿张纸摞起来比世界第一高峰还要高。

2. 教师陪伴、引导操作

要想有效地开展实践活动，离不开教师的陪伴、引导。有学生在实际操作时发现自己组定的主题不易操作，我就引导学生一定要选择自己身边熟知的量开展研究，易于操作。学生又发现 1 亿太多，随后我又引导学生为 1 亿建立较小数的标准，然后推算。这个标准可以是 10、100、1000 等。把推导的过程用学过的方法清楚地表示出来。还有学生发现研究结论如果只是一个数字的话还是很难想象出 1 亿有多大，我再次给出建议：能不能用形象的事物进行描述，了解数与数间的多种关系，可以辨识数的相对大小。

总之，教师全程参与课内、课外学生研究的过程，当他们遇到问题时不断地启发他们运用已有的知识和经验，给他们提供智慧锦囊，使实践活动更加深入、有效地开展，最终达到丰富对"1 亿"的理解，建立数感。

（三）合作交流，展示创新能力

（1）汇报交流前要确定好一个主持人，介绍小组成员分工。

（2）研究过程的呈现方式可以多样化。

有的小组制作了幻灯片（图 1），有的小组制作了小报（图 2、图 3），学生动手、动口，在推算的过程中发现函数关系，实践能力、创新能力得到了充分的体现。

1 亿个苹果大约相当于 150 头蓝鲸的重量　　1 亿米大约相当于直线距离来回 4 趟北京到伦敦

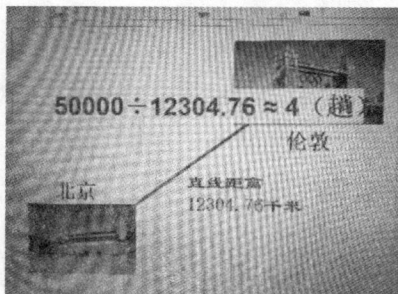

图 1

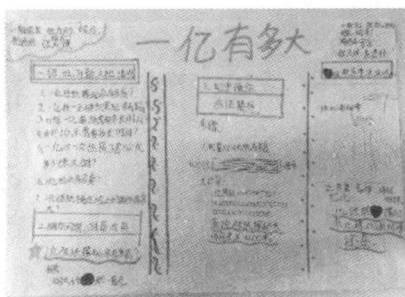

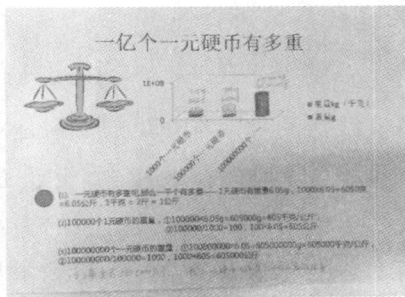

1亿张A4纸摞起来大约高1万米，
比珠穆朗玛峰高

1亿枚1元硬币大约相当于121头5吨重的小象

图 2

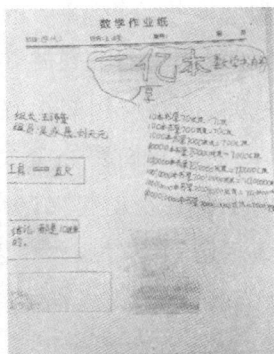

10步约走7秒，1亿步大约要走2年9个月

100本数学书摞起来大约厚7米，
1亿本大约厚700千米

图 3

（3）汇报完成后要听取大家的意见。

在进行实践活动的过程中，离不开合作、交流。有的小组研究了一个，有的小组实践操作两个，更是在师生、生生、小组与小组、小组与全班的交流中，学生对1亿的知识或活动内容的理解更丰富、更全面。所以，在合作、交流中要让学生想说、敢说、乐说，畅所欲言。在交流过程中学生的思想在撞击，知识在整合，在相互启发的过程中思维实现质的飞跃。

放手让学生去做，他们常常给我们带来很多的惊喜，这种惊喜，一是探究能力的惊喜，二是思维的发散，以及同学们之间的默契合作。这个活动学生切切实实地体验到了1亿究竟有多大。除了知识的获得，活动中培养的探究能力也利于后续的可持续学习。

四、研究反思

学科实践活动对课本知识的掌握是有好处的,它不仅仅是在解决问题,更是在解决问题中增强了动手实践能力,而且还提升了学生的想象能力、推理能力,对于发展学生思维能力的作用是全方位的。

学科实践活动不仅仅局限于课本本身提供的"综合与实践"内容,我们还可以根据知识的难易程度,自主地创新设计实践活动。如学完利率的知识,是只局限于会计算就行了吗? 可以让学生利用周末、假期真正去银行存钱,观察大屏幕显示的信息,去发现 0.5 年、1 年、2 年的利率是不同的。针对 1 万元要怎么存的问题,学生会主动地利用课堂上学到的知识去解决,这才是真正把知识学会、用活,达到实践活动最终的目的是应用知识解决问题。

对待实践活动我们要充分发挥它的价值,挖掘其内涵,创设充分的空间和时间,让每个学生都真正动起来,参与到实践中。实践活动不仅仅是应用知识解决问题,更可以为理解知识服务。总之,在实践活动中促进学生的发展,在实践中让学生学习有价值的数学,人人都能获得必需的数学知识,不同的人在数学上得到不同的发展。

参考文献

[1]　中华人民共和国教育部.义务教育数学课程标准(2011 年版)[M].北京:北京师范大学出版社,2012.

[2]　赵国旗,张立红.小学数学教学中综合实践活动的开发与实施[J].学周刊,2014(1):74.

模拟的市场　真实的体验
——以人民币应用为背景的『跳蚤市场』活动

吴　敏

一级教师,北京市西城区数学学科带头人,北京市西城区师范学校附属小学展览路校区教学负责人。多次获西城区教案教学比赛一等奖;多次承担北京市、西城区公开课和研究课,均获好评;多篇论文在全国、北京市、西城区获一等奖,并发表;多次荣获西城区"西城教育研修网"先进工作者、西城区优秀教师称号。

一、实践活动背景

在小学开展综合实践课是时代的需要,是青少年自身发展的需要,是当前学校开展美德教育的需要,所以学校从领导到教师都相当重视,学校组织教师召开了综合实践课的研讨会,制订了相应的开展计划和具体实施方案,也在进一步考虑把综合实践活动课设计成有层次的系列化课程。

我认为小学综合实践课是一种新的课程教学模式,它不同于教师平时以教学课本为载体的学科教学课程,它是让学生自主参与到开放式的综合应用实践活动中,通过切身的身心体验,从而达到综合素质的提高和多方面能力的协调发展。它具有多元性、发展性、灵活性、开放性、创新性、实践性、整合性等明显特征。综合实践活动给教育领域注入了新的活力,促使教师从单纯传授书本知识,转向学生学习活动的指导者和帮助者;而学生也不再是被动地接受知识的容器,而是能够主动地选择感兴趣的研究专题进行研究性学习,并在实践中成为学会学习的主动者。

我在教一年级数学时,发现大多数学生对于人民币的认识能力比较差。在解决问题时经常不清楚"付的钱""要花的钱""找回的钱"等数量之间的关系。想想也能理解:虽然钱是生活中必不可少的,但对学生而言仅仅是见过,通常是过年收到压岁钱,他们没有什么机会真正亲自去用、去花,特别是现今社会的购物环境已经进入了刷手机、刷脸的程度……此情此景,不禁让我脑海中打上了问号:学生是真熟悉人民币的知识,还是基本不了解? 在整个教学过程中,作为教师,我们结合很多生活中常见的购物问题帮助学生了解前面提到的数量关系,并结合学生所熟知的"整体"和"部分"的概念来建构购物问题中的数学模型。通过这些"纸上谈兵",学生们对于"付的钱"是"整体",其中包含"要花的钱"和"找回的钱",即"整体"中的两"部分"已经十分清晰了。但是,仅仅限于应用这种数学模型来笔头解决这些数学问题,而在现实生活中是怎么应用的,学生们很少有机会亲身经历。鉴于此,这个学习内容非常适合设置成一个具体的任务来让学生们亲自参与解决,是一个非常好的实践活动素材!

所以,我结合一年级学生学习了元角分的知识,计划设计一次数学综合实践活动——"跳蚤市场"。为学生创设一个近乎真实的购物场景,让他们真正地花一次钱,切实体会到数学模型在生活中的应用,感受数学学习的意义。

二、实践活动的全过程

为了创设这个接近真实的情境,我们考虑了方方面面的事情。

(一)实践活动的目的

(1)在模拟市场的实践活动中,让学生亲身经历购物问题的解决过程,加深对"付的钱""要花的钱"和"找回的钱"之间是整体、部分关系的理解。

(2)考查学生能够运用所学的人民币的知识灵活解决实际问题的能力。

(3)学生在实际应用人民币知识的实践活动中,体会数学知识的应用,感受数学学习的意义。

(二)前期的铺垫和准备

在学生真正参与实践活动前,教师要全面考虑学生需要做的前期准备。因为在这个实践活动中,每个学生既要作为消费者,在真实的市场里购物消费,又要担任售卖者出售商品。所以,在实践活动前,首先要向家长和学生说明我们设计这次实践活动的目的和一切准备工作。下面是我们拟订的"致家长的一封信"。

> 各位家长:
>
> 您好!感谢您这一年来对数学教学工作的大力支持。一年中,孩子们有了很多收获和进步!我们学习的很多数学知识和生活实际联系得比较紧密,为了培养孩子的实践能力,我们在期末设计了一个"跳蚤市场"的数学实践活动,希望孩子们能把知识运用到模拟的生活情境中去。
>
> 本次活动需要得到家长的配合。

（1）请家长和孩子一起协商，准备 1～2 件闲置的、价值不高的、可以出售的小物品（至少八九成新）。

（2）家长可以和孩子一起商定商品的价格，并制作价签（第一行写物品名称，第二行写价格），商品总价不超过 10 元。

（3）家长和孩子可以为商品设计广告语或海报。

（4）请家长帮孩子准备 10 元零钱（有元和角）。

（5）将商品、价签、10 元钱放入一个购物袋中带来。

再次感谢您对学校工作的支持！

一年级数学教研组

在下发通知的同时，教师针对通知中的第（4）项进行了明确要求：首先，请家长尽量提供 10 以内元或角的零钱，由学生自己挑选、凑到 10 元钱。在这个准备 10 元钱的过程中，学生需要应用两个有关人民币的知识，一是学生要能正确识别 10 元以内各种面值的人民币，二是学生要能把这些人民币正确相加，算一算是否凑够了 10 元整。

其次，教师要在实践活动前结合全年级的安排，向学生们说明活动的流程和注意事项。

（1）活动方式：前两个班先卖商品，后两个班买商品，40 分钟后交换。

（2）卖商品的同学要注意：算清找零，将商品和价签都给买方。

（3）买商品的同学要注意：核实找零，保管好买来的商品和价签；至少买到 1 件商品，最多可以买 2 件商品；自己买来的商品不能再出售。

（4）在买卖过程中如果没有零钱，可以和周围同学或老师换，抓紧时间买卖商品。

（5）回到教室后，填好购物记录表，然后回家先与家长交流参加活动的收获或感受，最后和家长一起填写活动记录单。

（6）提醒孩子准备好购物袋，检查商品、价签、10 元零钱。

为了避免在实践活动中有的学生无法找零的情况,每位数学老师都准备了若干 1 元和 1 角的零钱。

在此还要说明一点,有关学生在何时填写购物记录表老师们也曾讨论过。有的老师认为当时购物、当时填写,这样能在第一时间写下购物的相关信息,确保活动中数据的准确性。但也有老师更多地从安全角度考虑,担心活动场地大、参与活动学生众多、教师人数有限而且监管力度有限,学生边购物边记录时,随身携带的尖铅笔存在安全隐患。经过全体老师反复商讨,一致决定将填写购物记录单调整到后面,即回到教室后再完成。也正因为这个决定,老师们再次强调:一是每件商品都要配有相应的价签;二是售卖商品的同学一定要将价签交给买方。这样规定是出于几点考虑:一是检验学生是否会用正确的方式表达商品的价格,可以是写明几元几角,也可以写成含小数点的形式;二是在购物交易中,买方能识别价格、卖方能根据价签上的价格进行计算,买方也能验证对方计算是否正确;三是便于买方事后能清晰、准确地填写购物记录表。

当然,为了让参与实践活动的学生能提前了解任务,老师们会在实践活动当天先下发活动记录单,表 1 是其中的表格部分。

表 1

商品的名称	商品的价格	付的钱数	应找回的钱

学生了解到自己在实践活动中要收集的数据,在参与活动时是带着任务和数学问题来实践的,这使得学生参与活动的目的更为明确、清晰。

(三)活动中的安排和调控

由于全年级共计 16 个班级,数量很多、班额也较大,因此把每 4 个班分为一大组,活动时分为两组,一组买、一组卖,活动时间也分为前、后两个半场,让买卖双方互换场地和身份。表 2 是场次和人员安排(隐去具体姓名)。

表 2

场次时间	先卖的班级负责老师	后卖的班级负责老师	备注
第一场 8:20—9:50	11、12 班 2 位班主任、 1 位数学老师	9、10 班 2 位班主任、 1 位数学老师	数学老师 主持

场次时间	先卖的班级负责老师	后卖的班级负责老师	备注
第二场 10:00—11:30	1、2班 2位班主任、 1位数学老师、 1位科任老师	5、6班 2位班主任、 1位数学老师、 2位科任老师(各半场)	数学老师 主持
11:00—11:45	3班、4班就餐	13班、14班就餐	
第三场 11:50—13:20	3、4班 2位班主任、 1位数学老师	13、14班 2位班主任、 2位科任老师	数学老师 主持
第四场 13:30—15:00	7、8班 2位班主任、 1位数学老师、 1位科任教师	15、16班 2位班主任、 1位数学老师、 2位科任老师(各半场)	数学老师主持, 从场地直接放学

每个场次都安排了一位数学老师作为本场的主持人,由他再次向学生明确实践活动的要求,并带领所有买东西的学生绕场一周,整体了解另外两个班学生出售的商品和价格,在心中拟订一个购物计划,这为有效利用有限的时间、高效完成实践任务奠定了基础。

当场的主持人还要及时发现"跳蚤市场"中出现的问题,在第一时间处理、解决,掌握好实践活动的节奏和时间,督促前后两场的换场,把控本场的活动效率。

(四)活动后的学生反思和教师总结

班主任和数学老师带领参与实践活动后的学生回到班级,指导学生填写"实践活动记录单",全部内容如下。

实践活动记录单

一、购买自己喜欢的1~2件商品,并填写下面的表格。

商品的名称	商品的价格	付的钱数	应找回的钱

二、先和家人交流自己参加活动的过程,并简单地写一写。

　　1.你在"跳蚤市场"有什么发现?(数学方面的)或者你在参加活动时有什么收获、体会、感想?先与你的家长说一说,再简单地写一写。(不会写的字可以用拼音代替)

_____

_____

_____

　　2.在和孩子交流的过程中,您有什么感触或建议吗?希望能留下您的宝贵想法!

_____

_____

_____

　　老师会引导学生对照自己手中买来的商品及其价签(含商品名和价格)填写项目一中的表格,再简单说明后两项访谈记录的主要内容,回家后继续完成。

　　在第二天收回"实践活动记录单"后,数学老师们会先批阅,将学生的收获和体会以及家长的感触和建议进行汇总、分类。在后续的课堂上,老师们会组织学生谈一谈在这次模拟购物中的体会和收获,并利用购物记录单收集某类商品的数据,让学生们简单体会统计的价值。

三、模拟市场中的真实表现

　　这次模拟市场的实践活动可以说更好地培养了学生的应用意识和实践能力。设计这个实践活动的初衷,就是希望学生们能把知识运用到模拟生活情境中去,学生们也确实在活动中表现出不错的应用能力和实践能力,还带给我们很多惊喜。

视角一：头脑精明的小商家们。

在活动中，每个学生既是买家，又是卖家。他们积极准备商品和价签，有些学生还精心设计了广告语和海报。有个学生准备售卖的是时下流行的多肉植物，她用卡通漫画的形式突出了多肉植物的 Q 萌，售价又很公道，刚一摆出商品和海报就被不少买家"盯"上了。还有个学生在海报上采用了商家优惠的宣传：买一赠一！这个宣传手段的效果可谓立竿见影，时间不长，他的商品就被抢购一空。

视角二：头脑灵活的小买手们。

俗话说，买的没有卖的精。可是，初次游走在模拟市场的小买手们可没有老师们想象的那么"冲动"！他们大多会先逛上一圈，确定和筛选模拟市场里自己心仪的商品，同类的商品哪里卖得比较便宜，货比三家后再果断出手。有个学生比较纠结到底要买哪两件，可是等他做好决定了，中意的商品已经被别人买走了。但我发现这个学生很果断地跑向另一个"摊位"，原来那里也有他喜欢的商品，只是价格比刚才那家要贵一点。这个小买手拿出了砍价的本领，居然真的被他以低于目标价位的价格买到了，他兴奋地比画出"V"的手势。在这几场买卖的过程中，学生们还能根据现场的情况调整自己的需求，基本都买到了自己中意的小商品。

活动中，我还发现了很多感人的事情。有的学生不是在满足自己的需求，而是为自己的爸爸、妈妈买了小礼物；有的学生看到有人没有卖出去商品，主动去购买；有的学生发现有人掉了钱，立刻把钱还给失主……这个"跳蚤市场"真像个小社会，折射出的不仅仅是学生们知识上的收获，还有很多可爱的、善良的人性闪光点。

四、活动感悟

这次的实践活动让我深深地感受到：现实生活是孕育数学的沃土，学生周围的现实世界应成为探索的源泉，数学知识的学习应当源于学生的现实生活。教学中，教师要着力于研究学生的生活背景，致力于捕捉生活背景与学习材料之间的内在联系，帮助学生主动寻求新知识的生活原型，提供新知识的生活背景，使学生借助生活中的实际情境来学习数学、理解数学、感受数学，为新知识的应用找到生长点。教师要恰当地创设情境，让学生置身于现实生活中，立足于实际需要去寻求知识，向学生渗透数学的思想，增强学生的实践意识。

只要我们愿意鼓励学生去大胆实践、探索，激发他们对这种游戏的喜爱，就能促进他们对数学学科的兴趣,在点滴的渗透中提升相关的数学素养。

　　综合实践活动正是提供了这样一个相对独立的学习生态化空间,也许这个空间是模拟的,但学生是这个空间的主导者,学生具有整个活动绝对的支配权和主导权,能够以自我和团队为中心,推动活动的进行。在这个过程中,学生更能谋求独立完成整个活动,而不是聆听教诲和听取指导。教师在综合实践活动这个生态化空间里,只是一个引导者、指导者和旁观者。如果再辅以某种知识、能力、素养的培养和提升,这样的综合实践活动会具备更多的情感体验,会更加有趣味和有价值!

以问题为载体有效开展数学实践活动
——小学高年级数学实践活动的研究

束　艳　　一级教师,西城区学科带头人,现任北京市西城区师范学校附属小学六年级数学教研组组长。多年从事小学高年级数学教学工作,潜心小学数学教学研究,曾获北京市西城区"西城杯"评优课二等奖,撰写的论文曾多次在北京市及西城区获奖。

一、研究背景

2015 年 7 月 1 日北京市教育委员会颁布了《北京市实施教育部〈义务教育课程设置实验方案〉的课程计划(修订)》的通知,要求各学科至少要有 10％的课时用于开展学科实践活动课程。数学教材中虽然安排了一些数学实践活动课,但是无论从课时的安排还是学生的需求来看,都是远远不够的,还需要老师自主创设更多的数学实践活动。由于之前没有任何可借鉴的材料,因此这对老师们来说无疑是一个挑战。

"综合与实践"是一门基于学生的直接经验,密切联系学生自身生活和社会生活,体现对基础知识、基本技能综合运用的实践性课程。数学中的"综合与实践"则是指一类以发现和提出、分析和解决问题为基本线索,以学生自主参与和合作探索为主的学习活动。在这样的活动中,学生将体会数学与外部世界的联系、数学内容之间的内在联系,综合应用数学知识和方法分析和解决问题,积累数学活动经验,发展实践能力和创新意识。

《义务教育数学课程标准(2011 年版)》在第二学段对综合与实践的要求如下:

(1)经历有目的、有设计、有步骤、有合作的实践活动;

(2)结合实际情境,体验发现和提出具体问题、分析和解决问题的过程;

(3)在给定目标下,感受针对具体问题提出设计思路、制订简单的方案解决问题的过程;

(4)通过应用和反思,了解所学知识之间的联系,获得数学活动经验。

由此可见,在数学综合实践活动中,问题是关键。综合实践活动问题的设置不仅有助于加强学生对数学的全面理解,发展学生动口、动手能力,激发学生学习兴趣,提高学习自信心,而且也适应了学生个性和社会发展的需要,有助于提高学生的综合素养。以问题为载体,也为老师更有效开展数学实践活动打开了思路。

二、研究内容及目标

（一）研究内容

（1）如何寻找数学实践活动的问题。

（2）如何借助实践问题有效开展实践活动。

（二）研究目标

（1）创设基于学生发展的综合实践问题，使学生获得亲身参与实践的积极体验与丰富经验。

（2）引导学生参与综合实践问题的解决过程，从而更好地发展他们的实践能力和对知识的综合运用及创新能力，养成合作、分享、积极进取等良好的个性品质。

三、研究过程

（一）如何寻找数学实践活动的问题

1. 依托教材本身的例题及练习，合理选择实践问题

六年级的孩子作为小学阶段最高年级的学生，已经有了一定量的知识及方法储备，因此在六年级的教材中就有很多综合实践性问题。例如：

（1）如何确定起跑线？

要探索"确定起跑线"其中的规律，需要的相关知识与方法很多，如长方形、圆的周长，圆周长与圆半径、直径的关系；通过算式或计算结果找规律的方法；用含字母的式子表示规律的方法……这个问题本身就是一个综合实践性问题。

（2）你能求出图 1 所示正方形和圆之间部分的面积吗？

中国建筑中经常能见到"外方内圆"和"外圆内方"的设计。图 1 中的两个圆半径是 1m，你能求出正方形和圆之间部分的面积吗？

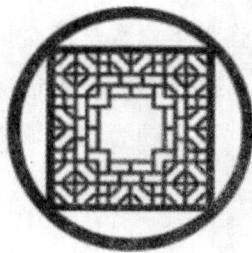

图 1

　　这是"圆"单元教材中的一个新增例题,问题所呈现的是很多学生在自己的生活中都见过的真实的例子。在研究过程中,学生除了会想办法在分析、解决、反思中找到圆中方、方中圆的关系外,还会产生"为什么在我们中国的古典建筑中会有这么多的'圆中方'和'方中圆'"等疑问,这些疑问会引领着他们进一步探求中国古典建筑中的数学文化,使他们感受到数学的魅力!

　　(3)你的书包超重吗?

　　儿童的负重最好不要超过体重的 3/20。长期背负过重物体,会导致腰痛及背痛,严重的甚至会妨碍儿童骨骼成长。

　　①图 2 中王明的书包超重吗? 为什么?

　　②称一称你的体重,算一算你的负重最好不要超过多少千克。

　　这是一个安排在分数乘法单元的练习题,这个问题非常贴近学生的现实生活,学生很感兴趣。在研究的过程中每个学生的家长也可以一起参与进来,想办法称重,再借助这个单元的知识看一看自己的书包是否超重,和家长一起分析超重的原因并提出改进措施;学生在自己解决了这个问题之后,还可以在班级中交流每个人的情况以及改进的措施,分享彼此的经验。

体重30千克
书包重5千克

图 2

　　2. 依托教材,鼓励学生创编实践问题

　　教材本身所提供的综合实践问题很多是具有开放性的,教师要注意依托教材,为学生提供开放的研究空间,鼓励学生大胆创编问题,培养学生的问题意识,发展其个性。例如:围绕"圆形"提出一个你想研究的数学问题和"研究关于节约用水的问题"这两个内容都为学生提供了较为开放的空间,学生提出了很多不同的问题,如:相机的镜头为什么是圆的? 周长一定的情况下,长方形、正方形、圆形哪一个面积最大? 这与生活中有这么多圆形的物体有关吗? 洗澡前流失的凉水如何进行收集与利用? 怎样通过调节喷头和水量节约用水?

　　这些问题的提出离不开学生富有个性和创造性的思考,这样的综合实践问题学生研究起来不仅发挥空间大,兴趣也高。

3.依托学校和社会时事,创设学生感兴趣的实践问题

这类问题学生兴趣最浓,参与度也会很高,但是相对来说更要求老师具有较高的数学素养,以及对生活中数学问题的敏锐度。例如:

"咱们班分到的这个石榴里面有多少个石榴籽"这个问题就源于学校的一次"阳光少年"的评选。在评选结束后,每班的"阳光少年"代表班级领到了一个校园里石榴树上结的石榴,让班里的同学们一起来品尝校园里秋天的果实。但是每个班只有一个石榴,该怎么分呢?有的同学开玩笑说:"干脆一人一个籽吧!"这看似玩笑的一句话,引起了我的思考:是啊,可以按"籽"来分,那么这一个石榴有多少个石榴籽呢(图3)?

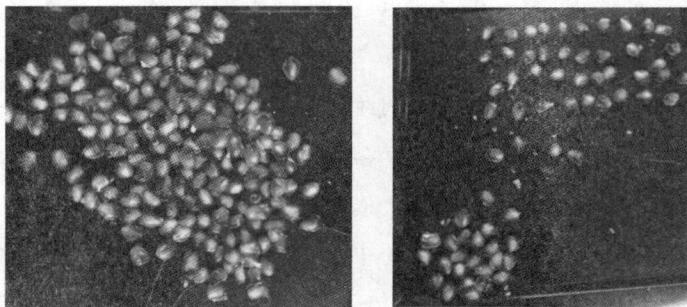

图3

刚开始,我自己想到的办法是先让学生看着这个立体的石榴估一估,然后动手将石榴剥开,把石榴籽平放在盘子里,这样使学生经历了一个从立体到平面的过程,再进行二次估计。在这个估计的环节中,学生就会意识到,需要先找到一个估的标准,这样对于培养学生的数感很有好处。

在这种"分"的过程中,很好地综合了学生有关"估算""空间观念""数感"等数学知识与思想方法。但是对于一个六年级的学生来说,是否还能够有更多呢?学生在五年级研究"估计不规则图形的面积"时曾用过"称法",石榴这个不规则物体是否也能用到类似的方法呢?而这其中蕴含的解决问题的知识与方法正好与本学期学习的"比"的知识有关,但是其本质却是学生还没有学习过的"比例"的知识。那么学生在解决这个问题的过程中是否会主动调动自己的原有认知、经验和方法,甚至沟通知识之间的联系,主动运用还没有学习过的"比例"的知识呢?教师要给学生提供较为开放的空间才有可能实现。

总之,这些问题的设计都具有一定的开放性,不仅与学生的课内知识相关,而

且与学生的生活经验密切结合,学生感到很新颖,很好地激发了他们探索与创新的兴趣;学生在解决问题时需要综合运用所学的知识、方法、经验、思维方式等,启发了学生进行多种思考及创新。

(二)如何借助实践问题有效开展实践活动

有了综合实践问题,接下来就要思考如何围绕问题组织学生更有效地自主参与、合作探究了。

1. 明确实践活动任务,根据实践问题确定研究团队

不同的实践活动问题,给每个学生的研究空间也不同,要根据活动问题及学生的特点,合理确定研究团队。

如:"你的书包超重吗""你能求出正方形和圆之间部分的面积吗"这样的问题。对于六年级的学生来说,已经具有了独立解决问题的相关知识、方法和经验,因此,我选择放手让每一个学生独立完成。

又如:"咱们班分到的这个石榴里面有多少个石榴籽""为什么草原上的蒙古包的底面是圆形的""如何确定起跑线"等问题,具有一定的挑战性及开放度,适合采用小组合作的方式进行研究。在这些实践活动过程中我也发现,大部分学生特别喜欢与他人合作完成活动,为了给他们创设一个宽松、民主的环境,学生可以自愿结成合作小组,每组必须推选出一位组长,并由组长根据组内成员的特点分配任务。在这个结组、分配任务、参与组内活动的过程中,学生不仅有知识上的收获,还学会了如何更好地处理好自己与他人的关系。

2. 为学生提供充足的研究时间

在实践问题的研究过程中,老师一定要给学生提供充足的实践和思考时间(每个问题给学生大约 1 周的时间),鼓励他们探索解决问题的方法,这样才能使学生真正经历实践问题的研究过程,获得更多的收获。

3. 关注学生实践问题的研究过程,引导学生更有效地反馈研究成果

(1)引导学生采用更有效的交流方法。

交流对数学学习乃至对以后适应社会都是非常重要的,那么如何更好地与他人交流自己的研究成果呢? 这需要老师的引导与帮助。老师要深入各小组中倾听学生的讨论,了解他们的思考过程并给予一定的引导,学生在准备交流时要思考用适当的语言、图形、表格或符号来叙述分析问题和解决问题的过程,与其他同学的

方法进行比较,分享不同观点带来的启发。

(2)把选择权交给学生,用"立体式"汇报形式更有效地反馈研究成果。

"人多、时间少"是摆在老师面前的现实问题,如果一一展示,时间肯定不够,而且大家研究的是同一个内容,这么多的组逐一汇报,学生很容易听着听着就没有兴趣了,但是如果不逐一展示的话,又该让哪些组来汇报呢?倘若安排不合理,也会打击到没有汇报的小组学生的积极性,这该如何是好呢?认真思考后,我在"如何确定起跑线"这个问题的研究汇报中尝试了一种能够充分体现学生自主性、很好地保护兴趣的立体式的汇报方式:

①将所有组的研究报告张贴在展板上进行展示;

②学生进行投票,选出自己喜欢的小组;

③请每个小组留下核心汇报人,其他同学走进自己喜欢的小组听取汇报;

④请得票最高的小组向全班进行汇报。

通过这次大胆的尝试,我特别明显地感觉到,"立体式"汇报形式不仅节省了时间,让每个小组都有了汇报的机会,保护了每一组学生研究问题的积极性,而且面对"确定起跑线"这个比较有挑战性的问题,不再像以前那样,只有思维较活跃的学生才感兴趣、爱参与,而是所有学生的研究热情都非常高。在研究和交流的过程中,尤其是平时思维层次不太高,也不太积极研究的学生,他们能够在一个比较轻松、自主的环境中思考和提问,而且一次不明白可以有第二次,在这种氛围中,逐步理解了规律背后的道理,同时也向别人学到了好的方法。

4.重视活动反思与评价,使实践问题的研究更有效

综合实践活动的重要目标之一是使学生获得一些解决问题的经验,而经验的积累需要他们不断思考自己解决问题的过程。在反思中,要引导学生回顾自己如何分析问题、运用了哪些解决问题的策略、遇到了哪些困难、是怎样克服困难的、别人的想法对自己是否有启发……反思的过程对于学生积累数学活动与合作交流的经验是大有好处的。

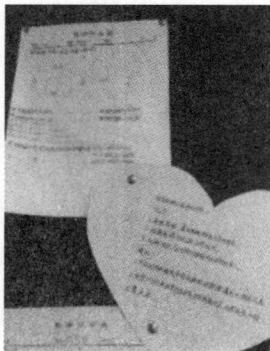

图4

课后的评价我也进行了大胆的尝试,尝试着老师退后、学生向前。在学生彼此评价(图4)的过程中,他们从一开始的带着感情色彩的互相评价,到后来理性的互相评价,实践问题的研究带给他们的已不仅仅是实践问题本身了,更多的是理性的思考以及如何处理好自己与他人的关系。

四、研究效果分析

(1)获得亲身参与实践的积极体验与丰富经验。

实践问题的研究过程与常规的数学知识研究有所不同,在研究的过程中需要学生亲身参与到活动中,这给了学生更多的动手、动脑的机会,同时也积累了大量的活动经验,为今后更好地适应学习、适应社会奠定了基础。

(2)发展实践能力以及对知识的综合运用和创新能力。

解决一个实践问题需要借助的不仅仅是一方面的知识,而是不同知识领域的知识,有时甚至是不同学科的知识,这使学生头脑中的知识打通了联系,同时在开放的实践问题情境中,学生也在不断地发现和提出新的问题。

(3)养成合作、分享、积极进取等良好的个性品质。

从研究团队的组建到"立体式"汇报形式,再到研究后的反思与评价,学生的研究不再仅仅局限于个人的学习与成长,在这个实践问题的研究过程中,学生在逐步学会与他人合作、分享、理性地交流与评价。

(4)实践问题的研究为教师的学科育人打开了一扇窗。

学科教学的目的不仅仅是教书,更是育人,学科育人除了平时渗透在学科知识教学中外,类似于学生今后在现实生活中会遇到的实践问题的研究,更值得教师以其为载体实现学科育人的目标。当然,这同时也对教师提出了更高的要求,需要教师不仅能够深入地把握教材,引导学生提出更有价值的问题,还需要教师保持对生活中数学的高度敏感,更需要教师站在学生发展的角度来整体把握。

五、研究反思

(1)本研究中尝试的实践问题都是一些在平时教学中出现的小型活动,在本次研究的基础上可以尝试在今后设计并开展更大型的实践活动。

(2)研究的题目可以逐步尝试由学生提出,并鼓励学生根据自己的情况来选择实践问题进行研究。

(3)教师在学生实践问题的研究过程中,可以尝试改变角色,以研究成员的身份参与到实践活动中一起研究问题,这可能会为教师发现研究中的问题,更好地设计其他实践问题活动积累更多的经验。

让综合与实践活动的『过程』更丰富
——『制作活动日历』的思考与实践

张佳丽　　北京市西城区骨干教师,曾获"西城杯"课堂教学评优一等奖、北京市论文评比三等奖,荣获"北京市优秀共青团员"称号,两次被评为校级"我心中的好老师"。

一、研究背景

《义务教育数学课程标准(2011 年版)》把"综合与实践""数与代数""图形与几何""统计与概率"设置成四个学习领域。由此可见,"综合与实践"已经成为我们基础课程中的一部分,而不是单纯的教学活动。"综合与实践"是指一类以问题为载体、以学生自主参与为主的学习活动。在学习活动中,学生将综合运用数学知识和方法解决问题。"综合与实践"为我们培养学生的实践能力、创新意识、应用意识和数学素养提供了有效途径,因此作为一线教师,我们要充分重视综合与实践的作用,努力上好"综合与实践"课。

在《义务教育数学课程标准(2011 年版)解读》中,对于"综合与实践"活动,特别强调了要体现"过程"。教师要重在对活动过程的组织和引导,让学生在完整、丰富的过程中积累经验,提升能力。也就是说过程比结果更重要! 但是,在我们平时的数学教学中由于课时比较紧张,对"综合与实践"活动的考查又没有明确的要求和方式,因此很多数学教师不重视"综合与实践"这一课程内容,讲解时处理不到位或者没有达到既定的教学目标。那么,如何在有限的课时下,在综合实践活动中体现"过程",使活动过程更丰富、饱满呢?

带着思考,我选择了"制作活动日历"一课进行课堂实践。"制作活动日历"一课是人教版教材三年级下册"年、月、日"单元中最后一个内容,是 2013 版教材中新修改的一个"综合与实践"活动。对于这个新添加的内容我们究竟要带给学生什么呢? 带着疑问我翻看了旧版的教材。

通过比较我发现:不管是旧教材中的"制作年历"还是新教材中的"制作活动日历",都是要巩固对年、月、日的认识,加强数学知识与现实生活的联系,让学生感受数学在日常生活中的应用。但是,"制作年历"关注的是单元知识点的整理,而"制作活动日历"则体现的是运用知识解决问题。因此,这个内容的任务更具挑战性,过程更具探索性,结果更具开放性,关注的是学生的思维和创新能力的培养。

二、实践活动过程

(一)课上探究"制作活动日历"的方法

1. 明确活动要求

师:谁先来说说制作这个活动日历的要求是什么?

生:4个小正方体木块,同时表示出月、日、星期。

2. 小组讨论,初步制订"制作活动日历"方案

师:只有4个小正方体木块,要同时表示出那么多的信息,这几个木块该如何分配?每个小木块上又该怎么表示信息呢?带着这些问题小组同学讨论一下,可以把你们的想法简单记录在纸上。

全班汇报:(某小组4名成员一起汇报方法)

生1:用一个木块表示1~12个月,一个木块表示星期几。另外两个木块表示1~31号。

生2:一个正方体有6个面,但是一周有7天,可以把一个正方体的5个面分别表示星期一到星期五,把星期六和星期日同时写在一个面上。

其他学生提出质疑:把两天写在一个面上怎么看出来到底表示的是哪一天?

生2:写的时候可以把"星期六"正着写,把"星期日"倒过来写,表示哪一天时就把哪一天正着放,这样就可以表示清楚了。

生3:一年有12个月,正方体的每个面上可以表示两个月,一个正着写,一个倒着写。

生4:因为1~31号很多数字都是重复的,不用把所有数都写出来,只要用两个正方体分别表示十位和个位上的数就行了。比如:

正方体一:1230;正方体二:0123456789

师:这组同学发现31个数中有很多相同的数字,可以利用拼组的方式把31个日期呈现出来,特别有创意的想法!既然可以去掉重复的一些数字,那还有没有更简洁的方式也能用2个正方体表示出日期呢?为了方便大家研究,老师把1~31这些数字打在了课件上,请大家先认真观察一下数的特点,再在小组内交流。

3. 小组交流"日"的制作方法

生1:我发现数字0~9一定会出现,所以所选数字中必须有数字0~9,而且

11、22 出现了两个 1 和两个 2,因此要添上一个 1 和一个 2,所以正方体一为 012345,正方体二为 678912。

生提问:怎么拼出 30 号呢?表示单号时也不方便呀!

生 2:这样的话就必须在第二个正方体上增加一个 0。正方体一为 012345,正方体二为 6789120,把 8 和 9 放在一面上。

生 3:你这样方块二就又多了一个数字,而 6 和 9 长得很像,就写一个 6 就可以,表示 9 时就把 6 倒过来。所以正方体一为 012345,正方体二为 678120。

师:多巧妙的方法呀,不仅用两个正方体表示出了 1~31 号,还使正方体的每个面上都只有一个数,表示起来简洁、方便!

(二)课下动手制作活动日历

由于课上时间有限,因此我把动手制作活动日历的任务留给了学生在课下完成,并提出了制作建议:①根据课上学到的制作活动日历的方法,利用 4 个小方块制作一个活动日历,可以设计一个漂亮的底座;②完成之前的活动日历后还可以发挥想象和创意,制作一个独特的活动日历(包括月、日和星期)。

在理解的基础上,我们给予学生空间,学生的制作过程就会给予我们惊喜。

正方体的木块家里没有,学生们就自己想各种办法。有的学生亲手制作纸制的正方体;有的学生用家里的彩泥捏成的正方体;还有的学生就地取材,用的是长方体的橡皮,符合 6 个面的设计。

还有很多学生,在完成了课上利用 4 个正方体制作活动日历后,又发挥创意,制作了独特的活动日历。有两个学生结合了自己的生活经验,图 1 是翻页的,图 2 是采用粘贴月、日期和星期的方法,也符合我们的制作要求。

图 1

图 2

还有的学生用纸条做成纸环编在一起,利用吸管做轴,通过抽拉纸条进行日期的更换。图 3 是日历的正面,图 4 是日历的反面,能看到日历是怎么工作的。

图 3

图 4

年、月、日属于时间单位,以前学过的时间单位时、分、秒就是在表盘上呈现的,因此很多学生不谋而合地采用了转盘的方式,如图 5～图 9 所示。

图 5

图 6

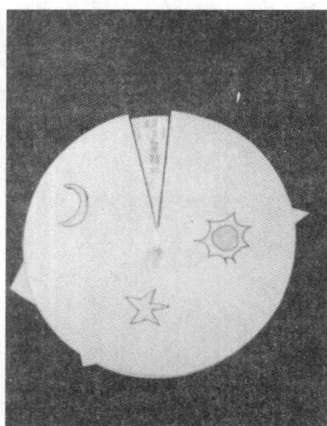

图 7

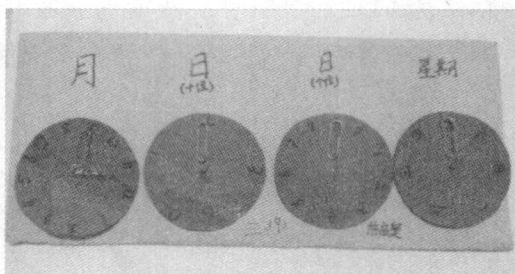

图 8

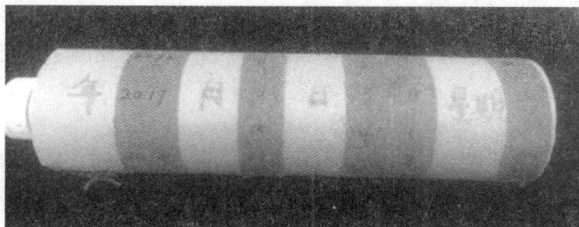

图9

（三）小组评议、全班交流

学生通过自己的努力，都亲自动手制作了属于自己的活动日历，但是此次综合与实践活动并没有结束，我们应该给学生一个表达、展示、交流的机会。因此，我采取了阶梯式交流的形式。首先，把自己的作品带到学校，利用课下机会在小组内先进行交流。其次，小组同学选出有代表性的作品，在家中进行简单介绍并拍成小视频，发到班级微信群进行交流展示。最后，老师利用数学课的前十分钟让学生进行评议，学生可以从制作材料、日历要素、美观、创新等方面对大家的作品进行评价。这样不仅使全部同学分享了成果和收获，还可以在大家的评议中体会学生在制作过程中的思考、亮点和创新点，使自己能在原有的制作基础上有所提高。

三、研究反思

通过亲自尝试、实践，我对"综合与实践"有了新的思考。

（一）创设有探究空间的"大问题"，使过程变"厚"

从"知识与技能"的角度来看，与其他三个领域相比，课标对"综合与实践"没有提出明确的要求，对教师来说显得抽象和笼统，感觉没有抓手。而"综合与实践"本质上是一种解决问题的活动，因此要想让学生充分参与解决问题的过程，就需要创设一个有探究空间的"大问题"，让学生在解决问题的过程中不断思考、表达、交流和实践。

"用4个小正方体木块制作活动日历，要求能同时表示出月、日和星期"这一任务对三年级的学生来说具有一定的挑战性，但是在这样的"大问题"下，留给了学生一个探究的空间，使学生通过交流、讨论、质疑，不断抽丝剥茧，展开解决问题的讨论探究，逐渐由"大问题"聚焦到"小问题"，从"分配4个小正方体木块"，到"每个小正方体木块的 6 个面的具体分工",再到"用 2 个正方体表示日期怎样更简单",学生不断遇到新的问题,解决新问题,在问题的驱使下实践活动的过程更加厚实。

(二)给予学生充裕的探究时间和空间,使过程变"广"

"综合与实践"的形式是多样的,往往花费较多的时间,有些老师受到课时的限制,常常带着学生"走过场",没有给足学生思考、交流的时间,更没有突出"做",这样的活动过程难免显得单薄。只有给予学生充裕的探究时间和空间才能体现"过程",这样学生才能真正动起来,在活动中积累数学活动经验,提升数学能力和素养。

诸如活动日历这样的"综合与实践"活动,可以采取课内外相结合的形式,以学生"长作业"的形式完成,可持续几天或几周。本次活动的探究、交流、制作和展示都需要足够的时间,课堂上的时间有限,就可以把一些任务放到课下完成,并利用照片、视频、微信等方式拓展交流的空间,把课堂作为梳理问题和交流经验的场所,从而提高活动的效率,使活动的过程变广、变长。

(三)重视展示与评价,使过程变"深"

每一个实践活动都要扎根落实,不是为了开展而开展,而是要让学生在每一次活动中都有所收获。教师不仅仅要关注结果,更要关注过程。制作活动日历固然是活动的直接目的,但学习到解决问题的方法,学会合作,学会交流才是更重要的。因此,在制作完成之后,要进行成果的展示与评价,要鼓励学生在交流展示中,展现思考过程,交流收获和体会,表现创造潜能,体现合作成果,使学生既可以体验到成功的喜悦,又可以欣赏、借鉴别人的优点,提升自己的认识,积累更丰富的活动经验,使活动过程走向深入。

参考文献

[1] 中华人民共和国教育部.义务教育数学课程标准(2011 年版).北京:北京师范大学出版社,2012.

[2] 教育部基础教育课程教材专家工作委员会.义务教育数学课程标准(2011 年版)解读.北京:北京师范大学出版社,2012.

附小登山娃，健身圆国梦
——通过登山体育实践活动提高学生综合素质

崔 建

一级教师,现任北京市西城区师范学校附属小学课程中心体育教学主管。西城区教育系统骨干教师。曾获北京市校园足球教学课例二等奖、西城区教学足球课例一等奖,北京市阳光体育棒球发展计划优秀指导教师。

247

一、活动背景

随着教育改革的不断深化,中小学生在掌握必备的科学理论基础知识之外,还需要通过社会实践活动来提高自身的综合素质以及实践能力。通过社会实践活动,可以增强中小学生的团队合作意识和独立自主能力,磨炼意志,丰富情感,树立理想和信念,促进中小学生的全面发展。

义务教育课程标准要求学校每学期开展 10% 的社会实践课程,为了认真贯彻落实学校"健康第一"的指导思想,坚持"使每一天都有意义"的教学理念,我校积极开展相关体育社会实践活动,旨在培养学生自立自强、适应社会等相关能力,为学生全面发展奠定坚实的基础。结合我校体育五年规划,体育组于 2016 年秋季精心设计并开展了"附小登山娃,健身圆国梦"登山体育社会实践主题活动。

二、活动目标及意义

(一)活动目标

(1)在践行学校文化理念过程中,通过登山体育实践活动引导学生处理好自己与自己、自己与他人、自己与社会和自己与自然的四个关系。

(2)通过登山体育实践活动,学生亲近自然,敬畏自然,尊重生命,逐渐理解漫漫人生路从前行的脚步开始。

(3)通过登山体育实践活动过程中学生自我物品准备、登山过程中挑战自我和完善自我的修炼,学生明白简单的事情认真做,为实现中国梦努力健身。

(二)活动意义

1. 培养学生综合素质,提升教师组织能力

登山本身并不是最终的目的,重要的是通过登山这项社会实践活动,培养学生挑战自我和完善自我的能力;锻炼学生强健的体魄,培养学生勇敢顽强的意志;培

养集体主义的团队精神,勇于争先的进取精神;环境保护意识及面对胜负的健康、平和的心理状态。同时通过这项活动锻炼体育教师周密、细致的组织策划能力。

2. 全面协调,充分发挥家长作用

社会实践活动离不开社会的支持,我校在进行此次活动之前,多次去踩点,最终认为西山国家森林公园地理条件最适合开展此项活动。为此,我校与公园负责人进行沟通,公园对我校的活动给予大力支持,提供了很多细致周到的服务。实践活动也是一次极好的家校合作的机会。为此,我们制订的规则中就有家长参与内容,家长们参加活动的积极性及热情远远超过我们的预期。这次有着亲子性质的活动,不仅仅增进了家长与孩子的亲情,而且使家长站在了学校一方,更加支持学校工作,对于孩子的后续教育有着积极的意义。

正所谓"随风潜入夜,润物细无声",一次富有意义和内涵的社会实践活动能让学生们在活动的愉快感受中健康成长,在团结的氛围中共同进步,在体验中塑造正确完善的价值观和世界观,增强学校体育教育的活力。

三、活动筹备

活动筹备过程如图 1 所示。

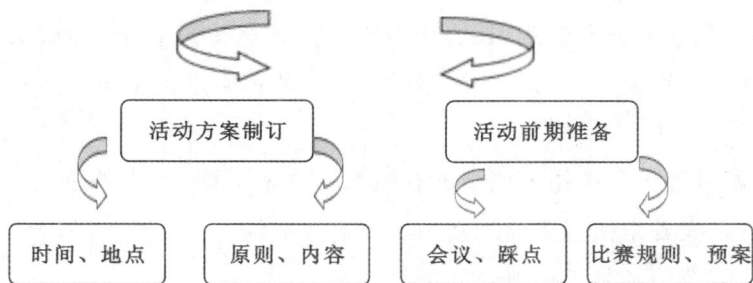

图 1

1. 制订活动策划方案

活动时间:2016 年 11 月 6 日。

活动地点:西山国家森林公园。

活动原则:征集 660 名家长志愿者,原则上全校教职工与学生共同参与。

活动内容:

一年级:路程 600 米,海拔 150 米;

二、三年级:路程 1100 米,海拔 250 米;

四、五、六年级:路程 2000 米,海拔 275 米。

以班为单位,组成两个代表队,一个是突击队,另一个是团体队。突击队由 5 人组成(必须有男有女,男女名额分配不限),本班其他同学组成团体队。

2.活动前期准备

每一项大型学生活动,充分的前期准备都是必不可少的。针对这项活动,从预备会、动员会、踩点报名、征集家长志愿者、制订比赛规则、制订安全预案,包括具体需要用到的运动会备品,我校都进行了周密的安排和详细的规划,力争圆满、安全完成此项工作。

(1)比赛规则及注意事项。

①队员须身体健康。比赛期间运动员应注意自身安全,如有身体不适,应立即终止比赛并及时到医疗站检查治疗。

②各代表队应提前 20 分钟到达比赛现场,开赛后迟到者按弃权处理。

③比赛采用一枪制发令,不得抢跑,团体每班站四路纵队,统一起跑。

④突击队到达终点都有个人名次。团体队只记录最后一名成员到达终点的成绩。团体队都到达终点后,向教师年级组长报告人数(计人数、看时间)。

⑤各代表队要增强安全意识、合作意识。如该队出现安全事故,该队(突击队为该人)成绩为年级最后一名。如该班两个代表队都出现安全事故,不录取该班团体总分成绩。

⑥在比赛过程中要按指定路线和比赛规则进行,本班团体队的学生要在随班的教师视野内,发现未按规定路线登山者不录取成绩。

(2)各职能部门及其工作内容如下。

①接待媒体组:宣传、报道。

②协调组:安排配班和乘车人员,往返车辆调动,协调比赛事宜与进程。

③竞赛组:培训裁判员,确保终点名次准确。

④学生管理组:与年级组长就比赛进程进行管理,提醒学生注意安全。

⑤红十字与医务组:随时待命,处理伤病。

⑥安全保卫组:保障安全环境。

⑦后勤保障组:保障爬山所需物资。

⑧摄像组:采集图像。

⑨应急处置组:处理突发事件。

四、活动实施过程

2016年11月6日,我校按计划进行了登山体育实践活动,裁判员在学生到达公园之前已经就位。随着起点一声枪响,每个班的家长、学生、老师开始了爬山活动,大家兴致高昂,在嘹亮的歌声中奋勇争先(图2、图3)。

图2

图3

一切活动都按照计划有条不紊地进行着,但是在活动中还是有几个小插曲。首先有个别学生因为身体原因不能跑到终点,在校医的诊断下,体育老师将这几个学生背到山下,送到提前准备好的救护车上,经过医生诊断,只是低血糖或者有些劳累而已。值得肯定的是,绝大多数学生都能咬着牙坚持到最后。尤为感动的是,有些家长因为平时缺乏锻炼,体质也不是很好,但是为了班级的荣誉,家长们不顾形象,奋力追赶。在温馨、愉快的氛围中,大家相互搀扶、相互帮助、相互鼓励,发扬了团结友爱、努力奋进的精神,共同完成了爬山活动。

活动虽然结束了,但是我们的教育并没有结束。各个班都组织了学生的手抄报交流展示,并鼓励学生书写登山感悟(图4)。

看着一张张充满意义的照片,很多学生由衷地发表了对此次活动的看法。有的学生看到了大家互帮互助;有的学生体会到了团队的精神;有的学生从中悟出了人不管干什么事情都要有坚强的毅力;还有的学生体会到了身体健康的重要性等。学生不仅仅通过活动锻炼了身体、提高了能力、磨炼了意志,甚至有些学生对事情的看法都有了一个不一样的角度,学生通过活动成长了。我想从这点来说,这次实践活动是成功的。

图 4

五、总结及建议

我校的这次外出登山体育实践活动是一种创新,但是创新背后也承担了巨大的压力,首先就是安全问题。现在很多学校考虑到学生外出活动的不确定性,尽量减少了这样的活动,避免出现安全问题。但是我们认为把学生关在校园,学生永远成为不了雄鹰。所以虽然很多人劝学校取消这样的活动,但是为了孩子的发展,学校顶住了压力,这也正是教育者一种有担当的表现。

很长一段时间过去了,还有学生对这次体育实践活动津津乐道,看来学生们对这次活动印象深刻。我作为活动的策划者和组织者,在欣慰之余再回顾这次活动,也有几点建议供大家参考。

1. 大型活动需要充分准备

几千人的大型活动不允许出现任何的纰漏,此次活动从设计到实施,长达两个半月,每一个细节都经过了认真考虑,每个环节都需要反复论证,确定可行性,并预想有可能出现的所有问题,设计所有问题的解决方案。

2. 丰富体育实践活动的内涵

如果把体育社会实践活动只定位在锻炼身体上,显然活动是单薄的。活动必须结合学校的办学理念,挖掘所有可以开展教育教学的活动内涵,必须动员一切可动员的力量,把每一个活动都落到实处,让学生在活动中能够有不同的收获。

3.要有处理突发事件的能力

无论我们在活动前预想得多么充分,都会有一些突发事件,面对突发事件,我们一定要有应急处理能力。例如:正式登山的那天,早上天气阴沉沉的但并没有下雨,可活动开展到一半的时候,天空下起了小雨。虽然大部分学生按照老师的提示带了雨衣,但仍然有一小部分学生没有带雨衣,老师们把雨衣给了学生,学校临时又买了100多件一次性雨衣,才解决了问题。在比赛中,还有的家长为了追求名次,居然把孩子扛在肩上跑向终点,这种心情可以理解,但是做法不对,我们对这样的家长也进行了批评教育,并酌情扣分。像这样一些我们事先没有预设到的问题,在处理上对于我们而言是考验,但是也帮助我们在活动中积累了经验,这对于我们来说也何尝不是一种成长啊!

以儿童瑜伽为载体探索体育实践课程
——小学二年级瑜伽课程的实施与思考

谢 飞

二级教师,国家二级裁判,现任北京市西城区师范学校附属小学体育教师。获得北京市西城区啦啦操比赛优秀教练员和艺术节集体舞优秀辅导员荣誉称号,曾获全国教育教学论文一等奖。

随着瑜伽在世界各国的风靡,儿童瑜伽也进入大众的视野。儿童瑜伽首先是一种有益身心的游戏,是让儿童在玩的同时心理和身体得到有效锻炼。在现今的小学体育课堂中,采用多种教学模式开展丰富多彩的体育活动,是为了让学生在"玩中学、玩中练",激发学生的运动兴趣,使得每一个学生都能体验体育活动的过程,这不仅能充分发挥体育与健康学科的教学思想,还使学生在自由和欢悦中获得强健体魄。

一、瑜伽和儿童瑜伽概述

瑜伽起源于古印度,距今有 6000 多年的历史,它是梵文里的音译"联合、加入、结合和统一"之意,即把人的注意力集中起来加以引导、运用和实施,也有结合交融的意思。从广义上讲,是哲学的范畴;从狭义上讲,是精神和肉体结合到最佳状态,本意上是自我原始的动因的结合。现在所练习的瑜伽是由呼吸法、体位法、冥想法所构成协调身心的养身法则,通过深长的呼吸,身体的伸展,来增强人体的心理和生理的健康。姿势的体位法有 84000 多种,其中包括简单基础的体位到层层递进的高难度体位,所以瑜伽适合不同年龄的人参与。

在国外,儿童瑜伽班十分流行,锻炼效果十分显著。美国最早在 1999 年推出首个婴儿瑜伽课(新生儿至 4 岁),益处在于孩子睡得好、消化好、长得壮。在国内,专业人士主张 6～12 岁儿童更适合做专门为孩子设计的瑜伽。孩子在 12 岁以前是最佳身心可塑期,早期教育是儿童成长和教育领域的永恒话题。实践证明,游戏是儿童早期教育的有效手段,而儿童瑜伽的动作符合儿童的成长规律。瑜伽是一个简单的从孩子们自然而然的行为中产生的有机系统,是一项从所有的感觉层面上的力量、灵活性和幸福感,把身体和心灵结合起来的艺术。它能帮助孩子们控制自己的日常活动,也能帮助控制他们的思想活动;它能帮助孩子们成为更好的运动员、学生,甚至更好地交朋友,也能帮助兄弟姐妹之间或者家庭成员之间和睦相处,最重要的是瑜伽能帮助孩子们认识到自己内心最美好的东西,提高自信,帮助他们身体舒适,并且触摸到内心的自己。但是瑜伽没有从根本上改变孩子们,而是帮助他们打磨、精炼、滋养那个已经存在于他们体内的美好东西——生命的能量。

二、儿童瑜伽的特点

儿童瑜伽整合了瑜伽、游戏、故事、音乐、绘画等趣味形式,将它们融合到瑜伽体式习练的课程中,并依照瑜伽相互依存、整体、愉悦的原则,纳入了生态学、解剖学、营养学和生命学等学科知识,在运动中互动,由内而外地锻炼了身体,可以帮助儿童增加身体弹性,改善个人姿势,增进力量、平衡力及注意力,对儿童来说是一种健康的运动。

三、中小学生练习儿童瑜伽的功效

(一)塑造良好身体形态

中小学生的身体正处于不断生长发育的时期,但由于学习压力大,学生为完成学业任务经常使身体保持长时间固定的坐姿。长期下来学生易出现不良坐姿习惯,瑜伽练习通过站、坐、跪、卧、仰等姿势,进行伸展、弯曲、扭转,对学生脊椎进行强化练习。这样不仅能够有效改善和促进学生脊椎的血液循环,而且能够全面调养学生脊柱,有效预防和纠正学生脊柱的不健康生长,帮助学生塑造良好的身体形态。

(二)促进感统平衡

儿童瑜伽不仅锻炼孩子身体的平衡性,增强身体耐力、持久力和灵活性,还锻炼孩子的大脑,促进大脑对外界的信息进行分析与整合加工,促进孩子的感统平衡。

(三)增强心肺功能,提高免疫力

儿童瑜伽不同于传统瑜伽的完全式呼吸方法,对于呼吸的要求较低,通过孩子能接受的方式把腹式呼吸的技巧教授给孩子,通过持续的练习让孩子养成深长呼吸的习惯,帮助孩子改善哮喘和气管敏感的问题。另外,通过增强整个内脏的功能和身体的机能进而提高身体的免疫力。

(四)激发想象力和创造力

儿童瑜伽可以促进孩子们充分发挥自己的想象力,创造出许许多多的瑜伽体式,激发创造力,进一步拓展学生的想象与发挥空间。

(五)增强耐性,提升专注力

儿童瑜伽的体式练习能帮助孩子们控制自己的思维,有助于孩子平稳思绪、提升专注力、增加耐性,对记忆力和学习有促进的作用,能帮助孩子们成为更优秀的自己。

（六）提升自信，完善性格

儿童瑜伽的练习不是和其他儿童或者同学姿势难度的比对，而是通过练习提升自己，从而帮助孩子们触摸到自己的内心世界，认识到从内而外的美好事物，提升自信心以及社会交往能力。

四、儿童瑜伽实践活动课程设计

本校二年级共有 10 个班的学生，根据他们的年龄和生理特点以及本学段学生健康成长的实际需求，打破以往体育教学模式，运用网络直播少儿瑜伽课程，通过家长评论区的反馈、课后答卷以及课程网络点击率，获得学生学习情况，设计儿童瑜伽课程。

（一）教学计划

儿童瑜伽从引导孩子们模仿感兴趣的小动物开始，逐步深入地了解自己的身体，达到自知自觉、自我发掘和自我觉悟的过程，让他们在"修行"中一点点学会控制自己的注意力，在安静中学会与外界相应合，锻炼耐力和静思的能力，培养学生的注意力与学习能力。

（二）实验教学

儿童瑜伽和情景教学的科学化结合。根据二年级学生的年龄与心理特点，以"小青蛙旅行记"的情景教学贯穿，情景角色选定为"小青蛙"，可以把深长复杂的呼吸方法，用最简单、最有效、最形象的方式表现出来，使学生体会腹式呼吸的过程。腹式呼吸能够加大横膈膜上下移动的幅度，从而增强对腹内器官的按摩效果，促进血液循环。在情景角色扮演"会跳的小青蛙"中，在家中蹲坐着一边练习呼气凹肚子，吸气凸肚子的深长呼吸，一边想象坐着热气球去旅行。在整个课程中学生用自己丰富的肢体语言，描绘了许多动物、植物等。

对课程中的两个体式进行详细介绍与分析。

体式1：猫式。猫式是一个可爱的动物体位，能促进呼吸、运动脊柱，对于有背病隐患的人有益处，因为猫式有助于提高椎骨之间的空间，使人体脊柱恢复自然曲线。猫式类似于背拱构成背部伸展。

体位流程：

（1）跪姿，四肢位于身体两侧，手膝支撑，肩膀高于臀部。

（2）吸气，抬头仰视，腰部下沉，提臀，感受脊背向上的伸展。

（3）呼气，低头，将背部拱起，双眼看向肚脐，感受脊背向下的延伸。

（4）重复，抬头吸气，低头呼气。

优点：拉伸背部躯干及颈部肌肉，拉伸脊椎和内脏。适合低年级学生学习。

体式2：树式。树式是一个基本的平衡姿势，学生练习这个姿势是一个挑战。一只脚站立，能锻炼他们的平衡能力。

体位流程：

（1）站立，双脚并拢，身体重心放在双脚。

（2）双臂位于身体两旁，保持身体平衡。

（3）抬起右脚，把右脚慢慢放在左大腿内侧，保持平衡。

（4）想象自己的双脚像树根一样根深入地，身体像树干一般挺拔，手臂向上高举过头，保持肩膀下沉。

（5）初期不能很好地保持平衡，建议慢慢练习。

优点：强化大腿、小腿、脚踝及脊椎，伸展腹股沟、大脚及胸部，改善平衡，减少扁平足。

从上述两个体位练习上来看，猫式——模仿可爱的小猫，伸展脊柱，增强学生的脊柱灵活性以及腹部、背部的肌肉弹性，学生的快乐活泼也展现得淋漓尽致；树式——从小苗到一棵挺拔的参天大树，要经过日晒、雨淋、风吹，在学生做平衡类动作时，总会遇到不稳定、急躁，甚至想放弃的情况，在瑜伽引导语中运用小树苗成长的经历，有效提升学生的意志品质，从自我出发，努力完成动作。另外，瑜伽的体位法都是以动物的形态演变的，如蛇式、狮子式、火烈鸟式、犬式、蝴蝶式等瑜伽体位，让孩子在丰富多彩的故事、游戏中完成动作，利用孩子对新事物的好奇心去培养专注力和记忆力，同时提升孩子的学习能力。

注意事项：练习前后，不要大量摄入食物及水；准备瑜伽垫；由于是网络授课，教师不能及时观察到学生，家长要在旁观察，以免学生自行做出危险动作；在较舒适的空旷环境进行，如客厅等。

（三）课堂反馈

第一，课堂中学生学习兴趣很高，特别对于精力充沛但不能认真听讲的、体质弱的、偏胖的同学，都能够顺利地完成儿童瑜伽课程。

第二,课后很多学生都追问教师,如何才能把平衡体式"火烈鸟式""树式"做得更平稳,在"蝴蝶式"中如何才能把翅膀展示得更漂亮,如何把呼吸变得更加深长且均匀等。从问题可以反馈出,学生对自己的身体有了更准确的了解与认识。

第三,就身体而言,学生身体的柔韧性较差,力量薄弱,平衡协调能力不足,心肺功能较差。

第四,从家长留言区可得知,在课程结束后,学生进食和消化情况都有明显的改善。家长们询问教师与儿童瑜伽运动的科学性和安全保护相关问题,表现出对在学生体育课程中开展儿童瑜伽课的迫切期望。

五、主要结论

儿童瑜伽的教学模式,是通过个体模仿、游戏互动等方式在趣味的情境中练习。儿童瑜伽的动作经过特别设计,符合他们的身体发展需要。课程本身具备促进正确的身体形态发育、帮助消化顺畅、增强自身免疫力、预防各种疾病,通过经常练习可提高孩子的协调性和平衡能力,以及呼吸练习可使肺部功能增强等作用。

通过学生的情绪和学习效果表明,学生都能较好地完成动作,在不断肯定自己的过程中增强了自信心,同时身体素质也得到了加强。如此科学、正确的儿童瑜伽练习,不仅使儿童身心得到平和与放松,还可减轻生活及学业上的压力,令孩子得以健康发展。孩子在运动中互动,学会耐心、专注、细致,懂得互助、关爱、分享。与此同时充分体现出儿童瑜伽课程具有重要应用价值,把儿童瑜伽课程引入小学课堂,逐步形成课堂文化,能够丰富体育课堂内容,促进学生养成健身习惯,进一步培养学生终身体育意识,用愉悦的课堂教学形式,有效促进学生身体健康发展。

参考文献

[1] 乔丽焕.浅析儿童瑜伽引入小学体育课程中的必要性[J].体育世界(学术),2016(8):133-134.

[2] 赵婷婷.浅谈瑜伽对学生的适切性[J].金田,2015(4):454.

世界那么大 我想去看看
——『出游计划的实施与分享』综合实践活动

黄琴芳（右） 高级教师,现任北京市西城区师范学校附属小学语文教师。著有《历代爱国散文赏析》《历代爱国诗歌赏析》。参与编写《小学生文明礼仪读本》《小学生语文教学竞赛指南》等书。

王　璐（左） 高级教师,现任北京市西城区师范学校附属小学语文学科主管,市语文学科骨干教师。获市区多项荣誉称号;论文多次在市、区获奖;获评优课一等奖、"金秋杯"教学设计特等奖;参与"教学点数字教育资源全覆盖"项目课例编制工作。

一、实践活动的背景和意义

（一）实践活动的背景

综合实践活动作为一门全新的必修课程,它的有效开展能够推进以创新精神和实践能力为重点的素质教育,改革和创新基础教育的课程体系,既适应了学生个性发展的需要,又适应了社会发展的需求;既继承了我国基础教育的优秀传统,又体现了当前素质教育的内在要求。

综合实践活动是基于学生的直接经验,密切联系学生自身生活和社会生活,体现其对知识的综合运用的课程形态,是一种以学生的经验与生活为核心的实践性课程。综合实践活动不是其他课程的辅助或附庸,而是综合程度最高的课程,它具有自己的特殊价值和独特功能,与其他课程具有等价性与互补性。

由于社会高速发展,人们的物质文化生活水平不断提高,现在利用假期外出旅游已是平常事。人们越来越认识到旅游可以开阔心胸、放松心情、接触风土人情、增进知识、陶冶情操、锻炼体魄、调剂生活、结交朋友、挑战自我,可以体验到大好河山的优美和不同地域的乡土风情与文化特色。许多父母也把让孩子外出旅游作为教育的一种途径,让孩子走出校园、走进社会、走近自然、感受自然、融入生活、感受生活、增长见识、锻炼自我。因此,组织学生开展制订和实施旅游计划综合实践活动,抓住了学生实际,让学生在活动中自主探究、自主实践,学习相关知识,与课程其他领域相融合,实现其独特的课程价值。

（二）实践活动的意义

在开展实践活动之前,我们首先进行了学情调查,发现学生普遍希望外出旅游,但旅游的具体安排大多由父母做主,前期的参与度不高;旅游目的性不强,旅游前没有详细的计划;学生不了解旅游计划的制订方法及必要性;由于旅游前参与度不够,出游是被动的、盲目的,学生在旅游的过程中收获有限。

而制订和实施旅游计划这一综合实践活动的开展,开放了学习空间,开阔了学生的视野,丰富了学生的体验,增强了学生的实践能力,让学生感受到与自然、与社会、与他人的和谐,激发了学生的学习热情,培养了良好的行为习惯,树立远大理想,明确自己的进取方向并为之努力,从而促进学生全面发展。

二、实践活动目标

综合实践活动的总目标是:为学生构建社会化、生活化、活动化、主体式、开放式的学习环境,提供多渠道获取知识、综合应用知识的实践机会。

在学校"使每一天都有意义"的文化理念的引领下,形成了设计出游计划的综合实践活动校本课程。希望学生在本次实践活动中,能够多种形式地收集信息、处理信息,结合自己的实际情况设计出游计划,在实践中发现问题、解决问题,提高自己综合运用所学知识解决实际问题的能力。

(1)在知识目标方面,重视体验性知识、策略性知识和跨学科知识。

(2)在能力目标方面,注重培养学生的自主能力、认知能力、规划能力、表现能力、管理能力、创造能力、信息的搜集和处理能力以及创新精神。

(3)在情感态度价值观目标方面,着重培育学生的好奇心、求知欲、进取心、责任心、共生心,增强学生的社会责任感,满足其个性发展的需要,树立正确的人生观、价值观、世界观。

三、实践活动过程

(一)世界那么大,我想去看看——制订出游计划

2016年3月,五年级开始实施学校"出游计划"这一课程。在开展活动之前,我们进行了学情调查,从调查中发现了学生中普遍存在的问题:学生都希望外出旅游,但旅游的具体安排大多由父母做主,学生前期参与度不高,目的性不强;旅游前没有详细的计划;不了解出游计划的制订方法。

针对以上问题,我们首先和学生们交流了以前出游的经历,让他们了解制订出游计划的重要性,激发他们的热情和兴趣。然后我们借助思维导图,与学生一起梳理出游计划的内容及所要查找的信息。通过思维导图,学生们了解到出游计划需要有目的地、时间、出行方式、出行人员等内容。然后针对各项内容,需搜集相关信息,如目的地的著名景点、天气情况、应急电话、风俗习惯。如果出国旅游,还要了解当地的法律法规。

我们还找来了北师大版教材关于旅行的相关内容,给学生作为参考。然后让学生自行制订出游计划。

说实话,刚开始让学生制作出游计划初稿时,我们所有参与项目的老师是非常期待的,但结果却并不尽如人意,学生们制订的计划存在着不少问题。如果按照以前批改习作的惯例,我们会将我们认为的问题指出来,然后告诉他们如何修改。但这样一份出游计划是属于每个孩子所独有的,我们不能代替他们出游,自然也不能让他们按我们的意愿去计划这一次出游。所以,我们根据计划的制订情况,将学生分成若干个小组,让他们仔细审读初稿,并通过交流与借鉴,发现自己出游计划的不足之处,很快学生们归纳出自己计划存在的问题,主要有以下几个方面:一是计划的项目不全;二是由于考虑不周到,导致计划的内容不细致,操作性不强;三是借鉴旅行社或网上的信息过多,缺少个性化的思考。

问题找到了,学生们主动要求对自己的计划进行修改,他们以团队合作的形式,教师也参与其中,去寻找完善出游计划的办法,不仅补足了不全的项目,而且对计划内容进行了细化。这样的细化,增加了个性化的安排,也增强了计划的可操作性。这种主动学习、合作学习的方式,培养了学生发现问题、解决问题的能力及主动参与的意识,同时提升了学生的合作品质,拓宽了学生学习的空间,提高了学习效率。

在学生对自己的出游计划进行修改完善之后,我们惊喜地发现很多学生根据自己的兴趣爱好及出游目的地的特点,有意识地关注了旅游计划中有价值、有特色的内容,并在计划中有所体现。如有的学生计划中主动增添了旅游目的等。

看到这一现象,项目组的老师一起研讨,产生了一个大胆的想法:能否让学生把本次出游提升为"主题游"。

于是,我们询问学生意见,并得到了他们的响应,学生们根据出游目的地的特色及个人兴趣点、关注点,去发现和提炼主题。很快,他们的计划就呈现出丰富多彩的主题,有关于文化艺术的,有关于著名建筑的,还有自然景观、特色美食等。有的学生的出游计划主题非常鲜明,例如一个学生在自己的"音乐之旅"出游计划中,不仅在出行目的中提出感受音乐文化这一内容,还相应地安排了:8月6日于晚餐后前往金色大厅观看莫扎特音乐会;8月7日走访电影《音乐之声》的拍摄地,晚上入住萨尔茨堡的特色酒店,也是电影《音乐之声》的取景地;8月10日的行程里也有欣赏音乐剧的安排。在注意事项中还特别提示与音乐礼仪有关的内容。

　　此时,学生的活动已经突破了学科的范畴,接触到了更加广泛、深入的领域,学习去了解个人内心需求、兴趣点,引发了他们对历史、文化、艺术等多领域的关注。

　　回顾制订出游计划的过程,学生在教师的引领下,不断发现问题,通过合作互助寻求解决问题的途径,从而有效解决问题,然后深入探究,又产生新的问题。这样一个发现问题,解决问题,再产生新问题的不断探索的过程,引发学生对自身、他人、社会的关注。学生学习的不仅仅是出游计划的制订方法,更多的是思维能力的发展和视野的开阔,还学会了规划自己的学习、生活等。这样的学习方式,使得学习过程变成了成长经历。

　　(二)世界那么大,我们去看看——实施出游计划

　　出游计划完成后,学生非常期待去实施自己的计划。暑假,学生们开始了"看世界"的旅行。他们根据自己的主题,有的开启了音乐之旅,有的重点关注了特色建筑,有的被美食吸引,还有的领略了历史文化的厚重,深切感受了各地的风土人情。他们陶醉其中,流连忘返。

　　"出游计划"课程的实施,让学生们从以前盲目、被动地跟随父母旅游,到有计划、有主题地为自己量身定制了一次有意义的旅行,从而拥有了一段难忘的人生经历。

　　(三)世界那么美,我们来分享——交流出游收获

　　在制订、修改、实施出游计划之后,学生带着他们的旅游收获与同学、老师共同分享。以下是"世界那么美,我们来分享"这一主题活动的设计。

　　1.主题活动目标

　　(1)在展示旅游攻略、旅游地图、旅游绘本、旅游演示文稿、旅游手记的基础上,了解这些形式的基本内容及注意事项。

　　(2)在同学、教师的陪伴下,进一步完善自己的分享内容,知道更多解决问题的途径及方法,培养学生发现问题、解决问题的能力。

　　(3)学会与他人交流收获,培养学生懂得分享并乐于分享的品质。

　　(4)在分享活动中,培养学生思维的深刻性、灵活性。

　　2.主题活动过程

　　(1)学生分享旅游的收获。

　　教师导语:孩子们,你们在暑假都有计划地进行了一次愉快的出游,归来之后,

你们有什么想跟大家说的吗？

学生分享。

教师引导：这次有计划、有准备的出游，让你们有了特别丰富的体验。旅游之后得跟我们大家好好分享一下吧！我知道你们采用了很多种形式来分享，你们都采用了什么形式呢？

【设计意图】 学生回顾自己的出游经历，交流收获，走入出游情境，为后续多种形式的出游分享做好铺垫。

（2）展示旅游收获作品，分享旅游收获形式。

教师导语：你们分享的形式真是丰富多彩，令人耳目一新。大家特别想看看你是怎么呈现旅游收获的，谁来给大家展示一下？

学生分别展示旅游攻略、旅游地图、旅游绘本、旅游演示文稿、旅游手记。一边展示一边分享自己思考、制作的过程等。

①旅游攻略（图1）。教师适时引导学生想想在攻略里我们最需要哪些信息，如时间、交通、景点评价、省钱技巧、个人感受……有了这些信息，才能给即将去这个地方旅游的同学提供帮助。

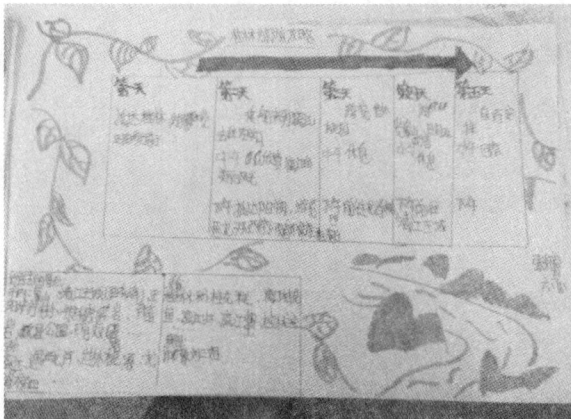

图1

②旅游地图（图2）。学生介绍在地图上标注的信息，如游览路线及娱乐设施、饮食、住宿、交通等。

教师导语：你们看，用形象化的图示标识出一些与旅游有关的重要信息，不仅可以为我们提供很多旅游信息，还便于携带。

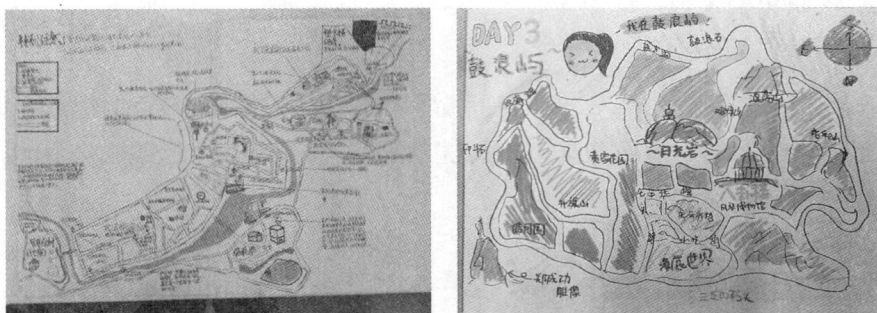

图 2

③旅游绘本(图 3)。在学生介绍过程中,教师总结:旅游绘本是用图画和文字来讲述旅游故事,绘本以绘画为主,并附有一定量的文字,凡是能用图说明白的,就不用文字。

图 3

④旅游演示文稿(图 4)。学生展示并说明:出游主题,旅游过程中有意识地拍照,了解建筑特点,制作过程中的注意事项。

教师总结:演示文稿是给别人看的,所以字体大小要适中,图文比例要合适,既要让观看者看清楚,又要注意美观。

⑤旅游手记(图 5)。

【设计意图】 引导学生回顾制作过程,在交流中明确各种呈现形式的基本要求,为进一步完善作品打好基础。

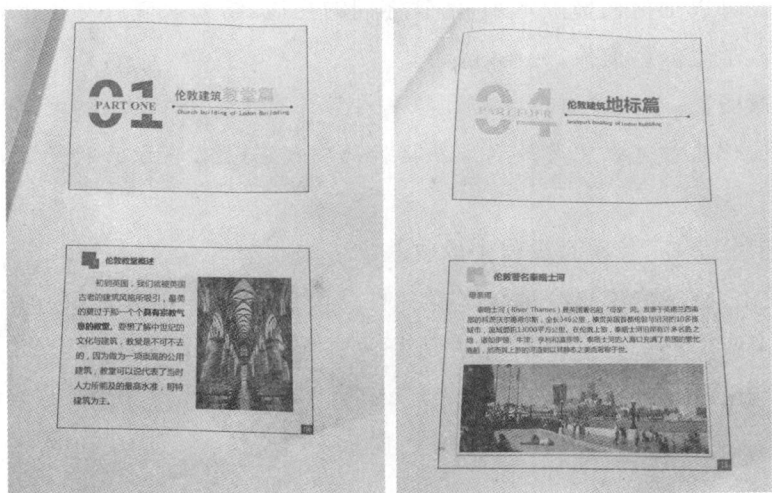

图 4

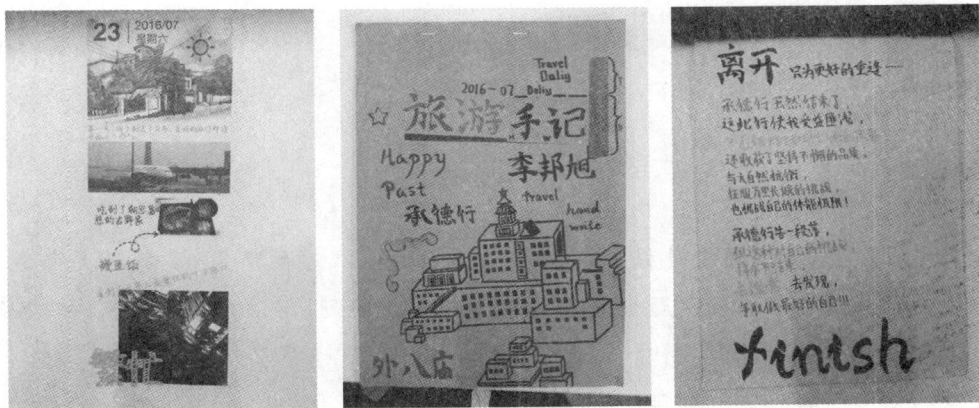

图 5

(3)师生共同交流、分享、完善。

第一步,教师导语:刚才几个同学用不同的形式跟我们简单分享了一下他们的旅游收获,听了之后,你有什么想法或者受到了什么启发吗?

第二步,教师导语:下面就请大家拿起自己的作品,先仔细看一看自己的作品,再和同学进行交流,看看哪些地方可以改进,尝试着对自己的作品进行完善。如果遇到问题,可以像平时那样寻求你身边同伴的帮助;我还给大家准备了一些可供参考的书籍,你们可以随时查阅;还有三台笔记本电脑,可以上网查找资料。同时,今天我还特意给大家请来了一些导师,有美术、数学、科学、计算机以及语文等各学科的老师,你们可以把他们请上台来,请到你们的身边,给大家提供专业指导。

第三步,学生分组交流、分享、完善。

【设计意图】 在交流自己制作过程及与同伴交流的基础上,拓展思路,深入思考,找到自己作品中可以完善的内容及提升的空间。借助多方面的资源,完善自己的作品。

(4)学生分享、完善作品过程中的收获。

教师导语:刚才为了更好地分享旅游收获,大家对各自的作品又做了进一步的完善,接下来我们再来分享一下:你是怎样改进你的分享作品的? 为什么要这样改进? 在这个过程中谁给予了你帮助?

学生拿着自己的作品上台展示,一边展示一边交流。

教师点评、引导:

①自己发现问题、解决问题。

②查阅网络资料。

③查阅书本资料。

④同伴互助。

⑤求助导师。

⑥关注语言文字。

【设计意图】 在交流过程中,引导学生关注语言文字的运用,了解解决问题的多种途径,知道如何根据问题去寻求帮助。在发现问题、解决问题的过程中,思维的深刻性、灵活性得以发展。

(5)学生拓展分享范围,思考分享方法。

教师导语:

①我们如此认真地改进、完善我们的作品,其实就是为了更好地与他人分享旅游的收获,那你有没有想过把自己的旅游收获与更多人进行分享呢? 你能想到哪些分享的方法呢?

②在你尝试与更多人分享的过程中,还会遇到新的问题,相信你开动脑筋,一定能找到解决问题的办法,从而和更多人分享你的旅游收获。

③今天的活动至此就告一段落了,请同学们课下继续完善自己的作品,为后续的分享做好准备。

【设计意图】 内化活动中的收获,引导学生独立发现问题并寻求解决问题的途径,进一步培养学生思维的深刻性和灵活性。

四、综合实践活动的反思

（一）本次综合实践活动的收获

在"出游计划的实施与分享"这个项目的学习中,学生要制订出一份个人的假期旅游计划,并在假期中按照计划实践,旅游天数和地点自定。整个活动时间要跨越两个学期。这项活动整合了多个学科,包括语文(在形成计划和总结报告时,需要写作和表达技能)、数学(价格预算和统筹安排)、地理、历史(旅游地的文化和环境),以及个人的社会常识和人际交流等方面的生活能力,学习活动中普遍应用的科技手段包括电脑、数码相机以及制作展示用的软件应用,计划完成后,学生和家长要按照方案进行实践。在旅游计划实施过程中,学生不仅重视对大自然的体验、对社会生活的体验,还很自然地开始重视体验性和探究性的学习,获得了可持续性发展的能力;学生不仅能认识自然和社会,而且能认识自己;不仅使自己能主动适应社会,而且能够在实践中不断创新。随着实践活动的不断展开,学生的认识和体验不断丰富和深化,新的活动目标和活动主题不断生成,学生在这个过程中兴趣盎然,认识和体验不断加深,创造性的火花不断迸发,综合实践活动也随之不断完善。学生形成了积极的学习态度和良好的学习策略,积累和丰富了他们的直接经验,创新精神和实践能力得到培养,促进了学生健康积极个性品质的形成及良好素质的全面发展。

（二）本次综合实践活动的思考

通过此次综合实践活动,教师们深深地认识到综合实践活动是一门集实践性、经验性、综合性于一体的课程。学生通过亲身的体验,探索自然、亲近社会、发展自我,用探究的眼光和方法进行学习。综合实践活动要注重发挥自主建构和动态生成的作用,处理好预设性与生成性之间的关系。教师要着眼于学生的发展,多元认识学生,不仅仅要教知识,更应该以知识为载体,培养学生的能力,提升学生的综合素养。

重在综合　本在实践
——六年级『人与植物』综合实践课程的设计与实施

袁茗玮

二级教师,北京市西城区师范学校附属小学科学教师,曾获北京市"京教杯"基本功大赛一等奖、北京市论文评比一等奖,西城区优秀教师、西城区青年岗位能手称号,并带领学生在多项科技比赛中取得优异成绩。

综合实践课程是一门面向全体学生开设的,以学生自主选择、直接体验、研究探索为课程学习的基本方式,以贴近学生现实的生活实践、社会实践、科学实践的主题为课程基本内容,以学生个性养成为课程基本任务的非学科性课程,所以综合实践课程的活动应重在综合,本在实践。为此,我们在设计与实施"人与植物"综合实践课程的过程中也融入了此理念。

一、课程设计

(一)走进学生生活,关注生活实践应用性

植物是学生身边最为常见的事物之一,它在生活中的多样化的用途更为学生们提供了丰富的实践机会。

在课程开展中,有的小组专门研究舌尖上的植物美食,为此还特意向父母讨教制作方法,在家中勤加练习,并将成品带到学校来邀请同学和老师们共同品尝。有的小组成员充分利用家长作为中医药师的职业优势,带领小组成员走进中药铺"尝百草""辨药性",在家长的帮助下为同学和老师们配制夏日祛湿药饮,推广传统中医保健小妙招。更有那些"身怀绝技"的小组,现场传授微景观的合理种植、花艺装饰的手工制作、植物的绘画技巧、多肉植物的养护策略等。

在这些与生活息息相关的研究内容里,学生通过自己主动学习与直接体验,掌握了更多的生活经验与技能,并在运用这些经验与技能帮助他人的过程中享受到了学习给自己带来的非凡的成就感。生活不仅仅是课堂的延伸,更是知识得以实践的基地。

(二)整合校外资源,提高社会实践实效性

北京市具有丰富的科技场馆和博物馆资源,拥有众多的高等院校和科研院所,同时,享有丰厚的公益性文化设施和自然资源,对于青少年的成长和素质教育而言,这是一笔宝贵财富。六年级学生正处在多思好问、敢于实践的年纪,他们思维活跃,接受新生事物速度快,对很多社会问题密切关注,倍加留心,他们想要参与社会实践的意识正在逐渐增强,在不少社会热门问题上,都有自己独特的见地。如何

整合校外资源,激发学生的思维兴奋点,就成为我们综合实践课程的一大挑战。例如,转基因是学生比较关注的热点,为此我们特意联系到了中国科学院植物研究所的专家们。在他们的帮助下,围绕学生最为关心的食品安全问题,开展了"走近转基因"的社会调查活动,以了解转基因技术及其在科学研究中的应用现状、转基因植物在生产中的应用现状、我国对转基因植物各环节管理的相关政策法规为主要调查内容,通过转基因作物实地考察,"转基因漫谈"专项展览,制作转基因知识连环画册、宣传折页,专家咨询,有奖答题等方式,促进了学生对转基因的了解,建立起理性质疑、辩证分析、客观评判的科学精神,同时解除了他们对转基因食品不必要的恐慌。

在这样的综合实践活动当中,我们也逐渐意识到综合实践课程的设计应抓住学生对社会热点问题的热切关注,联系校情,开展切合学生年龄特点,富有吸引力和生命力的活动。面对新的社会局势和学生集体特点,作为引导者的老师们要不断赋予综合实践课程新的时代特征,防止那种"年年人不同、岁岁花相似"的状况,真正使综合实践活动开展得愈加务实,愈加深化,为学生们营造比课堂上更多的亲身参与实践的机会,引导他们站得更高、学得更多、看得更远。

二、课程开展

在综合实践活动过程中,倡导研究方法的多样化,要尽可能地采取多种多样的活动方式。在内容组织或活动实施过程中,要求每一个主题尽可能以考察活动、调查活动、设计活动、实验活动等形式展开,通过多样化的活动方式,达到各领域之间的整合,加强科学实践的深刻性,从而为学生提供充分的科学探究机会,让他们在进行探究学习的过程中,体验学习科学的乐趣,增长科学探究能力,获取科学知识,形成尊重事实、善于质疑的科学态度。

根据学校"人与植物"综合实践的主题,依据我校六年级学生思维独立性、批判性日益增强的个性特点,我们逐步开拓了综合实践课程的活动形式:辩论会、科学实验、社会调查、研究展会、实地考察等。

特别是在"人与植物"综合实践研究展会的准备过程中,为了增强研究的深刻性,不少研究小组并不满足于一个研究角度。例如,有的小组针对植物与建筑做了详细的研究。首先,他们利用知网数据库查阅了相关的专业资料,并就资料中出现的问题向家长、老师及相关专家请教,从而逐步梳理出木质建筑的演化过程,并通过实地考察确定每一历史时期木质建筑的材质和结构。其间,为了加深对古代建筑的认识,研究小组多次在周末参观古代建筑展览和交流会,并借助网络结识了几位古建筑专家。最终,在研究展会上,他们借助时下流行的 VR 技术呈现出植物类建筑的立体模型,向全年级同学展示了自己小组的研究成果,从最为客观的角度分析了木制建筑的演化过程与历史进程之间的关系。他们在撰写的小论文中这样写道:"中西方建筑艺术的差异首先来自材料的不同,传统的西方建筑长期以石头为主体,而传统的东方建筑则一直是以木头为构架的。这种建筑材料的不同为其各自的建筑艺术提供了不同的可能性。不同的建筑材料、不同的社会功用使得中国与西方的古典建筑有了不同的'艺术语言'。不同的语言表达着不同的思想,流露出不同的情感。不同的建筑承载着不同的文化,体现着不同的信念。"能够获得这样深刻的研究成果,与学生们多样的研究方法以及执着的科学实践精神有着密切的关系。

三、课程评价

表现性评价,指的是通过客观测验以外的行动、表演、展示、操作、写作等更真实的表现来评价学生口头表达能力、文字表达能力、思维能力、创造能力、实践能力的评价方法。学生自己必须创造出问题的解决方法(即答案)或用自己的行为表现来证明自己的学习过程和结果,而不是简单地选择答案。表现性评价侧重于评价学生实际操作的能力,要求学生建构各自独特的答案,且答案不存在对错之分。

为了能将表现性评价方式充分渗透在实践活动之中,捕捉学生的思维过程,我们摒弃了传统的只关注实践结果的记录方式,引导学生对实践过程中的改进和完善过程进行详尽的记录,这种记录方式可以完整地呈现学生的问题解决过程,通过实践活动设计的前后对比,我们就能对学生的学习效果进行较为客观的评价。在不断尝试、不断完善,直至尽善尽美的过程中,我能够感受到学生们思维上的变化。

最后,也是最为重要的,科学、合理的表达与交流最能让学生感受到实践活动的成就感,同时这也是一种非常重要的评价方式,能够培养学生合理质疑的能力,促进学生间灵感的迸发。小学生喜欢表达自己的观点,但在遇到他人与自己的观点不同时,经常会有"他说的不对""他错了"这样的直接表达,激起其他同学的不满。所以当各小组就方案设计与其他小组交流时,我会不断提醒学生们使用"我们小组有不同见解""我给他们小组提个建议""我们小组认为这样完善就更好了"等短语或句子,加强小组间的表达与交流。

四、课程反思

综合实践活动课这门由学校自主开发的课程,给教师提供了更广阔的实践空间,教师可以更加灵活地掌握课程进度和学习内容,甚至转变了教师固有的学科教学观念。

在 2017 年中国未来科学大奖颁奖典礼上,未来论坛理事孟亮先生提道:"过去我们崇尚科学,崇尚的是获得它的结果,也就是知识,而随着社会的发展,今天知识是无处不在的,获取知识已经不再是一种能力。"而作为一名小学老师,面对一成不变的教材以及迅猛发展的现代化进程,我也经常在思考这样一个问题:除了知识,对于未来,我还能给予学生哪些帮助?是学习能力还是质疑精神,是合作能力还是创新精神?这个问题一直没有确切的答案。而这为期一年的"人与植物"综合实践课程,却给我们带来了很多思考。我们在教育过程中,不仅仅要使学生成为教育的主体,更要关注学生的自我发展,重视学生在未来的个体生活和社会生活中的需要。而实践是学生成为个体生活主体和社会生活主体的必经途径。所以我们鼓励学生从现实中发现问题、提出问题,在与同伴们分工合作、制订方案、收集信息、寻找答案的过程中,学会倾听别人的见解,学会表达自己的观点,学会与他人达成一致,学会分享共同的成果。有些活动,学生们还走出学校,放开手脚亲力亲为,在社会中进行社会调查、参观、采访,与陌生人打交道,真正增强了自身的实践能力。综合实践活动课之所以在短时间内取得了这么理想的效果,主要是因为这种活动激发了学生的兴趣,调动了他们的主动性,从而使他们用顽强的毅力战胜了活动过程中的各种困难,达到了预期的目标。我们不再将学科实践强行融入综合实践当中,而是希望通过学科之间的碰撞,制订更为科学的综合实践研究流程和方法,并逐渐使其成为一个更为完善的体系。

同时,我们也意识到想要使综合实践课程的课程规划具有长期性、连贯性、系统性,课程的开设具有整体性、全面性和衔接性,改善综合实践活动在开展过程中盲目性和随意性较大的问题,我们还有很长的一段路要走。但是我们也坚信:综合实践课程作为素质教育的补充与延伸,将不断拓宽学校教育的内容和方式,使教师和学生在生活实践、社会实践、科学实践中得到锻炼,茁壮成长!